了不起的中国简史

从隋唐到明清

（下）

脑洞老爸——著

中国友谊出版公司

图书在版编目（CIP）数据

了不起的中国简史．下，从隋唐到明清 / 脑洞老爸著．-- 北京：中国友谊出版公司，2021.12

ISBN 978-7-5057-5381-5

Ⅰ．①了…Ⅱ．①脑…Ⅲ．①中国历史－隋代－清代－通俗读物Ⅳ．① K209

中国版本图书馆 CIP 数据核字（2021）第 248310 号

书名 **了不起的中国简史．下，从隋唐到明清**
作者 脑洞老爸
出版 中国友谊出版公司
发行 中国友谊出版公司
经销 新华书店
印刷 嘉业印刷（天津）有限公司
规格 700×980 毫米 16 开
19 印张 288 千字
版次 2021 年 12 月第 1 版
印次 2021 年 12 月第 1 次印刷
书号 ISBN 978-7-5057-5381-5
定价 55.00 元
地址 北京市朝阳区西坝河南里 17 号楼
邮编 100028
电话 （010）64678009

前　言

中国简史已经有很多版本，包括我也读过不少的版本，为什么还要写这一本呢?

最重要的目的是为了让历史能够更好玩一些。

前辈大家们的中国简史，专业性不容置疑，但阅读的门槛不低，需要读者对中国历史有一定的了解。这就导致了一个悖论。想通过简史类的历史书来了解中国历史，但阅读这一类书又要求你具备一定的历史基础。

于是，我尝试写了一个通俗版的、好玩的、段子式的中国通史，它在专业上肯定无法同前辈大家们的作品相比。它唯一的长处，是更草根一些、好玩一些、有趣一些，让不了解中国历史的人也能够轻松读下去。

写中国简史的难处是字不能太多，太多就不能称为“简”。但中国简史又不能太简，因为上下五千年的历史长度与厚度不允许。稍简一下，可能就漏掉了中国历史上某位重要的人物，或者忽视了某个中国历史上的重大事件，从而使读者对中国历史的印象出现空白。

中国历史绵长悠远，中国历史人物浩若繁星，中国历史事件接踵而至，稍不留心，可能就写成了人物目录、流水账。为了避免这些问题，我尝试在中国历史中寻找一些能够概括其特点的东西。

比如中国的传说时代，是一群社会大哥的奋斗史，我想探寻尧、舜、禹之间不为人知的秘密；夏，是“富二代”败家的故事；商，是一个人怎么跟神交易的故事；周则是周村长在中原这个村子建立“村支部”的故事；春秋，是村民们评选中原“好村霸”的故事；战国，是“村霸”的兼并史；秦朝，是一个搞标准化工作太激进，最终翻船的故事；西汉，是一群合伙人的创业以及内斗史；东汉，是老刘家重回主场，开启西域梦幻事业的故事；三国，则是三个猛男抢地盘的故事……

也许这样的概括不一定精准，但希望能够让你想到这段历史时，能有一个总的印象，从而能够进一步地从中国浩瀚的史书里寻找那些精彩的细节。希望这本简史成为一个指路牌，为你研读中国历史做一个小小的指引。

最终，编辑老师将书名定为《了不起的中国简史》，我想解释一下，为什么说中国的历史了不起。我们不要看秦皇汉武唐宗宋祖这些中国历史的成功者，我们看看中国历史上那些失意、失败、失势的人，可能会发现，中国人的精神家园往往不仅是胜利者构建的，也是这些失败者构建的。

教会我们战斗到底的，是黄帝的手下败将刑天。

教会我们忍耐的，是夫差的手下败将勾践。

教会我们士为知己者死的，是没有完成任务的刺客豫让。

教会我们爱国的，是被放逐的贵族屈原。

教会我们反抗强权的，是另一个失败的刺客荆轲。

教会我们威武不能屈的，是流放的使者苏武。

教会我们贫贱不能移的，是下岗的县令陶渊明。

教会我们富贵不能淫的，是被烧死在山上的介子推。

教会我们忠义的，是败走麦城的关羽。

教会我们对职责鞠躬尽瘁的，是七出无功的诸葛亮。

教会我们忧国忧民的，是屡遭贬斥的官员范仲淹。

教会我们乐观的，是同样屡遭贬斥的苏东坡。

教会我们生死观的，是过零丁洋的俘虏文天祥。

教会我们何为牺牲的，是失败的变法者谭嗣同。

……

历史讲究成王败寇，但中国人同样认可那些了不起的失败者。

史学家们也从来不只关注成功者。司马迁笔下的李广虽然一生未封侯，但有关他的笔墨远远胜过奇袭龙城的卫青、封狼居胥的霍去病的篇章。

三国的最后胜出者是曹魏，但天下百姓供奉的却是败者阵营里的将军关羽，旅游者最爱去的三国景点，还是成都的武侯祠。

中国历史的伟大之处，在于我们在服膺胜者的同时，还善于从失败者身上获取那些可贵的东西。

中国历史的伟大之处，在于它善于去其形，获其神，舍其烦琐，取其精要。

了解中国的历史，也许我们会忘记其中的事，忘记其中的人物，但那些精神内核将留在我们的血脉里永不磨灭、世代相传，形成中国独特的价值观、世界观，这就是中国历史最为了不起的地方。

CONTENTS

目录

•第七章• 清朝：自我感觉太好，结果被打脸 ……229

隋朝：短命王朝开创千年功绩

第一章

出场短不耽误干事儿多

隋朝和秦朝一样，也是一个二世而亡的短命王朝。

隋的开创者叫杨坚。杨坚家是村里的大户。当年西魏有八柱国，这个政权就是靠这八家撑起来的。这里面有后来建立大唐的李虎家族，李虎的孙子李渊就是唐朝的开创者。八柱国除了李虎家族外，还有史上第一岳父独孤信。独孤信有三个女儿当上了皇后，一个女儿是北周明帝宇文毓的皇后，一个是杨坚的妻子，后来隋朝的独孤皇后，还有一个是李渊的母亲，也就是大唐的元贞皇后。

西魏除了八柱国，还有十二将军，是西魏的军队天团。杨坚的父亲杨忠就是十二将军之一。杨忠去世之后，杨坚顶了父亲的岗，成为北周的大臣。上了岗才知道，这个位置不好干啊。因为领导太爱猜忌了。自打杨坚同学一出生，关于他可能造反的传说就没断过。关键杨坚长得太有个性了。关于杨坚，村史记载："为人龙颜，额有五柱入顶，目光外射，有文在手曰'王'，长上短下，沉深严重。"头顶五根柱，手中握"王"字，怎么看都不像老实人。

虽然杨坚的女儿杨丽华嫁给了领导周宣帝，但杨坚仍是重点受监督人员。周宣帝直接告诉杨丽华："早晚有一天，我要把你们家人杀光。"

碰到这样的女婿，杨坚只好拿出自己的演技了。进了宫，无论周宣帝说什么，杨坚始终神色自若，瘫痪如日常。因为周宣帝在杨坚来之前打过招呼："如果杨坚脸色有变，就杀了他！"

靠着装聋作哑，杨坚躲过了一劫。好日子也终于来了。周宣帝死了，新皇帝北周静帝宇文阐是杨坚的外孙，还只有七岁。那就不好意思了，杨坚终于不用再忍，直接推倒了北周，建立了隋朝，成为村里的新一任村长，又一鼓作气拿下南朝陈，再一次将村子统一了起来。

随即即位的是杨广。杨广是杨坚的儿子。杨坚平定南朝陈，大元帅就是杨广，他从小聪明，就是有一点，他不是长子，长子是他的哥哥杨勇。这也就意味着，村长这个位置只能传给他哥杨勇。

那么，只好拿出点计谋了。

杨广知道自己的母亲独孤皇后讨厌家里的人娶小妾，就把自己的小妾都打发到一边，天天跟自己的正妻待在一起。又知道父亲杨坚喜欢节约的人，所以没事就忆苦思甜，穿穿旧衣服。在这一点上，太子杨勇就没有紧跟形势，小妾娶了一大堆，身上穿的都是名牌。

演技一出，高下立判。杨坚头脑一热，独孤皇后枕边风一吹，杨坚就把太子杨勇给废了，让杨广成为接班人。

杨坚快去世时，才知道杨广在宫里调戏宫女。想到这里，杨坚大叫："老婆把我坑惨了。"

杨坚这个村长一上任，就干了好多件大事。

一是重新改组了村子的管理模式。杨村长将村管理层分为三省六部。三省是尚书省、门下省、中书省。但杨坚一看，这个"中"字跟他爹杨忠的"忠"有点像，这不行，就改叫内史省。

所谓的尚书，原本是村长的小秘书，平时还管点村长家的图书，所以称为尚书。后来，权力越来越大，成为重要的官职。尚书省的领导叫尚书令，下面还有两大助理，左、右仆射。

尚书原本是村长的小秘书，尚书管大事去了，秘书还是要有的啊。于是村长也就是皇帝又设立了中书省，专门替村长写点文件，发点公告（诏书）。中书省

（内史省）的大领导叫中书令（内史令），下面还有中书侍郎。

那万一村长或者村长秘书写错了文件呢？这就需要门下省来审核了。门下省的长官叫侍中，因为杨忠的关系，曾经一度叫纳言。

这三省的大佬就是村子里的一级高官：宰相。

其中，尚书省因为管的事多，所以下面还设了六大部门：吏部主抓官员的考核和选拔；兵部管军队调度；礼部就管管村子里的大型礼仪活动，比如祭祀；刑部管司法案件；户部管钱财；工部管重大工程项目，比如修水库。

它们的排名是吏、户、礼、兵、刑、工。

为什么这么排呢？

吏排第一，因为这是管人事的，搞管理，当然以人为先。找到了正确的人，才能管好这个村子。

吏部招来了人，得发工资，工资从哪里来？得有人管钱财，统计村子里的户口，大家按户交钱，所以户部排第二。

吏、户是所有的基础，所以这两个部门永远是最重要的。

排完这两个，才轮到排下面的。

村子里有句古语："国之大事，在祀与戎。"

国家这两件事情最重要，祀与戎。祀是祭祀祖先，这归礼部管，所以吏户之外，礼排第三。戎是打仗，这归兵部管，这关系到国家的安危，所以兵部排第四。

排第五的是刑部，管理村子里的法律事件，论地位就不如兵部啦，所以在兵部之后。

最后的工部是主抓工程的，修个皇宫、建个水库，地位不太高，就排在了最后。

杨坚搞了这一套，村子里的管理模式基本就定了，有村长的时代，就是沿用这一套。

除了这个，杨坚还精简了村子的上下管理模式，以前村子有州、有郡、有县，三级太麻烦，杨坚改为州、县两级。级别少了，事情办起来就方便了，而且杨村长的权威也提高了。

当然，最重要的是，杨村长还重新制定了村子里的人才选拔制度。

隋朝之前搞的是九品中正，村子被分了层，豪门永远是豪门，苦哈哈的永远苦哈哈，村子没有了流动性，就离天下大乱不远了。

魏晋南北朝就是这么乱起来的。

这么一闹，大家发现不是土豪家的人也挺棒的，比如刘裕同学就是苦哈哈出身啊。大家这才决定从寒门里挑选人才。但以前的九品中正制再搞下去，豪门永远不会推荐寒门子弟。

那怎么办，干脆公开考试。

隋唐赶考指南

杨坚当村长的时候，就开始分科考试。当然，也不能一下到位，毕竟以前的豪门都是创业伙伴，该照顾还得照顾。所以只能拿一些名额来招考，大部分还是豪门子弟来接班。

不过，方法已经留下来，就等后来人发扬光大了。

到了后来唐朝的时候，接任的李唐家发现这是一个好东西，顺手就拿起来用了。

李唐家的东西多半都是从杨隋家拿的，他们是亲戚，互通有无，你抢我夺，都是正常交流。

唐朝太宗皇帝搞科举上了瘾。太宗皇帝在端门上看着一大拨科场“小鲜肉”朝他走来，发了一个朋友圈：帅哥都到我的碗里来（天下英雄尽入吾彀）。

有皇帝支持，当然没有办不好的事，唐朝的科举搞得十分红火。

为了让大家近距离体验唐朝考生的生活，我带领大家穿越一千四百多年，来到繁华的唐代，去当一名赶考生。

唐朝的考试分常科与制举。所谓常科，就是定期举行的考试，而制举就是皇帝下旨，临时举办的，什么时候举办、考什么内容就完全看皇帝他老人家的心思了。

比如今天皇帝突然觉得没人给自己提意见了，浑身不舒服，就下个文件，开个直言极谏科，专招毒舌男。哪天填词配曲不爽快了，就开个文辞清丽科。虽然有一些大神就是走的这个路子，比如白居易、柳公绰，但毕竟是极少数。这种押宝撞大运式的考试方法，我们是不提倡的，还是老老实实准备正常的考试途径：常科。

既然是常科，那科目就是固定的。一般来说，唐朝的科举有秀才、明经、进士、明法、明书以及明算这六个研究方向。

一听到“秀才”二字，大家脑海里可能马上会浮现出梁山上的不第秀才王伦，或者被岳父扇出一脸油还老是不进步的范进，又或者会四种“茴”字写法的穷酸秀才孔乙己。

激进的同学以为秀才太落魄，不值得考，保守的同学以为秀才这么惨，升学率一定很高，我就选它了！

有这两种想法的同学都可以提前结束这次赶考游了。

因为秀才可不是一般的科目，相反它是最牛、最难考的科目，是唐朝科举王冠上的明珠。

秀才主要的考试内容叫方略策，也就是治国方略，要写议论文，还必须写高大上的议论文，起码也得是《中国足球怎样才能搞得上去》这种让上帝都想哭的题目才行。

这种东西，书上可没有现成的答案，要现场写，谈何容易？如果考不上，不但不录取，还要连带惩罚推荐你的官吏。所以一来录取少，二来大家都不敢推荐，渐渐地就不举办了。

为什么秀才这么牛，书里却秀才满街跑呢？这很简单啊，就是因为秀才太牛掰，所以大家才会恭维读书人是秀才，就像现在大家碰到一位女性都要叫一声美女的意思是一样一样的。

好吧，以普通人的水平，就略过秀才往下看吧。先看后三科，明法、明算、明书。这三科其实是选特长生。

所以，重点来了。唐朝最重要的科目就是明经跟进士。

简单介绍一下两科的区别，明经主要考填空题（帖经墨义），进士主要考作诗赋词、献计献策（诗赋试策）。

既然考的内容不同，通过后的待遇也是不同的。考取进士称为跃龙门，考取明经，顶多也就跃个蛇门。

考上进士升官方便，宰相十有八九都是从进士里选。两者的社会地位也大大不同，你要是明经出身，即便当上高官，大家聚会喝酒也是不会叫你的。

有一天，著名诗人元稹去拜见当时写诗写出名气的李贺，准备和他交流一下诗词，不幸的是，元稹同志是明经出身。李贺连他的名片都不接，直接叫下人告诉他：你是明经及第，来看我干吗？

这就是赤裸裸的鄙视了，当然，像李贺这样狂是不对的，后来元稹做了礼部郎中，主管考试这一摊事，直接取消了李贺考进士的资格。

除此之外，连大老板皇帝都鄙视明经。有一回，唐文宗问宰相怎么看明经。宰相回答，明经只要死记，不需要领会。

皇帝点点头，哦，明经就是鹦鹉学舌嘛。

听了这句话，诗坛大神杜甫跟老年柯南狄仁杰恐怕要哭晕在厕所里了，因为他们考的就是明经。

所以，但凡有点追求的读书人，绝不考明经，铁定要过进士这条独木桥。不然，那就是人生的缺陷。

盛唐宰相薛元超就觉得自己的人生有三大遗憾：一是不能进士擢第，二是不能娶五姓女，三是不能修国史。修国史代表的是水平，娶五姓女代表的是家世，考上进士代表的是才华。

进士还是排第一的。

既然进士这么牛，那大家都去考进士。但进士很坑爹，报考需谨慎。很牛的东西往往也是不容易得到的东西，北大、清华岂是随便上的？！

进士科的题目难度高，首先要吟得一首好诗，但这不是充分条件，比如杜甫就考了两次没考上，只好老老实实做明经的填空题。除了诗之外，还要能吹牛、写得一手好议论文：试策。这个就太难了，这是秀才科的简化版嘛。

而明经主要考帖经，这个简单，只要背熟了指定的教材，多半八九不离十。

考试的难度决定了录取率。明经的录取率在百分之十到二十，一次录取一二百人，进士则只有百分之一二，少的一年只录几个人，最多不过三四十人。所以，当时人称：三十老明经，五十少进士。你要三十岁考上明经，你还是落后生。要是五十岁考上进士了，那算年少有为的青年学者。

前面说到的白居易考中了制举，他跑到慈恩塔下写了一首诗："慈恩塔下题名处，十七人中最少年。"

那一年白居易二十七岁，确实年轻，但要说明一点，白居易不是进士擢第，他考的是制举，就是皇帝搞的专门考试。这种人才其实跟进士比还是要差一点的。比如，唐朝有个叫张瑰的，他们兄弟八人里七人是进士出身，只有一个是制举出身。结果张瑰兄弟搞家庭聚会时，竟然不让制举出身的这位上桌坐到一起，称他为"杂色"！

这里再介绍一下考试的内容。

你要是考明经，那必须把大经、中经、小经背熟了，什么叫大经呢？《礼记》《春秋左氏传》是大经，中经是《诗》《周礼》《仪礼》这三本，《易》《尚书》《春秋公羊传》《春秋穀梁传》是小经。

除了这三经，什么《论语》《孝经》这些也是必修课，基本是儒家这一套。想来古代的读书人有时候也会像我们恨牛顿发明微积分一样恨过孔子老师。

至于要考进士的，除了上面这些，你还得会吟诗作赋，什么平平仄仄你得明白。坏消息是，你现在学的普通话到了那会儿，可能就是鸟语，押韵能押到太平洋上去。

据语言专家考证，现在的江南吴语和福建、台湾的闽南语更接近当时的长安官话。所以，普通话说得好的朋友就不要再嘲笑"胡建人"了。

不会说闽南语也没关系，给大家提供一本黄冈宝典式的东西，这个东西随处可买，价格便宜，携带方便。这本牛书就是《唐诗三百首》!

有了它，还怕搞不掂？没事翻翻书摘摘句，记得要往后翻！古代没有版权法，但被发现抄袭一定要告你的！

事实上，也发生过偷诗赶考的事情。唐代诗人杨衡在庐山隐居。他的一位表兄就偷了他的诗应举及第。杨衡发现后，大怒，以八十码的速度赶到长安，找到表兄后，怒问："'一一鹤声飞上天'还在不在？"表兄马上服软："我知道这句是兄长你最爱的，我不敢偷，还在呢，你拿回去吧。”杨衡这才息怒，表示下不为例。

除了文科，唐朝还有武科，这是武则天女士特别开办的，虽不比胸口碎大石，但射箭、骑马是常规项目。武举上千年，基本上武状元都是武渣渣，成为统帅的凤毛麟角。唯一靠武功立下不世功劳的可能只有郭子仪郭状元。

说到这里，可能有的同学十分兴奋，一只手《春秋》，另一只手《唐诗三百首》，要么就是一把 98K，虎冲冲跑到长安，找到礼部，嚷嚷着要参加考试。但必须要说的是，同学你只怕试卷是方的还是圆的都没看到，就被叉到大理寺慢慢修理了。

同学，要考试，就要有准考证啊！

到哪里去办准考证呢？

这个问题说起来，有两个答案，一个是通过学校。国家在首都办有国子监，地方办有州学、县学，你要是有学位（主要靠门第跟关系），可以入学，通过考试，就可以取得准考证了。这种学生称为生徒。

没办法入学没关系，另一个答案就是在家自学，感觉自己学得差不多了，提交申请，初步考试及格之后，也可以获得准考证。

生徒由学校安排进京，自学的，一般是要跟地方的贡品一同进京的，所以也称为贡生。也就是说，“一骑红尘妃子笑，无人知是荔枝来”，要是玉环妹子跟李隆基先生一起笑了，那可能是你跟荔枝一起到货了。

这里，提供一个小贴士，落户很重要。

因为准考证有限，各地是有指标的，主要分配标准是户籍、文化程度。

总的来说，你要是跑到广东、福建、贵州、广西这些唐朝欠发达的地区落户，那就比较悲催了，因为这些地方加起来的乡贡名额也才十来个。而长安附近的同州、华州因为离长安近，竟然获得了三十个名额。首都长安所在的京兆府一个地方一年的名额就达四十多个。

成为京兆府的贡生还有一个好处。京兆尹大人是很强势的，从他的地盘上送去的贡生中选率很高，尤其是前十名，那就是保送生，要是被刷了下来，京兆尹很生气，后果很严重，他会直接约谈主考官质问原因的。

白居易白大神为了应考就搬到了长安，因为长安生活水平高，房价也高，所以想定居不是那么容易的。好在白大神不是吹的，一句“野火烧不尽，春风吹又生”就让他“居易”了。

另一位诗人黄滔大概付不起长安的高房租，只好加入高考移民游击队，考了二十年，换了九个州府，堪称第一移动考霸。

大家如果没有白居易的大才跟大财，就不要往长安凑了，长安名额多，学霸也多，竞争激烈。我们就选个同州华州这样的也不差，等学得差不多了，就跟着贡品一起进京吧。

大概是什么时候呢？

一般来说，唐朝的考试在正月里举行。考虑到没有高铁，也没有飞机，大家还是提前出发比较好。远的提前一年也是有的，近的也要提前两三个月。争取在头一年的秋天或冬天来到长安。这样做的好处，一是可以熟悉一下考场，二是可以跟各地的同学交流一下学习经验，打探一下竞争情况。

唐初，考试地点在尚书省，所以这一次考试也叫省试。大家到了长安，一般就在尚书省办公场所附近的地方租住就可以了。比如崇仁坊跟平康坊，这两个地方也是各地驻京办的热门选址。

大家到了长安，先去尚书省的下属考试机构礼部报到注册，主要就是根据地方上发给你的准考证，上面不但有你的姓名、年龄，还有你的外貌特征甚至包括你祖宗三代的基本情况。

遇到一些情况是要自觉地放弃考试的。比如父母去世、守孝未满三年的，就不能真的节哀然后顺便去考试。这要是被查出来，取消考试资格是小事，身败名裂那就不好了。

备了案，大家就可以准备考试了。

这就是隋朝开创的科举制，可以说影响了村子一千多年，是隋朝的一大贡献。

当然，除了这些，老杨还上了很多“硬菜”。比如开垦新的农田，又把农田分给没田的百姓，还修建了很多水利工程。粮食多了，老杨下令在各地建立粮仓。

在洛阳有一个含嘉仓，里面有数百个粮窖，最大的口径有 18 米，深 12 米。隋朝的老百姓放开了吃，也能吃上五六十年。所以隋朝的粮食到了唐朝的时候还没有吃完。

杨坚死后，杨广上位。这位新村长在村史的名气不太好，死后被送了一个“炀”的谥号。其实杨广原本也想好好干来着，上位后就定了年号为“大业”。

人家还是要成就一番大业的，只是这个大业太大了，步子有点大、有点急。甚至有人说，杨广后来干的事情不是暴政，而是急政。就像当年秦始皇一样，好多硬菜一下上了桌，搞得吃完消化不了，只好亡了国。

杨二代要是老老实实把他爹的事情落到实处，就是千古一帝，但他老想超越他爹。

杨广总共干了这么几件大事。

一是营建东都洛阳，在短短十四个月，就重修了一个周长二十七公里的城市。修完洛阳，这些工匠就留了下来，杨广又迁了几万富户，洛阳重新成为村子里的中心城市。

中心城市就得有配套设施，物流是必需的。为了实现洛阳包邮，杨广上马了大运河工程，先是挖通了通济渠，把黄河跟淮河连了起来，又开了永济渠、江南河以及沟通邗沟。

村子里那些老旧的运河被杨广打通了任督二脉，一个以洛阳为中心，长两千公里的大运河就成功了。直到今天，这依然是世界上最长的人工运河。村子里的两大中心，黄河流域跟长江流域从这一刻开始彻底地“物联”了起来，南北不再是各过各的小日子，而是可以互通有无。

杨广是个坐不住的人，交通方便了，他开始了全国的自助游，两下扬州，又跑到北方观察突厥的形势，还西巡河右、经略越南、招抚流求，村子里到处留下了杨村长的足迹。

杨广的“大业”已经不远了。

可是，一个事情还是毁了杨村长。

这个事情就是攻打高句丽。

隋朝强大之后已经是唯我独尊，村子外围的村子，比如突厥、吐谷浑，都给杨广写了一个大大的“服”字。

可是，偏偏村子外围有个地方不服杨村长，这个村就是高句丽。

这是一个在东北地区兴起的农耕政权。

因为村子中心区闹了很多年，外面的一些地盘就有些管不住了，高句丽趁机占了不少地盘。而这些地方都是村子的固有管辖地。比如，被高句丽占的辽东四郡，那是打老刘家当村长的时候就已经纳入村子的管辖范围。这一块不拿下，村子就不能说完成了统一。

事实上，老杨头在的时候就打过，杨广之后，唐朝也打过。甚至日本人也打过。

那一年，日本向中国隋朝派出了第一个使团，首领叫小野妹子。国书有些不低调，开头是“日出处天子致书日没处天子无恙”。

杨广想：我才能称天子，你哪儿来的，也称天子，你还是日出天子，我是日没天子？虽然有点不满，杨广还是控制住了自己的暴脾气。因为这一年杨广正在进攻高句丽，不想节外生枝。

为了打高句丽，杨广忍了。

杨广带着三十万人去收复村地，原本以为很简单，没想到辽东这个地方地形太复杂，运粮也不方便，路上还发生了瘟疫，一战打下来，三十五万人只回来两千人。

没面子啊，杨广又重新拉起了队伍，这一次快要成功的时候，村子里传来消息，村高管杨玄感起兵叛变了。这一带动，全村子里纷纷开始了倒隋运动。

原因很简单，跟着杨广实在没活路了。

杨广搞的这些事情，单个儿来看，都没有问题，不但没问题，还是大好事。但好事放到一块，就不是好事了。隋朝犯了秦朝的老毛病，这么多工程一起干，等于村子里的老百姓都得加班加点。长此以往哪里受得了，干脆反了。

于是，杨广的第二次东征又失败了。

紧接着，杨广又组织了一次，但架不住村子里的反隋运动愈演愈烈，杨广只好跑到扬州躲了起来，最终被自己的禁军部队逼死。

临死之前，杨广常常照镜子感慨，这么好的一颗头，不知道谁来砍呢？

为村子做出巨大贡献的隋朝就此结束了。

按照规矩，一个做出杰出贡献的短命鬼往往燃烧自己，照亮他人，从而催生出一个伟大的时代。

秦朝之后，是大汉朝。隋朝结束了，唐朝来了。

大唐：一个防不胜防的故事

第二章

防火防盗防老表

大唐的历史，就是一段防火、防盗、防儿子、防兄弟、防媳妇、防家奴、防部下，最后还是防不胜防的悲催故事。

李渊是造反踩点王，擅长睡到晌午，赶个早集。

公元 613 年，杨广在辽东打仗，大臣杨玄感在后方起兵。但直到四年后，即 617 年，唐朝开国皇帝李渊才起事。一起事，就顺势占据了长安这块风水宝地。这告诉我们，起跑其实没那么重要，找准节奏才是最关键的。

隋朝的杨坚是千古一帝，不但统一了中国，结束了南北朝这个超级混乱的时代，还确立了科举、三省六部，这些后人用了一千多年，但就是没交使用费的制度。论地位，往前推只有秦始皇达到了这样的高度。

他的儿子杨广开运河、征突厥、建东都等，同样不白给。

但是有一点，他们父子搞得太猛了。

他们父子干的事情，相当于汉朝刘邦加汉文帝加汉景帝加汉武帝干的事情。人家汉朝四代走完的路，杨坚父子两代人就想完成。历史经验告诉我们，浓缩的不一定是精华，膨胀起来才能变成大油条。

这么多大工程一上马，隋朝立马消化不良。杨广跑到东北打一个叫高句丽的村子的时候，村内就集体暴走了。

暴走第一人，还不是李唐家，而是一个叫杨玄感的人。

杨玄感的父亲叫杨素，是杨广当年争太子之位的重要谋臣，因为参与太深，就犯了官场第一罪：你知道得太多了。

有一回，杨广跟杨素吃饭，杨素吃完就得病，得病就去世，一点也没给隋朝政府添麻烦。

偏偏杨广这个人老是说实话，看到杨素的儿子们，动不动就甩出一句："杨素要不是死，你们杨家肯定要被抄个满门才比较合适吧？"

这就太欺负人了，杨玄感一琢磨：迟早你要弄死我全家，不如我来弄死你。所以趁着杨广北征，干脆在后面反了。

创业之后，他找了一个合伙人：李密。

李密很聪明，也是大隋朝的贵族，早年是杨广的侍卫，因为长得跟昆仑奴一样，黑不溜秋，上班的时候又左看右看，杨广让他下了岗。下岗了之后，李密四处溜达拜师学艺，"牛角挂书"说的就是这位哥们儿。后来，李密结识了杨素，跟杨玄感当然也成了铁哥们儿。

大哥造反，李密马上过来共襄盛举，并为杨玄感送出了上、中、下三计。

上计：拥兵北上，把杨广堵在辽东，只要撑一个月，杨广必亡，你打败了杨广，到时回师，天下必定望风而降。

中计：抢关中，进长安，住杨广的家，让杨广无家可住。

下计：图方便，可以就近攻洛阳。

李密温馨提示：洛阳已经有防备，只怕攻不下来。攻不下来，我们就得完蛋。

杨玄感一拍脑袋：我看你这个下计明明就是上计，走，攻洛阳去。

这么一搞，杨玄感没有一点悬念地失败了，李密则当了俘虏。

押送途中，李密偷个空儿，跑路了，来到一处山寨，瓦岗寨。

关于隋唐的演义小说里，总是把李密写得不堪，一个小白脸，啥都不是。其实不对，李密才是瓦岗之神，是李密把瓦岗从一个区域性反政府武装带成了全国性的大公司。

唯一的问题是在李密上山之前，瓦岗是有老大的。老大叫翟让，这位仁兄以前是个押司类的公务员，犯了点事，干脆上山了。大概就是宋江这一类的人，理想也是宋江式的，招个安就最好了。

区别是梁山只有宋江，而瓦岗有李密。

李密一来，就改变了山寨的方针，要从小打小闹变为大打大闹，要夺粮仓，抢关中。他们差一点成功了，只是被本家兄弟李渊抢了先。

李渊家跟杨广家是亲戚，他们的妈妈都可以追溯到一个超级岳父身上：独孤信。这位老帅哥生有三个女儿，一个是北周明帝宇文毓的皇后，另一个是隋文帝杨坚的皇后，还有一个是唐国公李昞之妻。李昞就是唐高祖李渊的父亲。

有意思的是，一个女婿抢另一个女婿的江山。

论辈分，李渊是杨广的表哥，据说因为长得很像领导的样儿，所以出去时，有人老是想跟他合影。因此，真正的领导杨广老是想弄死他。好在李渊同志装得一手好低调，最终骗到了杨广的信任，被分配到了太原这个最容易搞割据、得天下的地方。

我们知道，四川容易搞割据，但不容易得天下。太原退而成王，进可成帝。

李渊就带着他的老婆孩子到了太原，当然这里面有李世民同学。后来因为出了玄武门兵变这件事，唐朝教科书就不太老实，老是说李世民很早就特别牛了，比他哥李建成牛，比他爸李渊牛。其实不是这么一回事，牛的只可能是我们李渊啊。

天下闹革命潮时，李渊在太原镇压农民或者非农民起义军，一边打一边趁着机会招兵买马，三分应付，七分发展。渐渐地，杨广也觉得不对劲了，派人去太原追究李渊的责任。这个时候，杨广正在扬州度过人生的最后一段。

李渊一看上面来人，立马就反了，值得一提，李家发家也有点不那么光彩的事情，为了借兵，跟突厥结了盟，按现在的思维，就是拿隋朝的工资，受隋朝的赏，不但造反，还引外人。

但打江山就是这样的啊。

李家一出太原，那就是猛虎下山，山下全是猴子辈的，很快老李就冲进了长安。恰好这个时候，杨广被兵变弄死了，李渊就勉为其难当了皇帝。当然天下还有很多抢生意的，比如瓦岗一帮人。

瓦岗一帮人不是被李渊打败的，他们是败在了王世充的手上。

王世充是靠着平定杨玄感发家的，他原本是一个小小的宫监。杨广搬到扬州后，他能够近距离亲密接触皇帝，从而跻身一流军阀，杨广把招来的江淮兵都交给王世充，这一群江淮兵战斗力很强。

而王世充能够成为一线争霸者，是因为他战胜了李密。

说起来，李密也是很悲剧的一个人，跟着杨玄感，杨玄感不听他的，他一个贵族最终却要带着瓦岗一帮草莽英雄玩。

想抢长安，长安被李渊后发先至。回过头想抢洛阳，洛阳却被王世充占了。

这一下，他成了肉夹馍。李渊先生一句话：李兄，你还是江湖大哥，我服你。

长安不好意思抢了，李密只好回过头来打洛阳。

打李渊，李密没把握，但打王世充，李密还是有信心的，如果他瓦岗的一帮人齐心的话。

遗憾的是，瓦岗好汉火并了。

老寨主翟让虽然让出了头把交椅，但老是摆出一副前任大哥的样子，动不动就是没有我翟让，哪有什么李密？

这就不是团结山寨干的事情了，忍了很久，李密终于忍无可忍，请翟让吃饭，酒席上就把翟让干掉了。

干掉了翟让，李密却没有成为真正的老大，在一次跟王世充的交战中，瓦岗的翟让派系纷纷反水，比如李世勣、单雄信等人。瓦岗分崩瓦解，李密逃到了长安挂靠，过了两天郁闷日子，想着逃跑后东山再起，被李渊果断弄死。

接下来，就是李渊对王世充了。军事总指挥是李世民。

李世民三大战功，一是打败了西边甘肃的薛举、薛仁杲父子，二是打败了北边的刘武周，三是战胜了盘踞洛阳的王世充。

论实力，打败李密已经是王世充的上限了。这位仁兄也没有什么个人魅力，招降了一些瓦岗好汉，结果没两天人家就跑了。程咬金、秦琼这些大将打着打着，就在战场上倒戈了。这些人过去后，成了李世民的私将，收藏进了秦王府，成为后来玄武门兵变的主力。

王世充要想跟李世民斗，唯一的指望是联合山东的窦建德。

隋末唐初的起义者中，最无辜的大概就是窦建德了，这位山东大哥原本是位普通吃瓜地主，平时家里有屋又有田，绝对想当大隋朝的好国民，但天下大乱，想当好人太难了。

因为帮助了一个朋友，窦建德被官府定性为通匪，全家被杀。窦建德就此走了反隋的道路，因为讲义气、够胆量，很快成为山东的霸主。

一看李唐家有点清台的意思，窦建德只好跟王世充弱弱联合，共同对抗李世民。当然，英明伟大的李世民先生在牛口渚一战，以少胜多，大败窦建德，王世充就没什么希望了。

窦建德、王世充、李世民的三国杀最终以李世民胜出而告终。

天下的英雄收拾得差不多，接下来当然要搞内斗了。

李家内斗这个事情，其实是李家分工的后遗症。

起义时，家长李渊对家里人的工作做了分配，老大李建成是太子，是备胎，当然就得放在后备厢，所以镇守长安。

二小子李世民打架生猛，就放出去茬架。

三小子李玄霸早逝，只能过年过节闻点腊肉味。

四小子李元吉生瓜蛋子，干不成大事，就留在老家太原。

原本是一套分工合作干大事的布局，但最大的问题是蛋糕怎么分?

按李渊的想法，当然是太子李建成接班，李世民保天下，李元吉嘛，该干吗干吗，不缺他一口吃的就行。

可打着打着，就发现有点不平衡了，老二李世民战功太大，而且打一个地方就收一大堆男人到自己家里，搞得家里的人才比朝中的人才还要多。再加上身边一些不安全分子老有从众心态。比如大舅子长孙无忌、多谋房玄龄、善断杜如晦、善打人尉迟敬德等，总是让李世民往前走两步。

老大李建成又是一个糯米团子，啥事都好商量，渐渐就成了一个摆设。老四李元吉则是一个生瓜蛋子，连个太原也守不住。

这样一来，就把李世民给突出出来了。但李世民毕竟是老二，李建成才是太子。

于是李渊开始想办法搞平衡，以后带兵也不让李世民去了。后来山东刘黑闼反叛，李渊就不让李世民去，让李建成去。跟突厥感情破裂，也是让李元吉出马。

玄武门兵变那年，突厥来犯，李世民做好了出征的准备，可没想到，老爷子点了李元吉的将。

李元吉这位兄弟，也是一位很有想法的兄弟，他跟李建成说：到出兵之时，趁李世民出来送我们，我们弄死李世民，然后挥兵回宫，父皇还不把皇帝之位传给你?

当然，这后面还有一个计划，李元吉没说，就是弄死李世民后，顺便弄死李建成。

李建成说：好啊好啊，以后我当了皇帝，就封你当皇太弟，以后你接班。

这当然也是智障忽悠傻子。

这三兄弟个个心怀鬼胎，大家有本事到玄武门来聊聊。

众星拱月的贞观年代

玄武门兵变是中国历史上最血腥的夺嫡之争，康熙年间的九子夺嫡，跟这个比起来，就太小儿科了。

玄武门兵变，是不是李世民伏兵在玄武门呢？不是的，李世民的伏兵在临湖殿。临湖殿是唐高祖李渊的临时办公室。前一天，观星的官员发现“太白见秦分”，金星出现在秦的分野。李世民封秦王，这代表着李世民要当天子。李渊一听，当然大怒：老子还没退休，你就要顶我的岗了？而且我的太子是李建成啊。

于是，李渊把李世民叫过来质问。答不好，他就要幽禁李世民。

这时候，李世民只好转移视线，抛出了李建成跟李渊妃子私通的事情。这个事严重了，要知道，当年的杨广就跟杨坚的妃子私通过，隋朝的悲剧还要在唐朝上演？

李渊大怒之下，下令三兄弟明天到这里集合，大家对质，彻底解决诸王之争。

那李世民为什么要伏兵于此呢？

这就是另一个秘密。

李世民发动兵变，第一目标并不是杀掉自己的竞争者李建成或者李元吉，他采取了更为直接、更有效的方法，控制李渊。

李建成、李元吉的能力都来自李渊，只要控制了李渊，这两人就不在话下。李世民的皇位是从父亲手里抢来的，而不是从李建成手里抢的。

所以，李世民是伏兵于临湖殿，控制了李渊，然后用一条船把李渊载到了船上。其中，必然经历过血战。不过，唐朝的史书没有记录，只有一些零星线索。

史书记载，李建成从玄武门进来后，是“至临湖殿觉变”，到了这个殿，才发现出大事了，然后在逃跑的过程中，于玄武门被杀。

为什么只记玄武门杀李建成，而不写李渊被抓呢？当然是因为囚父这种事没办法写。

最后，为什么突出玄武门呢？这是因为李建成的属下逃出来后，跑到了太子府和齐王府搬救兵，两人手下各有不少兵马，集结了两千多人。

杀到玄武门时，发现门已经关上了，因为玄武门的守将常何已经被李世民收买了。玄武门进不去，秦王府的兵马跟东宫以及齐王府的兵马在玄武门前打了一仗。在不明真相的群众眼里，这自然就成了玄武门兵变，哪里知道，它的正确名称应该叫临湖殿兵变。

虽然走的夺宫路线，但李世民同学当皇帝还是很专业的，尤其是请了魏徵矫正自己的行为。

以前一想到魏徵，大家就会想到“耿直”这个词，因为史书里写了嘛：“太宗新即位，励精政道，数引徵入卧内，访以得失。徵雅有经国之才，性又抗直，无所屈挠。”

唐太宗李世民刚登基那会儿，对建设新型帝国完全没有经验，于是，数次把魏徵叫到卧室里，请教各种方法的优劣。而魏徵经验丰富，开启各种模式，性子又很直，一直没有弯过。

不过，魏徵坚持找李世民的碴儿十多年，批判过的话可以出一本砖头厚的书，又总是那么让人心悦诚服，被骂成狗了，还要点头点赞。

一开始，魏徵还是一个小道士，颜值不高，学历为零，武力比豆腐还渣。

看看唐初那些牛人。哪个不是特长生？乍一看，哪有魏徵发挥的机会？

房玄龄：我善于谋略。

杜如晦：我长于判断。

李密：我出身好。

徐世勣：我有地方基础。

李靖：我会打仗。

魏徵说：我会……反正我能说敢说！

注意，能说还在敢说前面。

那年，魏徵跟着瓦岗寨老大李密投靠李唐，因为没啥门道，工作一直没安排。魏徵一看，得自己揽工程了，他自我推荐到黎阳找到瓦岗寨老二徐世勣，吃了顿撸串就把徐世勣给说跪了。

玄武门事变之后，魏徵跳槽到秦王府，又把原太子府的人给说得放下了武器。

这就是天生的统战人才。

到了后来，唐太宗说，我有两把刀，一把给最爱的房玄龄，另一把给最亲的魏徵。

拿着刀，魏徵对“把说话练好，是最划算的事”这句话，简直不能同意再多了。

比如有一次，有人告了魏徵一状，说魏徵包庇亲戚。李世民很高兴，说：“这人平时总挑我的毛病，可逮住他一回了。”李世民马上让主持纪律工作的御史大夫温彦博去查。

查了一下，温彦博回来报告，说查不到，但是……

看，官场杀人刀就藏在这个“但是”后面。

“魏徵既然是我大唐员工，应该注意自己的言行。他没有避嫌，被人诽谤，所以也是要批评的。”

李世民很高兴，连连点头，说把这个文件发下去，让魏徵反省一下。李世民还特地说：“以后，要注意点言行，再被人告就是你的问题啦！”

我被诽谤，也是我的错？

魏徵大大方方承认了：我确实错了，我确实不注意言行。但是，（注意，转折点来了）我这是为国言行不当，咱们当大臣的，天天想的就是怎么跟皇帝协调，要是只管自己的步调，那就没办法跟皇帝同步了啊。

哼，你牛，你检举我，你挑我刺，我先认下这个错，然后从另一个角度打败你。

碰到指责，不如先承认错误，再转移到另一个地方为自己辩解，这样，比直接反驳往往更有效果。

李世民刚才得意扬扬，现在一听，马上点头：我错了，老魏你说得对。

大家通常以为魏徵什么都敢谏，但其实，老魏也有不碰的雷区。

到了晚年，李世民有点事情想拜托一下魏徵：老魏啊，帮我照看一下太子李承乾吧。

李世民生了好几个儿子，都挺能折腾的，比如太子李承乾，经常干一些出格的事情。

有意思的是，魏徵先生经常批评老板，但从来不批判或者点评老板的儿子，而且魏徵也不想管太子的事情。

嫡位之争，历来就是五万伏电压的雷区，让老魏干，老魏没这么傻。况且，老魏门儿清，他跟李世民就是老板跟打工仔的关系。说交情深，那都是工作上的，论私交，其实浅得很。老魏才不会笨到去管老板的家事。要请人管，你找你的玄武门班底去！

后来，有些大牛人管了，比如长孙无忌，比如褚遂良。

长孙无忌最后是用绳子把自己勒死的。褚遂良先是被贬到长沙，后来又被贬到桂州，最后贬到了爱州，那个叫爱州的地方……已经到越南了。

还有很多高技能，魏徵也玩得转，比如这一项：批评之前，永远先赞美一下，而且永远不要用第三者来打比方。

到了晚年，李世民这位仁兄就开始有点放纵了，什么奢侈的事情都干了出来。这咋劝呢？

要不干脆横下一条心？说“李世民啊，最近我观察你跟商纣王差不多呢”或者“李总啊，我发现你跟你杨叔一样咧”。

那结局只有两个字：征，卒。

魏徵才没那么直呢，人家是拐着弯说的。他说：“老板啊，我记得以前您干得特别好，特别能听进去劝，什么奢华的东西都不搞。最近就没有以前那么好了。”

这明明就是幼儿园老师忽悠小朋友的话嘛。

其实，在自尊面前，每个人都是一个小孩，你不能踩着对方的自尊，还让人家认同你。有时候，我们需要像幼儿园老师一样，把批评变成赞美来说。

说直话、难听的话、尖酸的话，这不是本事，这只是失态。

但有时候，李世民确实有点不省心，想赞美也找不到亮点，那咋办？那就拐个弯说吧。

贞观十年（636 年），李世民修了一座高楼，领着魏徵到楼上，问了一个问题。

“你是否可以看到昭陵？”昭陵里埋着长孙皇后。

“哦，你说昭陵啊，那我早看到了，我还以为你在说献陵呢！”献陵埋的是李世民的老爸李渊。

这就是不好好说话了，要好好说，直接就是：李总啊，你想老婆没错，但你也抽空想想你死去的爹啊，你天天在这里望老婆，你爹的坟墓都长草了也不修一下。

李世民自己是黑话高手，秒懂魏徵的意思，很乖，回来就把楼给拆了。

那么，魏徵说话这么弯，为什么还被称为直臣呢？

一开始的误会是来自这里。

玄武门兵变结束之后，李世民找到魏徵，准备开个批判大会，让魏徵交代一下自己怎么站队的。

通常情况有两种：一种是打死也不服，老子就是反你，咋地了？还有一种情况是服个软、认个错，表示自己眼瞎，求领导给个机会。

魏徵走了第三条路，他说：太子要是按我说的去做，今天就不会失败了。

咦，这跟第一条不是一样的吗？

当然不同！第一，他承认了错误，他确实给太子出过主意；第二，他没有指责李世民，说李世民谋杀兄长；第三，他还批判了李世民的对手李建成，因为李建成不会用人嘛，言下之意，还是你李世民会用人啊；第四，他做自我检讨，还把自己夸了一通。

这一句话的水平，真绝了。

而且，明明这么弯，李世民还说他直：王器其直，无恨意。

魏徵这么会混，那他就没犯过错？

事实证明，他还是犯过错的。他搞了一本材料，记录了他是怎么劝告李世民的，其实就是一本“魏徵的说话之道”，然后给为皇帝写起居录的褚遂良作参考。

这就不对啦，皇帝的小辫子，你抓抓就算了，还要登记在册，用皇帝的错误来证明你的说话之道。

李世民知道这件事时，魏徵已经翘辫子了，但李世民还是发了脾气，把魏徵地下安居房的招牌——墓碑给砸了。

看来，说话是一生的修为啊。

李世民先生在这么多能臣的辅助下，做了不少好事：完善三省六部制；明确中央机构的职权和决策程序；制定法律；减省刑罚；增加科举考试科目，鼓励士人报考，进士科逐渐成为最重要的科目；严格考察各级官吏的政绩；在经济上，减轻人民的劳役负担，鼓励发展农业生产。

说白了，就是把大隋朝建立的东西，一样一样落在了实处。

在唐太宗李世民的统治下，村子里再度迎来了喜大普奔的现象，政治比较清明，经济得到了进一步的发展，国力增强，文教昌盛，历史上称之为“贞观之治”。

下面说一个李世民减省刑罚的故事：唐太宗纵囚。

《资治通鉴》记载：“辛未，帝亲录系囚，见应死者，闵之，纵使归家，期以来秋来就死。仍敕天下死囚，皆纵遣，使至期来诣京师……去岁所纵天下死囚凡三百九十人，无人督帅，皆如期自诣朝堂，无一人亡匿者，上皆赦之。”

简单来说，就是有一年唐太宗心血来潮，突然把监狱里的死囚全部放走了，然后约定回家一年，第二年秋天，还要回来受刑。囚犯大为感动，第二年全部回归，没有一个逃跑的。

最终，李世民大笔一挥，竟然免除了他们的刑罚。

初看这个事情，往往被李世民的胸怀所感动，他的大度竟然感化了死囚。但事实的真相是不是真的如此呢?

不用等到我们来怀疑，在宋朝时就有一个人开始怀疑了，怀疑者正是《新唐书》的编写者欧阳修。

欧阳修专门写了一个《纵囚论》，质疑这个事情的真实性。原因如下：君子才能施以信义，小人是不可能施以信义的，这些死囚犯下大罪，是小人中的小人。君子都不一定会按约定去受死，何况小人？

这些死囚竟然全部做到了，这实在太可疑了。

所以，欧阳修揣测这是李世民的一场秀，而这场秀里牵扯到了一个博弈，或者相互的猜测。

首先，李世民要能判定这些人一定会回来，然后才会放他们走，不然，到时候一个也不回来，李世民不是沦为一个大笑话？

那他怎么判定这些人会回来呢？他就得让这些囚犯猜到如果他们能够如约回来，就能得到赦免的奖励。

所以，李世民赌的不是这些人被自己感化，赌的是这些人能够猜到自己将会赦免那些如约回来的人。

欧阳修表示，如果真要测试，就先放一批，等这一批回来后，照杀不误，明天再放一批，如果这批人也能回来，那说明死囚真的被感化了。

但欧阳修说，这是不可能的，而且也不能这样干，因为年年这样干，那以后都没有死刑了。

这是欧阳修的说法，显然，欧阳修还说得比较含蓄。王夫之说得更直接："太宗之世……法令密而庐井定，民什伍以相保，宗族亲戚比闾而处，北不可以走胡，南不可以走粤，囚之纵者虽欲逋逸，抑谁为之渊薮者？"

什么意思呢？就是唐朝的刑侦系统太厉害了，而且是连坐的，一个人被挂了号，就是北上胡地，南下粤地，都要被抓回来。

死囚之所以不逃，原因之一是逃不走。

而王夫之更是直接判定更隐秘的原因："……太宗阴授其来归则赦之旨于有司，使密谕所纵之囚，交相隐以相饰，传之天下与来世，或惊为盛治，或诧为非常，皆其君民上下密用之机械所笼致而如拾者也。"

王夫之表示，一定有人偷偷告诉了这些犯人，如果明年老老实实回来，就能得到赦免。在这样的承诺下，死囚当然一一归队。

所以，这就是李世民的一场盛世大秀，简直是瞒天过海。

那李世民为什么要搞这一场秀呢？有人说李世民是欺世盗名，比如王夫之。当然，他确实改过史书，为自己粉饰过，那问题是，如果李世民真的是欺世盗名之徒，大唐盛世是怎么出来的呢？

所以，李世民搞这一场秀，应该还有别的原因。

原因我们往上找。在史书中，我们找到了另外一笔记录：是岁，断死刑二十九人，几致刑措。

这个“是岁”是贞观四年（630 年），也就是李世民搞死囚秀的前两年。我们再看看李世民一场秀放了多少人回家。

《资治通鉴》里记载，李世民一共放了三百九十名。

这就奇怪了，两年前，大唐全年只有死囚二十九名，为什么两年后，暴涨了十倍呢？

在史书中我们找到了答案：“太宗既诛张蕴古之后，法官以出罪为诫，时有失入者，又不加罪焉，由是刑网颇密。帝尝问大理卿刘德威曰：‘近来刑网稍密，何也？’德威对曰：‘律文失入减三等，失出减五等。今失入则无辜，失出则便获大罪，所由吏皆深文。’”

什么意思呢？就是李世民在杀了张蕴古之后，法官引以为戒，所以判案就严了很多。李世民还专门问过大理卿刘德威。大理卿刘德威告诉他：现在审案，如果错把一个人关进了监狱没事，如果该关的没关，那事情就大了，法官要判重罪。这样一来，法官当然从严审判。

那法官为什么这样干呢？答案在第一句：太宗既诛张蕴古之后。也就是说跟张蕴古有关系。

史书是这样记载的：“贞观五年（631 年），张蕴古为大理丞。相州人李好德，素有风疾，言涉妖妄，诏令鞫其狱。蕴古言：‘好德癫病有征，法不当坐。’太宗许将宽宥。蕴古密报其旨，仍引与博戏。治书侍御史权万纪劾奏之。太宗大怒，令斩于东市。”

有个叫李好德的人，嘴上不把门，经常胡说八道，被有关部门举报后是要坐大牢了。这时候，负责审理的大理丞张蕴古汇报，说这个人有精神病，所以胡说八道，按律不应该治他的罪。

李世民一听就赦免了李好德。张蕴古听了之后，马上把这个消息告诉了李好德，两个人还一起愉快地玩起了围棋或其他什么玩意儿。

这时候，有人把这个情报汇报给李世民，李世民大怒之下，把张蕴古斩杀了。

这么处理，当然是有点过分了。而且随着这个案件的处理，后遗症出来了，法官们宁愿从严处罚罪犯。因为万一轻叛了，自己是要负责任的。

这样一来，唐朝的死刑犯数量大幅上升。李世民一看不对劲，连忙发文，要求对死刑的判罚慎重："既而悔之，因诏：'自今有死罪，虽令即决，仍三覆奏乃行刑。'"

可是，风气已经形成，一个文件是改变不了的，所以就算李世民反复强调，到了放囚那一年，依然有三百九十人，是张蕴古事件之前的十倍之多。

那怎么办？李世民总不能站出来说：张蕴古的事情我办错了，我太严了，大家该放还是放吧。这样一来，可能会形成另一个极端。大家一窝蜂都开始不判死刑了。

于是，李世民就策划了这一起释囚事件，故意放出死囚，然后等他们回来之后，再赦免他们。

这样的处理一是重申了宽大的方针，二是以道德为前提。这样就能对法官从严审判起到纠正作用。

这应该才是李世民释囚事件背后的真正原因。

你看，管理天下是个技术活，有时候需要微调，调起来还得讲方法。

总的来说，李世民干得不错，"贞观之治"是中国历史上有名的盛世。

家外面，大唐军神李靖搞了一个突然袭击，把一直不服的突厥给打服了。西域重新回到大唐的怀抱，丝绸之路又响起了驼铃声。带着和平的使命和中原的各种技术，唐朝文成公主入了藏。玄奘从天竺取回了佛经。

玄奘的信念

二十七岁那天，玄奘决定去西天取经。去天竺，佛的故乡，去那里寻找终极答案。

消息一出来，佛学界沸腾了，前来要求共襄盛举的人络绎不绝，其中不乏名僧高士。接下来，就需要报批。

此时已经是唐朝初年，隋朝开拓的丝路因为大隋朝的倒台已经封闭。新起的大唐帝国正跟强盛的突厥帝国较劲。刚登基的李世民不久前还跟突厥的突利可汗杀白马、喝血酒、撸串串。说好了，大家好好的，互不干扰。

回过头，李世民就开始使手腕，关闭了边关市集，不许任何人出塞。

西天取经这种形象工程，要是没有政府支持，那还玩什么？原本还指望唐朝政府买单，赞助一下差旅费，提供一下安保服务。可现在连批准文书都没有。

没有批文，再好的事情也是坏事情，西天取经项目就不是文化交流，而是偷渡。

原本是为了繁荣大唐帝国的文化，结果变成偷渡者，这个玩笑开大了，大家一哄而散，回去该念经的念经，该敲钟的敲钟，爱咋咋地吧。

* * *

离开的人纷纷劝告不肯离去的玄奘，他们开始担心玄奘不肯放弃。

于是，他们开始否定这一切。

“别去了，没有官府的批文，连长安城都走不出去，说不定半道就给你截了。”

“本来就不太靠谱的事，现在政府又不批，肯定没戏。”

“不批也好，就是批了，也未必真能到达天竺，到了天竺也未必有真经，有真经，人家也未必会传……”

最终他们开始嘲讽起不肯离去的玄奘。

你知道此去天竺多少万里？

你知道此去路途有多艰辛？

黄沙万里，杂草不生，路上尽是累累的白骨，一半死于饥渴，一半死于强盗！

你可知道我国正与突厥交战，黎民百姓不得越关一步？

你又怎么认定人家天竺僧人会传你真经？

你又怎么知道你得到的就是真理？

就算你得到了，就真的强于我们现在所研习的真经？

你这个想法太简单、太幼稚、太冲动！

他们终于否定一切，嘲弄不肯放弃的人。因为他们内心害怕眼前的这个同行拥有自己没有的坚定，拥有自己没有的信念，拥有自己没有的勇气，拥有自己没有的偏执，拥有自己曾经拥有但决定放弃的梦想。他们害怕这个和尚会证明他们自己的胆怯和懦弱。

* * *

玄奘慢慢地踱步：“可是，我还是想去试一试。”

“你一定会失败的！”有的人带着嘲笑走了。

“唉，你怎么这么固执……”有的人低头叹息。

“玄奘，我可不想你死在塞外的沙漠里，到时谁来替你收尸？大概只有尖嘴的秃鹫、黑衣的乌鸦……”有的人看着玄奘，仿佛在看一具尸体。

其实，就连数百年后的吴承恩也不相信，没有唐朝政府的帮助，和尚玄奘能够抵达天竺取到真经。

吴承恩跟观音说："给玄奘配一匹马吧，不能是普通的马，普通的马肯定无法完成这么长距离的旅程。"

事实确实如此，抵达瓜州后，载他出长安的马就累死了。

想了想，吴承恩给玄奘配了一匹永远也不会累成马的龙马。

吴承恩跟如来说："给玄奘配一个打手吧，路上的强盗以及妖怪那么多，说不定就有人把他煮了吃。"

事实确实如此，说不清玄奘一路上碰到了多少强人，甚至有一回在恒河边碰到一伙强盗，这群人抢了玄奘的钱物，还要拿他祭湿婆神的老婆雪山女神。

唐僧肉是真的存在的！

于是，吴承恩跟如来说："你先把那个猴子压五百年，去去他的傲气，然后给我们的玄奘当一个保镖。"

吴承恩跟众神陆陆续续地要了二师兄、沙僧、五方揭谛、四值功曹、六丁六甲、十八位护教伽蓝，还贴心安排了地陪：各地的土地公公。配了史上最牛自助团，这才放心提笔把玄奘送到路上。

更不用说，《西游记》里的唐僧是奉旨取经，他一路上不需要闯关，更不会像真实的玄奘在通过唐朝的烽火要塞时，会被冷箭射。也不会像玄奘那样，时常有人在后面追捕他。

过了数百年，依然没有人肯相信玄奘一个人就能走完五万里，来到天外的天竺！

但玄奘还是决定出发了。

你们否定一切，就让我来证明一切吧。

玄奘是跟着一个秦州（甘肃天水）的僧人离开长安的。当然，没有报批，算是偷渡。

到了秦州，混在兰州来的商人里到了兰州。紧接着，偶遇了一群送官马到凉州的人。跟着这些人，他来到了凉州。

麻烦终于来了，凉州都督李大亮听闻玄奘要去天竺，强令他马上返回长安。

在一天夜里，玄奘悄悄离开了凉州，方向不是长安，而是西方。

这一跑，玄奘成了逃犯，凉州的都督发下通缉令，要求各地抓捕这个和尚，然后押送回京。

这个时候，玄奘终于碰到属于他的猴子。

一个叫石磐陀的胡人拜他为师，愿意跟他一起去西天。

一路上，石磐陀为他开路，为他挑担，为他眺望。就像悟空为唐僧做的一切，除了打怪。

可就是这个徒弟也要否定这一次旅行。

过了玉门关。一个夜里，玄奘没有入睡，他躺在野外，眼光扫到石磐陀站起身来，抽出刀朝他走来，走近十多步，石磐陀又走了回去。

玄奘吃了一惊，然后起身打坐，默念观音菩萨的名字。观音并没有教他紧箍咒来约束猴子，他唯一可以依靠的只有信念。

第二天早上，吃过干粮，石磐陀走了过来。

“师父，我想了一晚上，我们这一次路途遥远，路上的补水处，又有烽火台驻守，如果偷偷打水，被发现了就是死路一条。我们还是回去吧！”

玄奘没办法，掏出一顶帽子说：“来，猴子，为师这里有一顶花帽，挺配你的豹纹小短裙，你戴上后，我唱首歌给你听。”

他只有拒绝。

被拒绝后，石磐陀走在前面，一会儿把刀露出来，一会儿弄弄背上的弓，一会儿让玄奘走前面。

走了数里地，石磐陀终于放弃了。

“师父，我家里有老有少，王法森严，请师父原谅，放我回去吧！”

是吗？最终还是决定放弃了吗？

玄奘点点头，给他一匹马，看石磐陀一脸狐疑，又发重誓，表示被抓后绝不会供出他来。

石磐陀这才骑马离去。

石磐陀消失在地平线下，他终于否定了一切，包括风险跟回报。

对未知的恐怖、对风险的畏惧扼杀了他的想象力。

他不用去面对接下来玄奘将面对的饥渴、强盗以及官府的冷箭，但他也同样无缘千年的荣耀。

接下来，就只有我一个人了吗？玄奘回过头，远处是无边的戈壁、暗藏的危机，还有远方的佛经。

走吧，否定只能停止或者后退，只有肯定才能前进。

＊＊＊

玄奘倒下了。

风卷起赤热的沙子，要将他埋葬。

为了绕开第五座烽火台，他走了一条野路，八百里的莫贺延碛，古称沙河。

可这处的沙河没有羽毛都会沉的流沙河，也没有连吃九位高僧的沙和尚。

只有沙子跟无尽的黄色。

从白天到黑夜，从一个沙丘到另一个沙丘，一个脚印跟另一个脚印。玄奘似乎行走在时间跟空间都停滞的地方。

他在寻找一个叫野马泉的地方，一个传说中的野泉，这个野泉可以让他不必面对唐朝守边士兵的冷箭。

野马泉没有找到。玄奘迷路了，喝水的时候，又不小心把水囊掉在地上，水流了一地。

没有了水，还怎么走下去？

玄奘决定掉头回去，补充完水再西行。走了十多里地，他突然觉得很难受。他想起了出行前自己立下的誓言。

不至天竺，终不东归一步！

宁就西而死，不东归而生！

除了别人的否定，任何够格的目标都会引发这个世界的妒意，它们会用一切方法来引诱你自我否定。

意识到自己打破了誓言后，玄奘掉转马头，继续朝着无边的沙漠进发。

这是一个冒险的举动。这是赌上性命的选择。

数天没有喝水之后，玄奘倒下了。就跟以前无数个试图到西天取经的僧人一样，用不了多久，沙子会将他掩盖，过一段时间，沙子又将他暴露，那会儿，将只剩一副白森森的骨头。没有人会记得他的名字……

好在，一阵凉风吹来，玄奘醒了，他似乎听到半空中有人在呼唤他。

站起来！玄奘，你躺在这里干什么？！

走啊，玄奘，不要停下来！

玄奘一个激灵，从沙棺里爬将出来，牵着马晃晃荡荡前行，走了十多里之后，马突然发疯一般挣脱，朝着一个方向猛跑起来。

玄奘踉跄着跟上，奇迹出现了，黄色的大地出现了不一样的颜色。

绿色，生命的绿色，佛的恩赐，八百里的黄沙上，出现了一片绿洲，马正疯狂啃食着鲜嫩的草尖，而在中间，有一处低洼的泉水。

野马泉，众里寻他千百度的野马泉终于出现在玄奘的面前。

很多年以后，玄奘回忆起这段往事，将一切归于佛的指引。

其实，如果真的有佛的话，这个佛就是他自己，因为佛只救那些不愿否定自己的自救者。有些人的否定，或许并没有那么多恶意。他们通常只想把你留住。

为了留住玄奘，高昌国的国王开出了丰厚的条件："你要讲经，我这里有数千僧徒，再不够，我让全国百姓皈依法师，我的国家，分你一半。"

看到玄奘不从，国王甚至威胁起来："你要不从，我就把你押送回长安！"

多少的父母否决孩子的选择，或许他们内心最恐怖的一点，就是孩子会渐行渐远，留给他们的只是一个背影而已。

但孩子，最终是要走远的。

玄奘再次上路了，许下取经回来在高昌国长住讲经三年的诺言。

等待他的是陌生的国境、杀人越货的强盗以及不断的否定。

龟兹国的大法师木叉鞠多听说玄奘要去天竺取什么佛经，不禁笑了。

"去什么天竺？要佛经，我这里应有尽有。《杂心》《俱舍》《毗婆沙》什么没有？够你学的了！我劝你啊，也不必去什么西天了，就在这里学吧！”

玄奘微笑，这些书他在大唐早已经熟读。于是，他问：“这里有《瑜伽论》吗？”

《瑜伽论》，大乘佛教的经典作品。

木叉鞠多当然是没有的，而有些人，对他们没有的东西，最方便的办法就是否定它。

木叉鞠多脸一红，脖子一粗：“问这种邪书干什么？真正的佛门弟子是不会学这种经书的。”

“再见！”玄奘转身就走。

木叉鞠多还不肯放弃毁人大业，没空就来找玄奘辩论，否定玄奘的西行，告诉他留下来读小乘佛经就足够了。

他急于否认一切，只因为他是小乘佛经的大师。他需要否定别人的努力来维持自己的优越感。

正如韩信不肯承认樊哙的努力，到死都说人家只是一个屠狗的。

正如袁术不肯承认刘备的战功，只愿意因刘备不靠谱的家谱给一个座位，因为他需要通过否定他人来证明自己的优势：四世三公。

玄奘向木叉鞠多挥一挥手，不带走一片云彩。

* * *

在此后的道路上，玄奘不断碰到否定。有人说某处的寺庙不能去，你前去必定被路上的强盗砍死。

玄奘还是去了，不但成功看到了想看的东西，拜了想拜的佛，还把前来打劫他的强盗感化成佛门弟子。

否定，就是拒绝一切变化。他们强调世间的不公，夸大路上的危险，只为自己的懒惰找借口，为自己的无能找原因。

他们否定你的一切努力，不是看到了你的失败，而是害怕你的成功。他们害怕你的努力会揭穿他们借以隐身的黑暗，害怕你的成功会暴露他们的失败。

他们否定你，就是害怕你跟他们不一样。你的每一点努力都让他们焦虑不安，你努力的样子就在告诉他们，这世间还有更好的东西，有更积极的态度。而他们早就剥离了这一切，安心于发臭的沼泽里。

＊＊＊

玄奘坚持了自己的努力，在一句句否定中到达了天竺，成为印度的名僧，把一次取经之旅变成了圈粉之旅。

等他回到长安，万人空巷。

包括当年那些嘲笑他的僧人，现在他们要么被佛界所抛弃，要么调整自己的心态，来听玄奘讲解从西方取回的真经。

唐朝皇帝李世民很萌，听说玄奘回来了，问了一句："当年你去西天取经，怎么不跟朕说一声？"

玄奘瞄了他一眼，情商很高的他嘴上说道："这一路，多亏大唐的声威，才让贫僧无往不利。"

捡漏儿皇帝

贞观十四年（640 年），李世民派大将侯君集灭高昌，建安西都护府，一直到贞观二十二年（648 年），唐朝征服焉耆和龟兹，疏勒和于阗附唐，大唐将西域完全纳入版图。

天下显出盛世初期的模样。历史上把李世民在位的这一段历史称为“贞观之治”。

当然，老李家还是没有抛弃内斗的模式。

李世民一共有十四个儿子。这十四个儿子里面，只有三个儿子有资格继承皇位，这三个儿子是长孙皇后生的，分别是长子常山王李承乾、四子魏王李泰、九子晋王李治。

李世民跟长孙皇后的感情很深，大舅子长孙无忌又是朝中重臣，跟李世民也是铁哥们儿，所以不是长孙家的就好好吃瓜，不要凑热闹了。

但长孙皇后生的也不一般齐。

投胎最好的，就是先来一步的长子李承乾。

这位大哥小时候还是挺聪明可爱的，史书说他“特敏惠”“丰姿峻嶷，仁孝纯深”。

但是越长越不可爱，为什么呢？可能跟他的腿疾有关，长大后因为走路有点不方便，身体上的问题最终引起了自卑感，从而变成了心理上的问题，老是担心自己这点生理缺陷成为自己当皇帝的障碍，所以行为有点偏激。

李承乾也听不得批评，比如喜欢跟男音乐人混在一起，父亲杀一个，他就再包一个，平时跟大臣关系不太好，跟父亲也不亲近，还老担心自己的弟弟李泰要夺他的太子之位，还要造反逼宫。最后逼得老李把他贬到外地，他自己也郁郁而终。

第二个儿子李泰就太优秀了，才华横溢，文学好、书法好，还会编书，编了一本《括地志》。

不过，长孙无忌跟褚遂良都反对他当太子，为什么呢？可能还是李世民害了他。因为李世民专门授李泰一个权力，开文学馆，自行招纳学士。

这个就严重了，当年李世民搞玄武门兵变，就是先开了文学馆，招了房玄龄、杜如晦等十八学士，成为他的智囊团，十八个男人关起门来给他出主意。

李世民可能真的是把这个儿子当未来皇帝来培养了，但是这个儿子如果培养出自己的心腹，那这些老臣怎么办？难道晒干晾起来当腊肉吗？

所以大臣们意识到了这一点，大力反对。

但李世民就是喜欢，废了李承乾，准备立李泰了。偏偏这个李泰聪明过头了，他为了得到皇位，说了一句话："儿臣只有一个儿子。将来儿臣寿尽之日，一定把他杀了，传位给晋王。"

这就是传说中的用力过猛了，大臣褚遂良马上指出，这绝对骗人的，哪有杀儿子成全弟弟的？

不但骗人，这反而说明他心中有杀意，到时杀的可能不是儿子，而是晋王李治了。

所以，这位兄弟也黄了。

最后，皇位落到了人畜无害的李治身上。

因为宽厚仁慈，李治受到了大臣们的支持。事实证明，长孙无忌跟褚遂良算漏了一点。看男人，不能光看外表，还得看男人背后的女人。

让李世民比较放心的，是李治当皇帝，其他儿子保住了。

于是，低调的李治捡了唐朝历史上最大的一个漏儿。

平心而论，李治同学治理天下还是不错的。那些年，杨广、李世民没完成的事情，被李治同学干成了。这个事情就是搞定高句丽。

唐高宗年间，大将苏定方出马，拿下了刺头高句丽。

这个事情按说就结束了，高句丽也被打服了，但没想到唐朝一退军，高句丽搞起了复国运动，而且跟朝鲜半岛的百济联合起来欺负另一个国家新罗。为什么欺负新罗呢？因为新罗跟唐朝的关系最近。新罗到日本出使，都穿着唐服。

唐朝只好再次出兵，打高句丽、救新罗。

旁边一位路过的一看，这么热闹，带带我呗。这个爱往人堆里扎的是日本。日本趁机进攻新罗，占了新罗不少地盘。

消息传到唐朝，有一个人兴奋了，一拍大腿："天将富贵此翁耳！"

这位唯恐外面不乱的仁兄叫刘仁轨。苏定方平高句丽时，他就是水师都统，可惜命不好，刚出海就碰上大风，船翻了。

唐朝一追责就把刘仁轨抓了起来，最后判他一个白衣从军。

这基本就是完蛋了。刘仁轨已经六十岁了，想着这一生也就这样了，没想到日本人雪中送炭，竟然招惹唐朝。

刘仁轨带着水师向朝鲜开拔。很快就把百济打得吃啥都不济。这个时候，日本人来了。当时日本天皇叫皇极天皇，女性，老太婆。她还要亲征，结果半路死了。

接着管事的是日本的皇太子中大兄，这位中大兄在日本史上也算是一个有能力的人了。很有建树。为啥有建树？这得从惹了大唐开始说。

在百济附近的白江口海面上，大唐水师跟日本水师碰上了。

当时大唐有一百七十艘战船，两万来兵。日军有一千多条船，三万多人。

从船只上看，日本好像占优势，但琢磨一下感觉不对，三万人一千多条船，平均一条船只有十个人，你这是船吗？不会是舟吧。

所以，大唐的基本是大船，比如楼船、艨艟、斗舰，还有走舸、游艇、海鹘，以及能喷火的火船，船种特别齐全。

日本那基本就是渔船加强版。

对于这场战争，《旧唐书》的记录是："仁轨遇倭兵于白江之口，四战捷，焚其舟四百艘，烟焰涨天，海水皆赤，贼众大溃。"

一句话叙述完了，因为实在没啥可说的。唐朝水师打日本水师，那就是完全的技术性碾压，日本人倒是比较详细地记录了。

唐朝水师采用包围战术，把日本水师围在中间，日本船挤成一团，根本动弹不得，只得呆呆被打。

日本的将领看到自己的兵不是战死就是跳水淹死，气得“仰天而誓”“切齿而嗔杀数十人，于焉战死”。从上下文判断，应该是气得砍死了数十个自己人，然后自杀了。

这一场战争没费多大劲儿就结束了，日本损失战船四百余，死伤无算。而百济从此消失在历史当中。高句丽也被打残，只有与唐朝保持良好关系的新罗强大起来，最终统一了朝鲜。

这一仗，日本是吃了大亏，但又占了大便宜，为什么呢？

因为日本人终于明白什么是文明了。

赶紧向唐朝派遣唐使，学习啊！

日本天皇中大兄赶紧将唐朝的文化在日本复制了一份，现在你要想了解唐朝文化，去日本看看是个不错的选择。

唐高宗绝对不是一个软弱的皇帝，在任上，唐高宗完成了帝业三连击。

永徽元年（650 年），高侃擒车鼻可汗，平定漠北。

显庆二年（657 年），唐大将苏定方等大破西突厥，设立都护府。

总章元年（668 年），唐军攻占平壤，灭亡高句丽。

唐朝的版图在他的任上达到最大，总计约有 1250 万平方公里，唐高宗的治理被称为“永徽之治”。唯一闹心的是娶了一个不省心的老婆。

接下来，唐朝过渡到了斗媳妇的阶段。

这位了不得的媳妇当然就是武则天。

武宫女的逆袭

武则天的故事是一个小号逆袭的故事。

公元 624 年，大唐公司开张的第七年。这一年，名将李靖在丹阳击败最后一个反骨仔辅公祏。李世民在北面跟突厥的扛把子突利可汗喝了血酒。一切都显示，大唐要和一把清一色。可谁也没想到，就在这一年，一个截和大唐的女人出生了。

十四年后，这个女人开了一个小号，发了第一个朋友圈：进宫了，感觉萌萌哒，俺娘却哭了，好烦。

地点：掖庭，大明宫，长安。

没有人点赞。

此时，有一个叫长孙皇后的号，两年没有更新了，下面却常有人点赞、评论、送花。一个男人总是在下面留言：想你。

留完言，这个男人点开附近的人，结果看到武媚娘这个小号，头像很清新。他输入：加个好友？

男人叫李世民，是当时最大的号，有数千万粉丝，更重要的是，他是方圆数公里内唯一的男大 V。

武媚娘毫不犹豫：加！

武媚娘经过大 V 李的转发认证，实名认证为武才人。武才人跟大 V 李互加了关注。然后，就没有然后了。

大 V 李没了消息，武才人忍不住想发个私信，却发现已经被拉黑。

不是大 V 李不讲究，实在是最近比较烦。大 V 李此时正盯着一大堆匿名号。

这些人什么言论都敢发，甚至妖言惑众："女主武王"。

什么意思？天下以后是姓武的？是谁胆子这么大，敢抢我们李家的流量？

大 V 李找到了一个人：李君羡。

李君羡，洺州武安人，武连郡公，玄武门守将，左武卫将军。小名：五娘子。

武安，武连郡公，玄武门，左武卫，四个武，外加一个五娘子。众里寻你千百度，你却在这里用百度。

大 V 李点开后台管理系统，在李君羡这个号上点删除，期限永久。

大 V 李松了一口气，大唐公司万年永固，没人搞颠覆了，继续抓抓娱乐活动。他又点开武才人，重新加了关注。

武才人也松了一口气，她还记得小时候来了一个叫李淳风的算命先生，说她是皇帝的命。

公平讲，当时的武才人没有当皇帝的心，甚至连当皇后的心都没有，她只是一个小号，顶多是一个有理想的小号，坚持每天拍照片，用美颜软件修图，尽量把脸修得圆润富气一点，发到朋友圈，希望大 V 李看到能够点赞。

武才人天天点开大 V 李，在每一个朋友圈下点赞。

大 V 李嫁女儿，晒婚纱照；武媚娘点赞：新娘好美！新郎好阳光！布达拉宫好漂亮！

大 V 李开发布会，宣布小 V 李李治为集团接班人；武媚娘点赞，没有评论，但点开了李治的主页，悄悄加了关注，心莫名乱跳。

大 V 李东渡辽水，在安市外的雪地里穿着军装、拿着长枪、骑着大马拍了一张照片；武媚娘选了鲜花、吻还有大拇指的表情，又送上祝福：注意身体。

虽然知道不会有回应。

武媚娘尽着一个粉丝的本分，对大 V 李的每一个更新都进行正能量的评论。可大 V 李总是很忙。他更新的朋友圈下面点赞的人太多。

武才人还常去看别的女号，去那个叫长孙皇后的号，点开长孙皇后的历史记录，把所有的内容看过一遍。她叹息：我成不了这种号，这种号不是美容号、不是鸡汤号，也不是育儿号、不是娱乐号，而是最牛的历史号。我成不了这种号。

她不会想到，有一天，她会成为最牛的女历史号。

她当时连一些中号都比不上。有个徐宫女的号，跟她同一期认证，人家的认证资料已经换了好多遍。从徐宫女变成徐才人，从徐才人变成了徐婕妤，三级认证。然后又变成徐充容，二级认证，还享受九嫔的待遇。据说还有可能升为妃这样的一级认证。

武才人还是武才人。

她做了十二年的武才人。从小鲜肉武才人变成人妻武才人，再下去，就要变成广场舞武大娘了。

直到有一天，她捡到了一个漂流瓶。是太子宫漂过来的。武才人看了一眼，满脸通红，慌乱地丢在草丛里。半夜，她又偷偷跑出去捡起来，藏在被子里。

过了一些天，大 V 李不行了，小 V 李李治过来看望，突然给在外面端着洗手盆的武才人来了一个壁咚。

没有一点点防备，水洒了一地。

从此，年龄不是距离，辈分不是距离，大 V 李才是距离。死了的大 V 李也是。

贞观二十三年（649 年）的七月，大 V 李的头像彻底灰了，这个厉害的人完成了一切他想完成的事业，了无遗憾地灰了，只留给活着的人更多的遗憾。

比如，武才人把自己的认证资料改成了：女尼。

所有的尼姑都会念经，武尼姑却写了首诗：

看朱成碧思纷纷，憔悴支离为忆君。

不信比来常下泪，开箱验取石榴裙。

地点：感业寺。

发表后，因为没有推荐，沉在了海里，回音都没有。

尼姑武把长长的石榴裙穿了又脱下，脱下又穿上，手机屏幕却突然亮了。

一个人在下面回复：好久不见。

评论者，以前的小 V 李李治，现在的大 V 李李治。

“你怎么现在才出现？”尼姑武嗔怪道。

“刚才王皇后转发了你的头条。”

王皇后是最大的女 V，大号女 V 一般不转其他女 V 的文章，但王皇后最近被一个叫萧淑妃的女号折磨疯了。

在王皇后看来，这个萧淑妃简直就是上天派来折磨她的，比她年轻，脸比她圆，而且很拼。

更要命的是，在后宫圈，能够孵化小号的号才是真正牛的号。萧淑妃已经成功孵化了三个小号，其中一个还是具有标杆作用的男号。

王皇后一个小号也没有。

眼见老公天天跟萧淑妃晒朋友圈秀恩爱。王皇后终于被逼疯了，给尼姑武发了私信：到后宫来上班吧！

于是，尼姑武又回到了大明宫。这一年她二十八岁。

转了一大圈，又回到了起点。

尼姑武打开手机，输入：老娘又回来了！

想了一下，全部删掉，输入：今天再也不许天下人负我，只许我负天下人。

感觉有点像五百年前曹操的话，于是，又删除。

尼姑武决定什么都不发。发了也是零阅读，零回复，零收藏，零转发。

但尼姑武还是把认证改了：宫女，零级。

调整心态，摆正位置，这很重要。一年后，宫女武就被评选为 651 年大明宫最受欢迎女性。

李治给她五星好评：能奉己。

皇后私下点赞：誉于帝。

宫女武开展多种下宫送温暖活动，遂被评为“宫女之友”“太监知音”“嫔妃十佳闺密”。所有的宫女、太监都跟宫女武互粉。宫女武的关注五千，粉丝五千。到处都能见到宫女武发的朋友圈：有个闺密真幸福！

宫女武很快认证为：昭仪，二级认证。并且成功孵化小号：李弘。

同时，一直号称大明最强 IP 孵化器的萧淑妃再没有孵化成功一个小号。王皇后还是一个单号。

王皇后终于醒悟了，她忽视了一个问题，在男人的权力游戏里，敌人的敌人是朋友，而女人的游戏里，敌人的敌人依然是敌人。

这位统战领域的杰出女性再一次玩起了合纵连横。这一次，她找上了对手萧淑妃。

王皇后和萧淑妃拍了合照，精心修了图，发到朋友圈：好姐妹一辈子。

武昭仪回了两个字：呵呵。

一切都迟了，李治没有点赞，反而拉黑了她们。

这是为什么呢？为什么武昭仪 > 萧淑妃 > 王皇后，甚至武昭仪 >（萧淑妃 + 王皇后）？

李治决定取消王皇后的大 V 认证，并把她关进小黑屋，因为据举报，王皇后暗箱操作，干了数件事情。

第一件是去看望武昭仪新生的女儿，之后，女婴离奇去世。这是 653 年十大新闻事件的头条，新闻配以武昭仪哭天抢地、李治怒发冲冠的照片，“后杀吾女”四个大字鲜红醒目，背景则配以王皇后阴沉的侧脸。

第二件事情，是 655 年十大重点新闻，标题很惹眼：国母厌胜后宫，昭仪莫名躺枪。图片上，一个宫人高举一个铜人惊呼，铜人上武昭仪的名字赫赫在目，数根铜针准确扎在三点之上。背景则配以王皇后惊慌的表情。哭倒在地上的武昭仪特别无力，特别无辜。

大 V 李终于怒了，这是谁的江湖？这是谁的圈子？大 V 李发了一个更新：朕要废除王皇后认证，提升武昭仪等级。

事实证明，这个江湖不只有大 V 李一个顶级账号，也不是所有的人都买武昭仪的账。

一级大 V、中书令来济，公开在大 V 李的更新上评论：我感觉你有点冲动了。

一级大 V、门下侍中韩瑗附和：维护旧有秩序，我看相当有必要。

更气愤的是，提前打过招呼、送过礼的两位祖师爷级的大号太尉长孙无忌、右仆射褚遂良从不点赞，专门砸砖。

李治建了一个讨论组：论换皇后的必要性跟合理性。成员就是上面这些大 V。还没暖场，褚遂良就扯着沙哑的嗓子把武昭仪的老底给掀了：那是先皇战斗过的地方！

没想到，武昭仪披着马甲隐藏在讨论组里，听到这一句，再也忍不住，脱下马甲大吼：快弄死这老家伙！

大 V 们都不认账，武昭仪想把认证资料改为武皇后，似乎没有可能。但这个世界总是有愿意惹事的站出来。

先是一个叫李义府的小号更新了一篇文章：废王皇后，立武昭仪，民心所向，大势所趋。

然后 @ 了一下李治、武昭仪。

李治、武昭仪立马点赞、转发。

长孙无忌、褚遂良呵呵冷笑：你算什么？五品的司马！

卫尉卿许敬宗发表评论文章：《从民间地主丰收后换老婆的现象论证皇帝易后的合法性》。

然后 @ 了一下李治、武昭仪。

李治、武昭仪立马点赞、转发。

长孙无忌、褚遂良呵呵冷笑：你算什么？卫尉卿，带个卿就是爱卿吗？不过是司机领班而已。

又一个人发了一篇文章：《皇帝，昭仪，睡自己的觉，让别人说去吧，这是你们的家事》。

然后 @ 了所有人。

长孙无忌、褚遂良沉默了，因为作者也是顶级大 V：司空李勣。

千算万算，没算到队伍里出了叛徒，长孙无忌、褚遂良被赶出大 V 圈，从此江湖之远，想忧君都没门儿。

655 年，大 V 李更新文章：《武昭仪，我放心》。

下面一片点赞，不和谐的声音一个也没有。武昭仪终于把认证资料改成了：皇后。

但是，也不要忘了我们曾经的大号，现在的牢号：王皇后跟萧淑妃。

两位依然努力不懈地更新文章，吃饭前拍照发朋友圈，也许是精诚所至，本来已经拉黑她们的李治竟然又悄悄加了关注，并发了私信：你们放心，我有安排！

没等李治想好怎么安排，现在的大号武皇后就做了安排，两位前大V被销号，删除一切文章，最终两位的头像成了灰色。

萧淑妃发了最后一篇：阿武妖猾，乃至于此，愿他生我为猫，阿武为鼠，生生扼其喉。

从此武后不养猫。无所谓，她又不是那种发两张养猫养狗照片就能混几百万广告费的营销号。

大V武后的故事结束了吗？

有一天，武后躺在大明宫，享受阳光跟胜利。手机屏幕突然亮了，一个匿名小号发了一个私信：大V李发文章说要销你的号。

大V李确实在干这事。主要还是武后这位霸道女总裁太任性。偏偏宰相上官仪跑过来提醒他，这个江湖还是他的江湖。

大V李一兴奋，马上写稿！

还没校对呢，武后就来了。

武后不是大明宫这个千人大群的群主，她只是管理员，但武后是这个群发红包发得最勤快的人，所以群里一有消息，武后就知道了。

大V李的文章还在后台编辑，武后就冲了过来，一申诉，大V李的手机掉在地上，屏碎了一地。

“不是我发的，我的号被上官仪盗了。”

上官仪卒！

664年，武后将自己的认证资料加为：二圣之一。

667年，武后的认证资料改为：天后。

683年，大V李的头像变灰，武后在收集了一万个节哀之后，将自己的认证资料改为了武太后。

691年，武太后的认证资料变成了：圣神皇帝。

当年的宫女武终于成了皇帝武。

现在，即使她只发一个“啊”，瞬间也能集齐上百万点赞，数万条回复。

给大家复盘一下武则天的人生。

武则天的父亲是当年李渊创业团队的骨干，武则天长大后也光荣入宫，成为李世民的宫女。等到李世民去世，武则天出了宫，进了庙。原本以为一生也就结束了，没想到被唐高宗的王皇后当成宫斗专业人才聘回宫。更没想到，武则天宫斗起来，连猎头都斗，不仅斗倒了王皇后的对手萧淑妃，顺手连王皇后也斗倒了。

虽然一大批老干部跳出来反对，包括唐高宗的老舅长孙无忌，帮助唐高宗继位的褚遂良，但武则天不仅是宫斗天才，也是政斗天才，干脆把这些大臣也斗倒了。

这一斗，武则天斗出了信心，斗出了感觉，开始承包起大唐的政务，正好正式员工唐高宗身体不太好。等到唐高宗下线，武则天发挥内斗精神，连自己的儿子也斗。

唐高宗下线后，儿子唐中宗李显上线。李显随他爹，也是耙耳朵，爱老婆、信老婆，竟然放出话要把皇位让给自己的老丈人。

那你还是一边凉快去吧。

武则天让李显下岗，又立了第四个儿子李旦，是为唐睿宗。让李旦过渡了一下，武则天终于自己当家做主，成为中国历史上第一个女皇帝，改国号为周，定都洛阳，号称神都。

事实证明，女人不仅能当皇帝，而且也能当好皇帝。

武则天鼓励大家努力种田，兴建水利，兴办科举。因为豪门瞧不起武则天的出身，武则天就专门提拔庶族地主。武则天尤其喜欢提拔南方人士，专门搞了一个南选，选拔南方的读书人。

只是武则天女性当皇帝，又是抢的老公家的江山，自然要防火防盗防家人。

为了提高斗争效率，武则天起用了一大批斗争专才，人称酷吏。其中包括发明“定百脉”“喘不得”的刑讯专家周兴、请对方进瓮对方就能好好说话的来俊臣。

一时之间，搞得大唐公务员人心惶惶，上班如上坟，出门先跟家人搞个诀别仪式才上路。

到了晚年，武则天开始奉行享乐主义，在神都洛阳搞了一大批形象工程，还想着死后把皇位传给姓武的。多亏狄仁杰给她摆了摆亲戚的关系构成：爸爸的爸爸叫爷爷，爸爸的姐姐叫姑姑。

侄子怎么可能祭姑姑呢？

武则天这才明白过来，可刚明白过来，宰相张柬之就请她正式下了线。武则天的儿子唐中宗李显上演皇者归来。

李显被废了一次，但爱老婆的家族优良传统没丢，国事一概问老婆韦皇后，结果还被韦皇后毒死。眼瞅着韦氏就要成为武则天第二，老李家的李隆基先下手为强，请韦氏下了线。

李隆基是唐睿宗的儿子，革命成功后，自然又把皇位给了爹。

唐睿宗当皇帝意思了两天，就把皇位传给了实力派的儿子李隆基，也就是开创了盛世、将大唐带到沟里的唐玄宗。

唐玄宗是一位政治临摹大师，主要临摹对象就是唐太宗的“贞观之治”。唐太宗有房谋杜断，李隆基当然也必须有。第一位是不上班则已、一上班就起关键作用的救时宰相姚崇。姚崇开出了就职要求“十事要说”：为政先仁义、不求边功、中官不预公事、国亲不任台省官、行法治、租庸赋税之外杜塞贡献、寺庙宫殿止绝建造、礼接大臣等。

这是第一个上班先给老板提标准的宰相，李隆基完全批准。

还有人气值爆棚、人送阳春快递员称号的“有脚阳春”宋璟。宋璟、姚崇跟前面的房玄龄、杜如晦组成了宰相天团：唐朝四大贤相。

此外，还有特别谦虚，被戏称为“伴食宰相”的卢怀慎，合称“燕许大手笔”的张说、苏颋，等等。

在这些人的帮助下，李隆基采取了休养政策，跟外面的吐蕃、突厥讲究以德服人，有话好商量，有生意大家一起做，有钱一起赚。对内打击豪强，选拔优秀县级管理人才。

经过这么一治理，大唐屡屡露出苗头的盛世终于落实，长安的街道上，有来大唐进修学习的日本人，有来自波斯的顶级工匠，还有塞外网红胡伎。大唐长安成为世界上最繁华的都市。很多年后，杜甫回想起来，都想穿越回开元时：“忆昔开元全盛日，小邑犹藏万家室。稻米流脂粟米白，公私仓廪俱丰实。”

这个盛世被称为“开元盛世”。

要了解开元的盛世，必须得读一下唐诗。

藏在诗里的盛世

开元的盛世藏在唐诗里，第一位是幸福的贺知章。

如果要回到唐朝做诗人，不要做耍剑弹琴的李白。李白一生太纠结了，他永远都搞不清要成仙，还是当官。

看到元丹丘这样的世外高人，就想起不上班是多么开心的事情：不如“烹羊宰牛且为乐，会须一饮三百杯。岑夫子，丹丘生，将进酒，杯莫停”。

酒醒了之后，看着世间的繁华，又想起自己是只大鸟啊，是与云为伴、与风为伍的大鹏，应该“大鹏一日同风起，扶摇直上九万里”。

飞了半天，发现没有加力，只好啪的一声掉下来，瞬间又变成了愤青：“大道如青天，我独不得出，羞逐长安社中儿。”

可等唐玄宗给他发个私信，李白又变了：“仰天大笑出门去，我辈岂是蓬蒿人。”

第一次看到上个班这么嘚瑟的。不做李白，也不要像杜甫这样苦哈哈。

在大神的世界里，他只能当背影，他给所有的人写诗，却鲜少收到别人的回应。高考也考不上，要工作也没工作，到老了还要吃朋友高适的救济粮。

也不要做王维这样的小白脸，虽然人生快活，但跟唐玄宗的妹妹九公主总有些说不清道不明的事情。

也不要做孟浩然这样的抠脚大叔，这位大神是唐朝应试教育的牺牲品，写诗一流，但反应老是慢一拍，总做不完考卷。好不容易见到了大老板唐玄宗，有个保送的机会，让他自我推荐一下，孟浩然一开口就是“不才明主弃”。

唐玄宗虽然好说话，但这种黑锅是不肯背的，当场反驳：你又没说要给朕打工，我也没说不用你，你诬陷我！

从此，孟浩然只好写点田园诗，没事影射一下朝政。

要做，就要做贺知章。

首先人家投胎技术就高明，名门之后；小时候自己也争气，文章写得不要太好。不需要像王维那样给九公主送情诗，也不必像陈子昂那样搞砸琴送诗的炒作。轻轻松松就成为状元，据说还是浙江历史上第一位状元。

分配工作，到国家级科研单位太常寺任职，清水衙门，胜在不累。后来又去修书，虽然没修成，但没关系，丝毫不影响升迁。

这样的人生才称得上岁月静好。完美避过了武则天暴走的那段狰狞党争，又从容略过安史之乱的血腥屠杀。

唐朝最好的这段日子，永徽之治的余晖温暖着他，武媚娘的糖水泡着他成长，开元盛世全程陪伴着他。

有这样幸福的时光，才有他的无忧无虑，他才能关心春风、柳树与燕子，才能写下“碧玉妆成一树高”，才能这么随性、这么洒脱、这么开阔。

天宝年间，大唐慢慢由华丽走向奢华。

贺知章在长安偶遇李白，准确地说，是一头撞见了李白的《蜀道难》。

“噫吁嚱，危乎高哉！蜀道之难，难于上青天！”

诗一般是平地缓起，渐至高潮，这首却第一句就从天下雷奔而来，这是李白的诗，只有李白才敢起的笔。

贺知章读完，已经激动得不知道怎么形容，他说：这谁啊，这应该不是人类，他，他是太白金星。

对，对，此人一定是谪仙，是被贬下凡间的仙人。

贺知章没有看过《西游记》，不知道贬下人间的除了太白金星，还可能是二师兄和沙师弟。

贺知章说：我要把他引荐给大老板。于是，贺知章把李白介绍给了唐玄宗。

贺知章说：我要请李白喝酒。于是，他们坐到了酒馆里，喝完之后，贺知章才发现自己竟然没带钱。

他一向带钱的，因为他随时有可能会闯进别人的家里。

“主人不相识，偶坐为林泉。莫谩愁沽酒，囊中自有钱。”

每天晃悠的他东瞧瞧、西瞧瞧，谁家的院子漂亮，直接就闯进去，参观完之后，还要扯起嗓子：哥是有钱人，把酒拿出来吧。

可就是跟李白喝酒时没有钱了。

贺知章开始解腰带，李白吓了一跳，大白天的，不好吧。

贺知章掏出工作证：金龟。

老板，拿去当酒钱吧。

就为这一刻，李白记了一辈子。很多年后，他一个人喝着酒撸着串，想起当年长须飘飘的贺知章递上金龟的坦诚。

“四明有狂客，风流贺季真。长安一相见，呼我谪仙人。昔好杯中物，今为松下尘。金龟换酒处，却忆泪沾巾。”

这人生，幸福满格了，要工作有工作，要地位有地位，要才华有才华，要气质有气质，要朋友有朋友。

贺知章是长安朋友圈最闪耀的明星，是文化交流圈的核心。

所有人都可以跟他成为朋友。

他和张旭、张若虚、包融是“吴中四士”，又跟张旭、怀素组成草书第一天团“唐草三杰”，跟李白、李适之搞了一个“酒中八仙”，转眼又挤进了孟浩然、王维的“仙宗十友”圈。

他跟李白在船上喝酒，天子传召，李白说：我是酒中仙啊，我要跟贺知章喝酒，没空理你跟环环的爱了。

杜甫早已经瞪圆了眼。

“知章骑马似乘船，眼花落井水底眠。”

如果有一个人骑马跟乘船一般东晃西摇，就算掉进了井里也不会醒来，依然打着呼噜神游九天，那个人一定就是酒中仙人贺知章了。

贺知章太幸福了，年老的时候没有去跳广场舞，没有去打门球打发时间，却跟李白这样的青年喝酒吹牛。他唯一的天敌，似乎只有时间了。

八十六岁那年，贺知章得了一场病。第二年，他跟唐玄宗说，我要退休了。

他延迟退休已经太多年了。

贺知章说："把我在长安的家宅造成一座道观吧，而我要回老家，我要去参悟无上的道。"

"好啊，我让太子去送你，让百官都去。"

这样的面子，实在是前所未闻，后所未见。

李白也在其间，这样的场景，当然会有诗。

"镜湖流水漾清波，狂客归舟逸兴多。山阴道士如相见，应写黄庭换白鹅。"

老贺啊，真羡慕你，你终于可以去悟道了。山阴道士的荔枝烧鹅好吃，写上一幅字换他两只吧。

贺知章拱拱手，转身的那一刻，放下繁华，放下尊荣，做回他自己。

他不再是太子宾客，不再是工部侍郎，不再是秘书外监，也不再是长安朋友圈的超级网红。

他可能是铁蛋、柱子、二狗、旺财……

我要回家，四明狂士要回四明了。

"少小离家老大回，乡音无改鬓毛衰。儿童相见不相识，笑问客从何处来。"

回来的时候，已经太老了，老到没有相熟的面孔，乡音虽然未改，但谁又听我诉说呢？小朋友也不认识我这个老头，把我当远方的客人。

* * *

不是每个人都能泡在盛世里，杜甫抓住的是一把盛唐余晖。

如果没了李白，唐朝会少了一份奔放；如果没了杜甫，大唐就少一份厚重。

跟"天生我材必有用"的李白不同，杜甫终其一生都在夸耀自己碰到了优秀的人。

第一个碰到的牛人是会舞剑的公孙大娘。

杜甫在公孙大娘最美好的年纪撞上她，他却未在最懂的年纪。

那一年，杜甫六岁，骑在墙头或者某个长辈的脖子上观看了那一场惊天动地的剑舞。

五十年后，在刘备曾经哭泣过的白帝城，杜甫看到公孙大娘的徒弟再现剑舞的神韵。

所有的回忆涌上心头。

哦，那是一场多美好的相遇。

普天之下，八千蛾眉，只有她会的剑舞就在我的眼前，如雷霆而来，像后羿射日，像天帝驱龙，青山低下了头，风云变了颜色。

那个叫张旭的狂生在这剑舞里参悟了仓颉的奔放，那个叫吴道子的画士在这剑舞里捕捉到了万物的线条。

而我呢？

我只是一个五十多岁的老头，蹉跎了岁月，霜染了鬓发，还不知道人生的方向。

如果再给我一次机会，我该好好参悟那如电的剑势，或许我也可以成为吴道子、张旭这样的奇才。

是的，身边有个优秀的人，你的第一感觉是他们将会改变你的某个部分。

在岐王李范的宅子里，杜甫碰见了愿采红豆寄相思的李龟年。

杜甫是去蹭饭的，第一眼，先被贵气横溢的李范给吸引了。

皇帝李隆基的弟弟，并州大都督，王的存在，却跑到堂下，跟群众打成一片，要聊诗与人生，聊音乐、聊书法。

第二眼，杜甫被李龟年吸引了。

李龟年的耳朵装了声音识别系统。岐王府的音乐一响起，他说，这是秦音慢板；换了节奏，他说，这是楚音的流水板。

岐王大笑，猛地按下按钮转过椅子，给了李龟年一个拥抱，他说：我给你破红绡、蟾酥纱。你拿去做漂亮的衣服。

李龟年放下绡纱，掀开帷幕，走到后台，拿起了琵琶。

让我为你们再演奏一次吧。

这样的盛事是大唐的色彩，杜甫在一边看呆了。

作为一介平民，能够目睹大唐最佳音乐人与制片人的交流，这是什么感觉？

很多年后，在南方的长沙，杜甫再次听到李龟年的歌声，那是杜甫写给李龟年的诗。

“岐王宅里寻常见，崔九堂前几度闻。正是江南好风景，落花时节又逢君。”

还记得岐王，还记得那行九的崔涤，还有你，还有我。

当时只道是寻常。可那时的长安，我们再也回不去了。

是的，身边有优秀的人，就算当日不自觉，却在以后的某天，让你无比唏嘘。

* * *

744 年，是很多事情发端的时间。

这一年，安禄山兼任范阳节度使，在朝中获得了一百个赞。

李林甫赶跑了裴宽，打压高力士，从此称霸庙堂。

但是，在诗的江湖里，这些都不是事儿。

在诗的江湖里，太阳、月亮碰了头。在洛阳的酒舍里，杜甫偶遇了李白。

李白已经有一个 IP 了，他的粉丝早已经破百万，每一篇原创都有许多阅读量，大神孟浩然跟他互推，另一位大神王维则跟他互掐，管理员贺知章把他的《蜀道难》拎出来，放到大唐的首页挂了一个多月。

李白还参加了文艺座谈会，李隆基喂他喝过粥，高力士为他脱过鞋，贺知章为他解过腰带，不要误会，只是为了取下腰上的金龟印，呼儿将出换美酒，与李白撸串谈人生。

李白还是长安文艺天团“酒中八仙”的骨干，是胡吃海喝、成天不上班的文艺愤青，他醉卧长安的酒家，不理李隆基的召唤，最终被李隆基买断了工龄。

不羁的李白，才是诗的王者。

于是，李白带着神一样的色彩出现在杜甫的面前，穿着青衫，带着剑，如谪仙一般。

杜甫只有仰望。九年前，他去长安参加高考，接下来的九年，他都在用旅游疗落榜的伤。他离长安远远的。

李白带着长安的酒气出现在杜甫的视野，杜甫压抑住激动的心情。

“李老师，我叫杜甫，杜甫的杜，杜甫的甫，我……”

李白摆手打断：“坐下来，喝一杯再说。”

杜甫连忙坐下，听李白聊诗，聊长安，聊成仙的道，聊成仁的剑。

杜甫满脸泛光。

这样的人是无敌的存在吧。（白也诗无敌，飘然思不群。）

他怎么可以做到这样洒脱，这样无所忌惮。（飞扬跋扈为谁雄。）

他的笔惊风啸雨，他的诗泣鬼动神。（笔落惊风雨，诗成泣鬼神。）

喝完这杯酒，李白说：走吧，如果你会拉弓，跟我去猎天空的鹰，逐草间的兔。

杜甫忙不迭地点头，另一个人凑过来，带着沙的气息。

“算我一个吧，我叫高适。”

于是，在孟诸的大泽里，你可以看到三个骑马的身影。李白呼啸着横冲直撞，高适拉弓搭箭。

杜甫在后面拎着猎来的飞禽走兽，满面幸福。

但相聚，总是写下了离别的伏笔。高适走了，李白也走了。

杜甫决定去长安。

我要再去试试，因为这样，才不负那一年的郊游。因为，我找回了站在朱雀街的勇气。

是的，身边有个优秀的人，会给你更多的信心，会给你勇气去面对更多的挑战，去赢得更好的未来。

杜甫没有赢得更好的未来。

考试考不上，选拔选不上，就是走后门、找人推荐也是应者寥寥。偏偏大胖子安禄山又杀进了长安，将天下搅得浑浊不堪。

李隆基跑了，杨玉环吊死在马嵬坡，朋友离散了，家人分离了。

烽烟四起的中原，让杜甫想起了李白的奔放，想起了高适的血与沙，想起了王维的田园。

好吧，让李白去写颠倒乾坤的酒、激荡九州的剑，让高适去写沙州的白骨、北风的雁，让王维去写松间的明月、风中的蝉鸣吧。

我就写写我自己，写写我所看到的。

我要写去云南的征夫，他们的哭声淹过了咸阳桥。

我要写骊山行宫里的驼蹄羹和貂鼠裘。

我要写长安荆棘丛里被遗弃的王孙。

我要写石壕村里翻墙逃走的老翁，我要写夜半离家赶到前线的老妇。

……

李白、王维、高适，他们写尽了山水，写尽了豪情，写尽了塞外，我就写写那些微不足道的老百姓吧。

也许有一天，会有人读到这些诗，想起这些永远不会在史书上留名的人。

是的，身边有优秀的人，不仅会让你想模仿，还会促使你寻求着做最好的自己。

杜甫搬到了成都，在城西七里的浣花溪边建起了草堂。

他的安居房是攒起来的。

一位县令捐助了桃树苗，绵竹县令送来了绵竹，绵谷县尉送来了树苗，涪江县尉则送来了松树苗，某处果园送来了果树苗。画家韦偃在他的东墙画下了骏马，西墙画下了松树。

老朋友高适还送来了救济粮。

杜甫写诗，也玩耍，跟东邻的下岗县令逛街，跟南邻的隐士坐船，到村夫家里蹭酒喝，看会种花的黄四娘摆弄他的花圃。

这是杜甫无数困苦生活中的一段。草堂家徒四壁，儿子饿得哇哇叫，因为草堂冬凉夏暖，大风一起，全家飞扬。

可这也是杜甫快乐的日子。

身边有优秀的人，会让最艰难的时刻也显得有些温暖。

770 年的冬天，在湘江的一条破船上，杜甫贫病交加，伏在枕上写下最后的诗：《风疾舟中伏枕书怀三十六韵奉呈湖南亲友》。

最后的诗，他留给自己。

他说：我跟这个国家的百姓一样，是个苦命的人。

当官，官被贬了。家，家困苦贫病。国，国支离破碎。在这样的夜，我这样的一生，难称得上成功吧。

正如五十六岁那年，看到公孙大娘传人的剑舞，他惆怅着，怀疑自己的一生。（老夫不知其所往，足茧荒山转愁疾。）

就是写诗，我也比不上李白，比不上孟浩然，比不上王维吧。

杜甫的一生就是如此吗？他与这么多优秀的人有过交集，最终却只是一个普通的诗人？

有一个人不同意。

中唐诗人元稹翻着杜甫的诗集，内心翻江倒海。

一千五百首，这是诗的海洋，诗中的历史。

他激动得不能自已，他说：我要替这个人写墓志铭，我要让天下人都知道，这世间的诗，还没有超过子美的。

白居易随声应和：他的诗注定要流传千古，他的诗注定要传遍天下。

韩愈将他跟李白并列在一起：如果心中没有热情，去读李白跟杜甫的诗吧，他们的诗焰有万丈那么高。

渐渐地，越来越多的人同意他们。

王安石说：如果可以选一个人同游，我愿意是杜甫。

文天祥说：我想说的话，当年那个叫杜子美的苦命人已经替我说尽了。

……

诗圣，杜甫。

命运安排李白、杜甫看一眼大唐的黄金时代，也让他们目睹了盛世的落幕。

李隆基飘了，天天跟杨玉环办晚会，言论上也不是谁说真的谁多说，而是谁说得好听谁多说。于是，老是抬杠的张九龄离职了，口蜜腹剑的李林甫上台了，杨玉环的堂兄杨国忠也混上了宰相，就连旁边的太监高力士都成了高管。

在这么一伙人的治理下，大唐倒霉的日子不远了。

事实上，大唐的隐患已经在外面发芽了。

防火防盗防家奴

事情还得从大唐招兵方式说起。大唐一开始搞的是府兵制，所谓府兵制，就是给大家分点地，然后种地的家庭出点兵，有事打仗，没事种田。这套制度解决了兵源。

大唐刚建立那会儿，天下的田地还比较多，到了后来，田地越来越少，府兵可种的田不多，还要承担兵役，谁也不是傻子，自然赶紧跑路。到了李隆基这会儿，旧的府兵制崩溃了。

那怎么征兵、用兵呢?

李林甫的建议是用胡人。李林甫表示胡人在朝中没有亲戚朋友，不用担心他们会捣乱。

真实的原因，李林甫是不会告诉李隆基的。以前唐将都是名臣，名臣也是名将，干得好了，大将就能入朝为相。李林甫担心再按这套路，自己的相位就要不保。要是用胡人就安全了，因为胡人没文化。

显然，李林甫没有听过这句话：没文化，真可怕。

最可怕的是李林甫提拔起来的胡将安禄山。

这位胡将早年在菜市场干中介，接触的人多，语言学得溜，会六蕃语言，又对当地情况特别熟悉，出去打仗总能踩到点，又会拍马屁，渐渐地就成了大唐的节度使。

李林甫在的时候，安禄山还不好下手。李林甫一死，杨国忠一上位，就开始收拾安禄山，只是手法太简单粗暴，跑到安禄山在长安的宅子抓人。人家要是在长安，你一举拿下就是万世之功。可人家在边境带兵，你把人家驻京办抄了有什么用？

这边一抄，安禄山就打着清君侧的旗号来了。

安禄山的十万大军冲到了洛阳。驻守洛阳的大将封常清一看不对劲，赶紧跑到潼关跟另一位大将高仙芝会合，准备缓口气，好好守潼关，结果直接被李隆基追究失地之责，斩首下线。

顶岗的是哥舒翰。

哥舒翰选择坚守不出，以时间换空间。没想到不怕神一样的对手，就怕猪一样的队友。

李隆基听了杨国忠的话，逼哥舒翰出关迎战，一战而败。

消息传到长安，李隆基拔腿朝着四川方向就跑，走到马嵬坡，李隆基终于给自己的智商充了点值。

以前一直是杨国忠管四川，现在我跑路到四川，不就成了杨国忠的棋子？于是，一场兵变后，杨国忠下线，杨玉环上吊。

李隆基继续上路，作别太子李亨，等到他再见自己的儿子时，他已经被升级为太上皇。唐朝的皇帝成为李亨，是为唐肃宗。

眼见爹跑路了，李亨掉头去了灵武，称了帝后开始主持反攻大业。

过了不久，大将郭子仪带五万大军来了。当年武则天首开武举，中举的人中，一千多年里，最有成就的，也是唯一做到统帅的，就是这位郭巨佬。

老天也帮助了大唐，安禄山在洛阳自称大燕皇帝，可没干多少天，就被侄子安庆绪送上了天。另一位叛将史思明在河北搞起了割据，热情邀请安庆绪去叙旧，然后送安庆绪去跟安禄山叙旧了。眼见安禄山两叔侄也凑不成牌局，史思明的儿子史朝义请父亲升了天，这下斗地主够人数了。

趁着老安家跟老史家内斗不止，大唐请来了强力外援回纥军，终于平定了持续七年的安史之乱。

安史之乱结束了，但大唐再也回不去了。安史之乱后的唐朝开启了另一个斗争模式。外斗藩镇，内斗太监。安、史两家虽然都被灭了，但安、史的部下们把河北给分了。

为什么大唐不趁机平了呢？

主要是实力不允许啊，单独打又打不过，请外援吧，回纥人抢起东西来比安史叛军还厉害。那就先这样吧，河北被分成了三镇，成德、幽州、魏博，分给了安史的部下。大家都认大唐是老大，但自己有兵有粮，还能内部传承。

外面的摆不平，里面的更不省心。伴随着藩镇崛起的，是不可能雄起的太监们雄起了。

第一个雄起的是大太监李辅国。

李辅国先生原本不叫李辅国，而叫李静忠，四十岁以前，跟他的名字一样，他只能在宫里静静。因为养马养得好，被高力士推荐到东宫服务。

当时的大明宫是高力士的天下，李静忠先生不过是宫里的一个小渣渣。

感谢安禄山，搅浑了大唐的水池，让小杂鱼也能伪装成青龙。

安史之乱，李静忠跟着太子李亨跑路。跑到一半，李静忠跟太子李亨说咱不跑了，咱们回头跟安禄山干。干了两天，李静忠又说，咱上班不能没有上岗证，既然皇帝已经脱岗，就失去了统治天下的合法性，咱们另起炉灶吧。

于是，李亨当了皇帝，是为唐肃宗，李静忠也不必静静了，改名为李护国。

打倒安禄山，国不用护了，于是，李静忠正式升级成为李辅国，辅助皇帝治理国家。紧接着，他又扶持唐肃宗的儿子李豫上位成为唐代宗，李辅国就此成为两朝阉老。

李辅国先生个性是比较张扬的，谁也不放在眼里。他甚至欺负过唐玄宗。

有一天，已经升级为太上皇的唐玄宗跑到勤政楼，他在楼上看风景，楼下的人看玄宗。百姓自发聚集在勤政楼下高呼万岁，朝野震动，是为勤政楼事件。

李辅国力挽狂澜，让唐玄宗赶紧下楼，还把唐玄宗迁到了深宫内院，为了保证搬迁活动的顺利实施，李辅国搞了武装拆迁，将唐玄宗吓得从马上掉了下来。

李辅国还欺负过前辈高力士，把高力士打发到蜀地。将一个太监打发到美女如云的四川，用心之险恶，不言而喻也。

当然，唐玄宗是太上皇，等于过期食品，高力士也不是士力架，欺负也就欺负了，但李辅国先生竟然连现任领导唐代宗都欺负上了。

唐肃宗下线后，儿子唐代宗上线，一上线，网管李辅国就跟他打了一个招呼：“皇上，你以后就坐在宫里呗，外面的事情我帮你搞掂了。”

啥意思，这个家你当家做主，我坐吃等死了？

听到李辅国让自己在家待着，唐代宗点点头：好，你办事，我放心，外面的事情就交给你了。

第二天，唐代宗发了文件，指示大家以后有什么事情，一定先汇报李辅国。过两天，唐代宗又封李辅国为尚父。没过一个月，再封李辅国为司空兼中书令。这下李辅国感觉不能再好了，领导对他完全放心，没有任何不满。

一个月后，李辅国的嚣张连同行都看不下去了。另一位大太监程元振挺身而出，表示愿意帮助唐代宗。于是，唐代宗解除了李辅国行军司马跟兵部尚书的职位，让程元振接管禁军，又让李辅国搬出皇宫。

考验人品的时候到了，如果李辅国社会关系好，应该会有人替李辅国说话。

李辅国搬家时，唐代宗拍了照，发到朋友圈，不一会儿的工夫，竟然集齐了一百个赞。

没办法，看李辅国不爽的人太多了。

李辅国打个报告，请求退休。这是老招数，只要唐代宗一否决，李辅国就可以告诉天下，我老李还是有势力的。

可是，唐代宗马上批了。

老子现在很明白地告诉你，我不爽你很久了，我现在随时可以弄死你！

李辅国当时还不知道。他一大早跑到中书省上班，结果被拦在门外，说你已经下岗了，不能再进这个门。

李辅国又气又怕，跑进宫，跟唐代宗摊牌：“老奴事郎君不了，请归地下事先帝！”

这就是一哭二闹三上吊了。

唐代宗还是比较有风度的，客客气气地请李辅国放心，不要想太多。

一个月后的深夜，一个武林高手潜入李辅国的家里，砍下了李辅国的脑袋跟一条手臂。脑袋被丢进了厕所，手臂则送到了唐玄宗的墓前祭奠。

李辅国的家属报案，唐代宗很吃惊，亲自下令捉拿凶手，并派人慰问，还特地刻了一个木头脑袋给李辅国。正当李辅国的家人感谢国家、感谢皇帝时。唐代宗又送了一个荣誉称号给李辅国：谥“丑”。

第二代大太监是帮助唐代宗收拾李辅国的程元振。这位老程也不过是个短程客，因为掌权后搞得太不像样，又正好碰见一件倒霉事，原本就跟大唐一直较劲的吐蕃猛地冲到关中来，竟然直接冲到了长安，幸亏郭子仪重出江湖，收复了长安。

一追究，必须是程元振的责任，于是程元振正式下岗，不死心的程元振还穿着妇人的衣服，准备进京见见皇帝，被京兆尹当场拿下。他还是对自己的化妆术太自信了，随后程元振被请出长安、流放外地，后来被仇家送去西天。

第三代大太监叫鱼朝恩，吐蕃人来时，唐代宗撒腿就跑，连个护驾的禁军都没有，关键时刻，鱼朝恩带着神策军前来迎驾。因为有功，晋升为第三代太监首领。一成功，鱼朝恩就有些控制不住自己的小脾气，竟然放出话来：“天下事不由我乎？”

于是，唐代宗只好请他吃饭，吃完饭请他留下来谈心，谈完心就送了他一根绳子。

总而言之，在跟太监的斗争上，唐代宗以退为进，总算保住了大唐的领导权。

家里的太监老实了点，外面的藩镇也该收拾一下了。这个历史的使命落在了唐代宗的儿子唐德宗身上。

一上位，唐德宗就搞了一个大事情，起用唐朝理财大师宰相杨炎把租庸调制改成了两税法。

这两个有什么区别呢？

简单来说，租庸调制是按人头收税。政府给百姓分田，然后按人丁来收税。所谓“有田则有租，有身则有庸，有户则有调”。

到了后来，因为分的田越来越少，好多人干脆不干了，人一逃亡，收税的找不到人，只能在风中凌乱了。

两税法则是按土地来收税，而且不收实物，主收钱财，夏、秋两季收，所以叫两税法。

人可以跑，地总跑不掉吧。

这一改，唐朝一下成了暴发户。有钱好办事，唐德宗原本可以重振唐室，不过，他的复兴计划被一件事情给打乱了。

782 年，淮西的军阀李希烈搞起了独立，还把大唐的军队围在了襄阳。著名书法家颜真卿奉命前去劝降，也被杀害。

唐德宗不含糊，从泾原调了兵马去河南解围。

这些来自甘肃的军队路过长安，经过天子脚下，又是替天子办差，怎么着也得拿个红包吧。结果唐德宗端出的工作餐全是素菜，一个硬菜都没有。

大兵们可不是吃素的。这伙人直接原地暴走，一鼓作气冲进了长安。

唐德宗只好跑路。大唐创造了无数的辉煌跟纪录，倒霉的纪录也不少，都城被攻破的次数居历史之冠。

好在别的朝代被攻一次就亡了，大唐命长，总能重新再来。

唐德宗重新收集兵马，上演王者归来，收复长安。不过这一搞，把唐德宗的心气也搞没了，请自己的大秘文学家陆贽起草，写了一份赦书，在其中检讨自己的行为。没想到，这个检讨书一出，起到了大军没起到的作用。

河北的藩镇一看皇帝都检讨了，这得服，于是，纷纷去掉王号上表谢罪。造反的李希烈也被下属毒杀，叛军举众投唐。

唐德宗奋斗二十多年，藩镇也没除掉，大臣也不给力，乱兵冲进来，竟然保镖都找不到。想来想去，还是太监靠得住。于是，唐德宗又把禁军的兵权交给了太监。

大唐在唐德宗这里转了一个圈，又回到了原地。

唐德宗的中兴搞了一个虎头蛇尾，不过，毕竟替大唐存了点钱，又训练了一支比较强大的神策军，为大唐的中兴埋下了基础。

唐德宗去世后，唐顺宗李诵继位。这位是个大病号，上位时就已经重病在身。因为有病，竟然让唐朝来了一回“永贞革新”。

主持永贞革命的叫王叔文，原本是东宫待诏。李诵在当太子时，看到太监们老是跑到东西市强买强卖，就准备跟父亲聊聊政治。王叔文告诉他：“做太子的，跟皇帝聊聊饭吃得好不好就行了，不要管外面的事。你是太子，说得多了得罪人，人家告你一个拉拢人心，就不好办了。”

等到李诵当皇帝，终于可以办这些事了。因为李诵是大病号，一切事情由王叔文操刀。

主要工作流程如下：王叔文有什么想法，就告诉翰林院学士王伾，王伾就告诉太监李忠言，李忠言就告诉嫔妃牛昭容，牛昭容就告诉李诵，然后李诵下文件颁行。

主要工作内容如下：抑制宦官，禁止强买强卖；抑制方镇，收回地方财政及人事权；抑制旧势力，起用新人；抑制苛政，减少赋税劳役。

四大抑制，每一件都是好事，但好事未必有好结果。

因为步子有点大，想法过于美好，只干了一百四十六天，就被宦官跟节度使联手打压，唐顺宗提前升级为太上皇，把皇位禅位给皇太子李纯，第二年就崩掉了。

王叔文自然也得下岗，贬为渝州司户，王伾贬为开州司马，此外，还有跟着王叔文一起搞革新的八个人同时降职为司马，其中就包括“唐宋八大家”之一的柳宗元，还有人称“诗豪”的刘禹锡。

大唐折腾了这么久，终于迎来了一位中兴之主：唐宪宗李纯。

大唐中兴史

唐德宗努力工作，结果被泾原兵打乱了操作，但当年攒的钱留了下来，攒的兵也留了下来。唐宪宗一上位，就有了用武之地。

四川的刘辟也想向河北藩镇学习，搞一搞割据。历史告诉我们，模仿是很容易出事的。

河北是历史遗留问题，搞割据就搞了，四川那可是后花园，要是也割据了，再出事了，唐朝皇帝去哪里巡狩？

唐宪宗不客气，派兵一阵猛攻，就把刘辟抓到长安，做了法治教育的素材（斩首）。

陕西靖边的夏绥节度留后杨惠琳也一直不服中央，这一次原本在旁边看热闹，结果大军回头顺便把他也灭了。

镇海节度使李锜原本是老李家自己人，不好好工作，也想搞分裂，唐宪宗的大军还没到，镇海军自己内乱了，李锜只好奉献生命，来了一回长安单程法治汇报游。

接下来，朝廷碰到了硬骨头。淮西节度使吴少阳病死后，淮西方面原本应该汇报长安，长安另行安排接班人，结果吴少阳的儿子吴元济竟然连父亲的追悼会也不开，谎称父亲只是生病，然后接管了军务，在蔡州搞起了世袭制。

别的地方还好说，这个地方控制着漕运，要是也搞起了独立，那长安的口粮找谁要？

吴元济还不是一个人在战斗，旁边的淄青节度使李师道一看，要是吴元济被收拾了，自己也要倒霉，但直接跟中央叫板也不太好。于是，李师道玩起了恐怖主义，派人到洛阳等地破坏治安，又派武林高手潜进长安，在大街上，把去上早朝的主战派宰相武元衡刺死了，又照着御史中丞裴度的脑袋连砍了三刀。

结果裴度竟然活下来了，不是裴度练了铁头功，而是那天他刚好戴了一顶扬州大毡帽，皮厚，挡了一下。

著名诗人白居易在上班路上全程目睹了这一起刺杀，回去后就写了奏章，要求彻查凶手。

这就是给皇帝出难题了，皇帝正在对淮西用兵，要是再查出一个李师道，这也腾不出手。于是，目击证人兼举报人白居易被贬到江州听“老大嫁作商人妇”的琵琶女弹琴湿青衫去了。

不过，养伤结束的裴度被唐宪宗直接提拔为宰相，继续对淮西用兵。

结果淮西还真不好打，打了四年都没有结果。原因很简单，打淮西的都是各镇的地方兵，大家都有各自的想法，没人愿意出死力。

最终，裴度主动请缨到第一线给吴元济超度一下。

到了前线，裴度废掉了宦官监军的规矩。唐朝的惯例，大军中得安排一位宦官进行监军，负责思想工作。这个工种一向不受欢迎，极其影响士气。这个职位一废，军队的战斗力一下上来了。

最大的功劳被一个后来者拿到了。这个人叫李愬，他的父亲曾经在唐德宗被赶出长安时立过战功，所以是正宗的军二代，也因此进入长安，混了一个宫苑闲厩使。

原本这场仗跟他没有什么关系，但看到蔡州的叛乱久平不定，李愬禁不住要求下场。

到了前线，李愬坦诚地告诉大家：自己不是什么牛人，性格也很柔弱，皇帝派我来就是慰问大家，大家不用着急。

大家一听，原来是慰问啊，那放心了，就怕你催着我们上前线。

过了一段时间，大家发现这个人大概是扮猪吃老虎，因为没过两天，皇帝竟然给他派了两千的精兵，又过了一段时间，李愬派出的巡逻队把吴元济的大将丁士良给俘虏了。李愬又亲自上演诸葛亮释孟获的剧目，幸亏丁士良没有孟获的韧劲，一捉一放就投降了。丁士良不但投降了，还出主意把吴元济的另一位大将吴秀琳也先捉后收编。

这一套组合拳打下来，手下的士兵光顾着高兴，没发现李愬已经把蔡州附近的反对派都收拾了。

蔡州已经暴露在李愬的面前。

不知道从什么时候开始，或者从出长安的那一刻，李愬就在谋划一件事：奇袭蔡州。

李愬知道，如果直接提出袭击蔡州，不但可能会走漏消息，这些大兵也一定不会愿意。

于是，他下了一个命令：移动一下大营，只要六十里。

不明真相的吃瓜将士上路了。刚拔营，大雪不期而至，天寒地冻，大旗被风刮破，战马停步不前。

走了六十里地，已经来到以前从未来到的地方。李愬说出了自己的计划：奇袭蔡州。

李愬下令继续前进，回去有六十里的雪地，而且将一无所获。前进，虽然有许多险阻，但还有成功的希望。

于是，这伙大军被忽悠着又上路了，急行了七十里地，来到了蔡州城下。

城外有一处池塘，池塘里有一群鹅，李愬下令将鹅群惊起，用鹅的声音掩盖住大军行进的声音。

城内一片寂静，里面的叛军已经好几十年没有交过战，完全没有意识到大唐的大军已经来到城下。

城门被控制了，更夫被勒令继续敲更。

等到天亮的时候，雪也停了，蔡州城已经完全在官兵的控制之下。吴元济在外宅听到消息，完全不敢相信。象征性地抵抗一下后，吴元济接受了失败的命运，被押送到长安斩首。

蔡州遂定，雪夜袭蔡州，这是唐朝军队的一个高光时刻。

以这个为开端，曾经在长安、洛阳搞恐怖活动的李师道直接被自己的下属送上了道。

河北老牌割据藩镇成德也上表请罪，其他各镇也纷纷写下一个“服”字。

唐宪宗完成了一个几乎不可能完成的任务，在形式上完成了自安史之乱后的第一个大统一。

唐宪宗的治理被称为“元和中兴”。只是唐宪宗压力太大，思想上依靠佛祖，曾经从陕西的法门寺迎回了一截佛骨，结果被“唐宋八大家”之一的韩愈写了一篇《论佛骨表》当场顶了回去。

思想上信佛，身体却很诚实，唐宪宗选择的是道教，平时吃点化学半成品丹药，820 年，就突然吃上天了。

接下来两位，就纯粹是来走个过场。唐宪宗的儿子唐穆宗上位后，每天就是打球，干了五年后，在一场业余比赛中因为受惊直接中风，一个月后就崩掉了。

继位的是唐穆宗只有十六岁的儿子唐敬宗。这位是超级球霸，球场上看谁不服就揍谁，结果被平时一起打球的军将趁黑打死在宫殿里。

唐穆宗的另一个儿子李涵上线接班，是为唐文宗。

这位仁兄一上台就来了一个大惊喜，先是把宫里的宫女放出了三千，又将宫里养的各种动物放生，一下又省了一千多饲养员。

对唐宪宗后又开始生反骨的藩镇，唐文宗是奉送四件套：能抚则抚、要剿能剿、能拉则拉、想谈可谈，总算保住了大唐基本盘不动摇。

对内，唐文宗则直接让两拨人卷铺盖滚蛋了。

这两拨人，一拨叫牛党，另一拨叫李党。

这个事情还得从唐宪宗那年说起，有一年唐宪宗搞科举，有一位叫牛僧孺的考生，要求唐宪宗大刀阔斧搞改革。考官一看，这有胆量，直接评为优秀试卷送到唐宪宗面前。

当时的宰相李吉甫一听这内容，天下管理不善？这不是说我宰相没干好！李吉甫连忙跑到唐宪宗面前哭鼻子，最终牛僧孺落榜，多年都名落孙山。

从此，姓牛的跟姓李的就对上了。由这两人开始，出来了两大派系。总的来说，牛系的都是没落的贵族，都想靠读书上位。

李系的都是门阀之后，瞧不上只会刷题的做题家。比如李党的大佬李德裕就是李吉甫的儿子，不考科举，照样当宰相。

两派斗争历经六朝，可谓生命不息，斗争不止。两派充分发挥对人不对事的斗争法则，甚至旁边的吃瓜群众也会被误伤。

白居易因为跟牛党大哥牛僧孺关系好，结果他写给李党大哥李德裕的诗全被锁在箱里，李德裕看都不看。

李商隐倒是无门无派，可就是因为无门无派，没有站队，一生都得不到重用。

牛、李两派打着拯救唐朝的旗号把大唐给斗残废了。

唐文宗看着这两派活宝烦不胜烦，干脆一起请出了长安。

事后来看，彻底解决牛李党争的方法不是请出长安，而是把他们一起留在长安。

工作了一段时间后，唐文宗准备来一把大的，设一个局彻底消灭宦官集团。

先是下面的人汇报左金吾厅里一棵石榴树夜有甘露，这是祥瑞，必须去看。于是，唐文宗请两位大太监仇士良、鱼弘志去看。

两位太监走到半路，发现竟然有伏兵，吓得连忙往宫里跑，直接将皇帝抢到手中，挟天子令禁军，逮住京里的官员就杀，这一起反杀事件被称为“甘露之变”。

牛、李两党骨干因为被唐文宗贬到外地，神奇地躲过一劫。

而唐文宗就此歇了菜，成为太监手中的傀儡，自称汉献帝第二。

连皇帝都被劫持了，大唐还不亡？

事实上，大唐晚年这些事，堪称中国历史典型的三角政治。

长安城内是南衙北司。南衙是官员办公室所在方位。而宦官进入皇宫，常由北门进，并且太监控制的禁军也布置在北边。南衙代表着文官，北司代表着宦官集团，原本是个“二人转”的局面，但外面又多了一个藩镇割据。结果造成了奇异的三脚架结构，使得唐朝看起来摇摇欲坠，却总能逢凶化吉。

唐文宗一招不慎，满盘皆输，但大唐还在，外面的藩镇曾经出面质问太监为什么随便杀百官。

太监们只好以和为贵，大家都不要乱来，继续保持这个三角结构。

唐文宗被软禁四年后去世，在太监仇士良、鱼弘志的操盘下，唐文宗的弟弟李炎继位。

这位仁兄的水平比唐文宗就要高明很多了。

比如河朔三镇范阳、成德、魏博地位不明，说是独立王国吧，但名义上还是大唐管辖；说是唐的藩镇吧，但又是自行管理，不听号令。这种暧昧不清的状态，搞得长安不放心三镇，三镇不放心长安。

别的地方，还老想学三镇，三镇看到别的地方起事，也是抱着看热闹不嫌事大的心态。

唐武宗干脆把话说透了，正式承认河朔三镇的独特地位，你们是历史遗留问题，我们不翻历史的老账。

除此之外，其他的藩镇就不要想多了。

这个政策一出，不但三镇老实了，别的藩镇也断了念想。昭义镇的刘稹还想跟河朔三镇再学习学习，结果学到了沟里，直接被部下杀了。

对于扶自己上位的大太监仇士良，唐武宗也有一套，表面尊崇，暗地里使招，把外地的李德裕召回来当宰相，用来牵制仇士良。仇士良放出风声，要削减禁军福利，鼓动禁军哗变，借机让李德裕下台。唐武宗一道诏书就让仇士良老实了，他亲自下发文件到军营，表示命令都是他下的，跟宰相没关系。

要是当年唐文宗在甘露之变有唐武宗的魄力，说不定那会儿被团灭的就是太监不是百官了。

仇士良一看不对劲，自己办了内退，回家歇着了。

如果说唐朝的政权是藩镇跟南衙北司的三脚架，唐武宗的贡献就是将这个三脚架的摇晃部分焊好，避免一方过重，压塌三方。至于改天换地，大唐走到这一步，已经不是人力可以改变的。

除此之外，唐武宗在李德裕的辅助下，平定了想到中原捞点外快的回鹘，终结了百年的草原霸主回鹘汗国，从而成功拿到了属于自己的庙号：武宗。只是他老想着长生不老，丹药这样的三无化学制品也敢胡吃，结果三十二岁就崩掉了。

终于等到大唐的影帝级皇帝了。

继位的人是唐宣宗李忱，唐宪宗的第十三个儿子。这位仁兄堪称宫中“树先生”，从小就不说话，宫里人一看就觉得他有点不聪明。李忱的大侄子唐文宗最喜欢的娱乐项目就是看谁能把李忱逗笑。无论怎么逗，李忱就是一根木头疙瘩。

没有一句台词，李忱就拿下了大唐影帝奖。

只有唐武宗一个人看出来不对了。李忱越不笑，唐武宗就越觉得不对。于是，李忱的身边经常出现莫名的倒霉事。

一会儿谁伸个腿，李忱从台阶上摔了下来；一会儿李忱被扔到大街上，半夜三更找不到回家的路；一会儿打着马球，李忱突然被撞下来，但每次都是逢凶化吉。

李忱的命太硬，硬得唐武宗都等不及了，直接把李忱扔到了厕所里。还是一个太监看着他太可怜，把他从厕所里捞了出来。

逃出生天后，李忱跑到了民间，据说还客串过和尚这种比较容易生存的职业。

到了唐武宗去世，太监们认为这个傻小子好摆弄，把他请回来当皇帝，结果李忱屁股一挨皇位，立马就变了样。

继位后第一件事情，唐宣宗就让李德裕下岗回家，送他离开，千里之外，贬放崖州，一举终结四十年的牛李党争。

一些出身贫寒但有才能的人被唐宣宗提拔上来。唐宣宗还把《贞观政要》写在屏风上，天天进行模仿学习。

原来这不是傻子，而是一个小李世民，人称小太宗。

在他的治理下，唐朝有了一些回光返照，甚至连失去已久的西域也回来了。

完成这个壮举的人叫张义潮。

张义潮，祖籍南阳，祖辈为唐将，祖上曾任唐朝工部侍郎，在早年，祖上因职迁至河西，家族遂成为河西沙州的豪门大户。

但很快，河西，大唐这条最重要的西部通道陷入了困境。

八世纪中叶，安史之乱，大唐遭遇断崖式崩盘，吐蕃趁势夺取大唐西疆。曾经边至葱岭的大唐被削去西部半臂。

西部重要的通道，河西十一州落入吐蕃之手。

随着时间的流逝，渐渐地，没有人记得大唐曾经拥有这片土地，也没有人记得在这片土地上，还有大唐的遗民。那些大唐的弃子承受着高压的统治，不许穿唐服、说唐语，老弱者被断手凿目，弃之野外。只有节日时，这些遗民才敢穿上唐服，朝着长安的方向朝拜。而当他们看到大唐的使者经过这里，无不夹道欢迎，痛哭流涕："皇帝还记得我们这些遗弃在外的百姓吗？"

渐渐地，他们说的话已经变了音调，唯有身上的唐服宣示他们依然是唐之子民。

大唐的将军们忘记了，他们的边关要塞从万里之遥的阴山退到了家门口的原州，离长安不过五百里。他们忘了凉州，忘了这是大唐的丝路，忘了李白从这里来写绝世的诗，忘了高适从这里采边塞的风，忘了艳丽的胡伎经这里来长安演出……

谁来收复河西，拯救这群遗民？

张义潮说：我来做这一件事情吧。

841 年，机会来了。吐蕃连年灾荒，内部却为了争权相互厮杀，吐蕃大乱，而唐朝皇帝正经历会昌中兴，一举收复原州、乐州与秦州。大唐的声势复起，让河西为之一震。

而吐蕃还沉醉在旧日统治的权威里，率兵前来河西劫掠。

好吧，那我们就反了吧。

848 年，张义潮振臂一呼，在沙州起义，应者云集，城中唐民纷纷向吐蕃发起攻击，将五千吐蕃骑兵逐出城外。

不甘失败的吐蕃人卷土重来，张义潮用火牛阵等平时所学的兵法冲散对方的骑兵，最终占据了沙州。

接下来，张义潮准备大反攻，将吐蕃全部赶出河西，这是一个极难完成的任务，为了顺利完成，他派出十路使者前往长安报信，请求中央支援。

可没想到，十路只有一路抵达长安，而就是这一路，到达长安时，已经是他攻下沙州的两年后。

此时，张义潮正在围攻吐蕃最后的据点凉州。

张义潮没有等到大唐的援军。意外的是，他争取到了吐蕃人的支持。在他的部队里，有一半是唐民，另一半则是吐蕃人。吐蕃贵族太过残暴，所以连吐蕃百姓都决定站出来反抗。

三年的围困后，张义潮终于拿下凉州，至此，河西十二州重回唐土。

原本荒弃的土地再次得到耕种，丝路的驼铃再次响起，本已陷入绝境的河西重现往日的繁华。

867年，张义潮离开他打拼的沙州，来到神往已久的长安，五年后，张义潮逝世，享年七十四岁。

张义潮，这位大唐遗落在外的子民，替大唐收复了千里河山。但在后来的新、旧《唐书》里，都没有他的传记，直到罗振玉编《补唐书》，加编《张义潮传》，他的故事才流传下来，不至被淹没在滚滚的时间黄沙里。

这是唐宣宗的高光时刻，也是最后的大唐余晖。唐宣宗或许是另一个李世民，但天下已经不是唐初的天下。初唐的天下生机勃勃，万事皆有可能。此时的唐朝是一艘千疮百孔的巨船，任凭唐宣宗如何模仿李世民，也无法将这艘巨船重新带往广阔的星辰大海。

跟大唐的诸多皇帝一样，长期服用长生的丹药后，唐宣宗早早下线。

唐宣宗去世后，经过儿子唐懿宗李漼、孙子唐僖宗李儇两代人的“努力”，大唐终于迎来了终结。

第三章 五代十国：大哥总是被小弟掀翻

五代十国的历史，就是大哥不断被小弟掀翻的故事。

每一个大时代的结尾，总是有一个跌宕起伏的争霸期，秦之楚汉争霸，元之农民起义。唐朝之后，就是五代十国。

这些故事要从黄巢说起。

一开始，黄巢同学是个读书人。唐朝的科举特别难考，黄巢家以前是贩私盐的，文化底蕴差了点，考了数次没考上。一怒之下，黄巢在城门口写下一首诗《不第后赋菊》："待到秋来九月八，我花开后百花杀。冲天香阵透长安，满城尽带黄金甲。"

杀气侧露，诗是正经诗，人不是正经人。黄巢这个落榜生只好到家族企业上班，贩卖私盐。

历史上两种人最危险，一种是失败的读书人，比如洪秀全；另一种是成功的私盐贩子，比如程咬金。

黄巢兼两者为一身。

过了两年，天下大饥。黄巢的一个同行、前辈王仙芝趁机起事，搞了一个草军。黄巢马上响应，共襄盛举。

一开始搞得风生水起，关键时刻，王大哥背叛革命，竟然要接受招安。更过分的是，他只管自己，自己领了唐朝的官职，不管下面人的事情。这个比宋江就差多了。

黄巢跳将起来，将王仙芝揍了一顿，然后大家散了伙，各干各的。没多久，想被招安却失败的王仙芝被唐朝军队消灭，黄巢这才成为起义军的带头大哥。

当大哥是要付出代价的。唐军围杀而来，黄巢只好带着大部队转移，杀到福建，又冲到广州。补给充足之后，一路向北，最终攻破长安。

可是，黄巢就此成功了吗？没有，他很快就黄了，因为他在长安不思进取。之前，大家能看明白，只要老黄不打我，就不关我的事，所以让开大路，放黄巢进了长安。

现在老黄进了长安，组织上乱了套，各地军阀急了，合起伙来把黄巢打趴下了。

其中，最关键的一路兵马来自山西的沙陀军团。

沙陀人原本是突厥人的一支，在凉州一带混日子，常常被吐蕃欺负，最后没办法，举族搬到山西，找到了唐朝这柄保护伞。大唐把他们安排下来，没事调他们去打打仗，一用还真好使，沙陀就此成为唐朝最佳雇佣兵。

到了唐末，里面出了一个叫李克用的，据说是独眼，手下有一支黑衣军，人称“鸦军”。李克用手下有十三太保，以后小团队都喜欢组建“十三太保”。

李克用对中原很感兴趣，听说黄巢杀进长安，特地起兵来攻打，最终将黄巢赶出长安，并一直追到了泰山脚下。最后终于逼黄巢自尽，打完收工。可是回来的时候出事了。他碰上了一生都搞不掂的劲敌：朱温。

朱温出身贫寒，父亲死得早，朱温小时候跟着母亲给地主打工，混着混着，就成了流氓。当然，主要是他后来的事业整黄了，所以在历史上的负面评价更多。

黄巢起事后，朱温加入草军，混了一些日子，成为草军大将。在草军不行的时候，朱温抓住机会，投降到唐朝阵营，混了一个汴州节度使的位置。

沙陀李克用追黄巢追到泰山，发现自己没有军粮了，回来的时候，朱温热情邀请李克用到他的汴州吃个便饭。

朱温也知道，李克用是个实力派，要是跟他拉上关系，以后是有好处的。但没想到，李克用这个家伙目中无人，酒桌上竟然开起了朱温的玩笑。这就太过分了。朱温当年也是街头小霸王，怕过谁！当天晚上，朱温率领兵马围攻李克用住的上源驿，差一点就成功干掉李克用，只是天降大雨，李克用才逃了出去。

从此，两人结为死仇。两人的斗争称为梁晋争霸，五代前期最重要的斗争。

回到太原后，李克用天天想着报仇雪恨，但是太原离汴州实在太远，一路都是军阀，比如河中节度使、魏州节度使。要打到朱温的面前，就必须消灭这一路的节度使。而在北方，李克用还有一个劲敌：幽州的刘守光。

论起来，刘家还是靠着李克用起家的，刘守光的父亲刘仁恭不过是幽州的一个军将，因为投靠李克用才成功顶翻原领导，当上幽州节度使。可刘仁恭掌控幽州后，就开始跟李克用对着干了。

李克用跑去打幽州，结果因轻敌连损大将，这一下，李克用损失惨重，从战略进攻变成了战略收缩。

而刘守光却渐渐控制了军队，成功逆袭，把他爹关了起来，自号燕国皇帝！

李克用连战连败，从唐末最厉害的大佬变成二线军阀，而当年被他嘲笑的朱温却越战越勇，通过各种手段，吞并附近的州县，甚至还控制了长安、洛阳，成功逼唐帝禅让，建立了梁朝，史称后梁。

那么，太原就此被汴州压倒了吗？

好在李克用还有一个儿子：李存勖。

李存勖大概是五代武功最高的一个人，其功业直追当年的李世民。李克用死后，交给李存勖三支箭，让他消灭太原的三个对手，一个是朱温，另一个是刘守光，最后一个是契丹人。

契丹，北方的游牧民族，一开始在东北的辽河一带活动，后来他们建立了一个政权叫辽，疆域比同期的北宋还要广，更占有地理优势，经常跑到中原搞搞武装致富，与当时的西夏、北宋一起上演了加强版的《三国演义》。

而说起契丹人，喜欢评书的都知道一个叫萧太后的厉害老太婆，与杨家将大战燕云十六州；而喜欢武侠的没有人不知道那个会降龙十八掌、在中原长大、统领过天下第一帮丐帮的大侠萧峰，他也是契丹人。

萧峰当然是虚构的，萧太后这个人是有的，也确实是个彪悍的妇道人家。而契丹族第一个传奇人物是耶律阿保机。

耶律阿保机出身于契丹贵族，据说出生时就像三岁的小孩那么大，看来其母亲怀孕时没有节食，啃了太多的羊排，产下了一个超大婴。阿保机下地就能爬，不久就会说话，幸亏没有说见风就长、落地就跑，不然大家得误会是哪吒转世。

耶律阿保机出生那年，契丹还处在原始的氏族部落社会，这样的社会就是感情好时，大家一块儿大碗喝酒、大口吃肉，感情不好时，砍你的脑袋、抢你的老婆。耶律阿保机的祖父就在一次内讧中被干掉了，于是耶律阿保机的父亲远走他乡。祖母为了保护耶律阿保机，将他的脸涂黑，然后把他藏在别人的帐篷里。

这个满脸乌黑的小孩就孤独地一个人在帐篷里爬着，谁也不会想到这个小孩将改变契丹人的命运，影响中华数百年的历史。

在没有人察觉的地方，耶律阿保机长大了，好日子也终于来了。耶律阿保机的伯父掌握了契丹的大权，而他也成长为一个好的沙场坯子，高达九尺，不知道是按哪个朝代的尺寸算的，但估计两米左右。

耶律阿保机的力气很大，能拉三百斤的弓，骑射本领也是很强的，游牧民族，不会拉小提琴，但会拉马蹄琴，不会骑墙，骑射是要学会的。

在与草原各部落的争斗中，耶律阿保机展露了过人的军事本领，屡立战功。不久后，耶律阿保机成为契丹的军事首领，领着部落横扫北疆，可以说只要风吹草低，就可以见到契丹人的牛羊和战马。

当然，草原满足不了马背民族的心，从秦汉时的匈奴，到隋唐时的突厥，当他们积蓄起力量，南牧就成为一个目标。

翻过长城，南边是花花世界。

中原不是那么好去的，虽然已经不是“犯我强汉虽远必诛”的大汉，也不是国力强盛、万国来朝的大唐鼎盛期，但在草原地界无敌的契丹人南下时还是在一个人的手里吃了不少苦头。

这个人就是前面说的幽州的刘仁恭、刘守光父子。

于是，耶律阿保机找到了李克用，两个人准备搞联合，毕竟都是塞外民族。两个人也谈好了合作条款，可是没想到，耶律阿保机反水了，他找上了更强大的朱温搞联合。原因很简单，远交近攻，远交南方的朱温，近攻山西的李克用。

所以，契丹很荣幸地被李克用发了一支箭，让儿子李存勖去完成三大复仇任务。

李存勖出色地完成了任务，一上来，就打得朱温的筷子落了地。当时朱温大反攻，将太原最重要的门户潞州围了起来。李存勖在服丧期间，穿白服进攻，大破梁军夹寨。

消息传到时，朱温正在吃饭，听闻这个消息，朱温大吃一惊，筷子掉在地上，叹道：生子当如李亚子，我的儿子跟他比，大概是猪一级的了。

这个判断很正确。

不久后，朱温被自己的儿子朱友珪弑杀。据说朱温也不太讲究，经常跟儿媳妇混在一起，家庭矛盾很大。而梁二代则是一个叫朱友贞的人。有朱温这个老江湖在，还可以跟李存勖抗衡一下，朱友贞就完全不是李存勖的对手。十年后，后梁汴州被李存勖用奇兵攻陷，后梁灭亡，梁晋争霸以晋胜出而结束。

此外，契丹被李存勖打得退回草原，幽州刘守光也被弄死。李存勖出色完成了他父亲交给他的三项复仇任务。他们父子的后唐也统一了中原地区。

可是接下来，李存勖也出事了。

李存勖的军功跟李世民有一拼，甚至还要更强，但论起治国，李存勖就只能吃李世民的尾气了。李存勖这个人喜欢听戏，超级票友，还经常演戏，战胜对手后，很快就把国家搞得乱七八糟，不久后，军队发生哗变，他被乱兵射死，他的义兄李嗣源成为新皇帝。

李嗣源这个人比较厚道，不爱折腾，在他统治的那几年，是五代里少有的太平日子，所以他的时代被称为小康时代。当然，小康日子没过两天又黄了，因为他的接班人出现问题了。

李嗣源死后，他的儿子李从厚继位，想让大家搬搬家。大家知道，五代跟唐末一样，是个军阀割据的时代。你让人家节度使搬家，其实就是要人家的命嘛。

他的义兄李从珂在一个叫“翔”的地方：凤翔。李从珂就是不搬。李从厚派了军队过去搞强制搬迁。眼看就要成功了，没想到，李从珂在城上一哭，不少攻打他的军将同情他，阵前反水了。

于是，李从珂成为中国历史上第一个靠哭鼻子当皇帝的人。

但李从珂也有一块心病，就是他的姐夫石敬瑭。

石敬瑭也是节度使，李从珂也很不厚道地让他搬个家。

怎么办？论打也打不过李从珂，毕竟李从珂的单打独斗能力在五代可是排得上名的。没办法，石敬瑭只好找契丹人，奉送燕云十六州，他本人恭敬地称契丹的新领导、耶律阿保机的儿子耶律德光为干爹。

有干爹这种神秘大杀器，石敬瑭完成大逆转，干掉了李从珂。李从珂玩了一把自焚，据说从秦始皇传下的传国玉玺就此失踪，后来再出来的都是高仿品。

石敬瑭当了皇帝，改建晋朝，史称后晋。他守着干儿子的本分，不闹事，过了两天舒服日子，直到挂掉。

石敬瑭去世后，他的侄子石重贵不愿给耶律德光当孙子，公开向契丹叫板。这时契丹已经从中原学了文化，开始升级建国了，就是史上的辽国。

耶律德光很生气，大举南下，结果前两次都被石重贵打趴下。但论实力，辽国的实力远在后晋之上。第三次，耶律德光大败晋军。杀进洛阳，把石重贵抓起来，送到了自己的老家，成为监视居住人口。

那么，耶律德光就此搬到中原吗？

不是的，耶律德光准备走了。一来中原太热了，二来他发现这里也不好控制，游牧人入主中原，怎么统治中原？这还需要三百年的时间准备理论、积累经验。于是，耶律德光收拾着抢来的人和钱往回走。他大概真的是水土不服，走到半路，竟然死在了马车上。为了保存尸体，耶律德光被加工成一具木乃伊。而这时，中原出现了真空。

石敬瑭的大将刘知远冒了出来。

刘知远是一个隐忍的人，他原本是后晋的大将。在后晋跟辽国大战时，他坐镇太原，保存实力。在耶律德光杀进中原时，他送了臣服书。可等辽国人一退，耶律德光一死，他就站了出来，全盘接收了辽国撤退后留下的地盘，建立了一个汉朝，史称后汉。

刘知远算是捡了一个大便宜，可捡来的便宜总是容易丢掉。三年后，刘知远去世，他的儿子刘承祐当接班人。这位小刘就有理想了，一上来，就要弄死他父亲给他留下的四位托孤大臣。

当然，四位大臣也过分了点，经常把小刘当小孩子忽悠。

三个文臣很好收拾，收拾到最后一个武将，收拾不动了，这个武将是大将郭威。

郭威年轻时是个如假包换的古惑仔，当年还是小兵的时候，他就是个街溜子。有一次，郭威一刀捅死了一个屠夫，差点被砍头。出狱后，郭威算是碰上了好人。郭威在洛阳郊外的旅馆，碰到了李存勖的一个下岗嫔妃柴氏。

李存勖死后，他的一些嫔妃就被打发回家。在旅馆一偶遇，柴氏当场给了郭威一个壁咚，没错，是女的倒追，还倒贴，把自己在宫里存的钱拿出来让郭威跑关系。

渐渐地，郭威才走上正道，在后汉时成了大将军。

刘承祐要收拾他，这是捅马蜂窝了，郭威手下可是有兵马的，大军一动，这些将领找了一件黄袍子往郭威身上一罩，宣布他就是皇帝了，这就是著名历史剧黄袍加身，后来的赵匡胤就是学的他。

值得注意的是，赵匡胤当时就在郭威身边当差。

郭威玩了这么一出，刘承祐只有下岗升天了。郭威成立了新公司，号称周朝。后梁、后唐、后晋、后汉、后周，走马灯似的。不过，这个后周还是不错的。从郭威时开始，五代混乱的局面开始得到改观。

干了三年，郭威去世，皇位传到了他的义子柴荣手里。

柴荣是郭威的义子，是他老婆柴氏带来的一个侄子。

当年郭威搞革命，亲儿子都被杀光了，只剩这么一个侄子，皇位就此传到了柴荣的手里。

柴荣是五代一个十分重要的人。很多人认为五代结束于宋朝的开国皇帝赵匡胤之手，其实不是，五代的乱世是终结于柴荣。柴荣北讨北汉，南取淮南，并准备北上收复燕云十六州。出征途中，到了一个叫病龙台的地方，就此生病，回去后就去世了。

接下来的宋州节度使赵匡胤玩了一出陈桥兵变，推倒后周，建立了宋朝。

这也成了历史爱好者喜欢讨论的一个问题。就是柴荣不死，后来中国的局势会不会不同？

赵匡胤上台后，改变了柴荣先攻北方、取回燕云十六州再南下平定天下的计划，变成了先南后北的策略。

至于哪个策略正确，大家就见仁见智啦。

赵匡胤建立了宋朝，开始清扫中原。天下大乱时，除了五代更迭，旁边还有十国：前蜀、闽、吴、南楚、后蜀、吴越、南唐、南汉、北汉、南平。

赵匡胤当皇帝时，还有后蜀、吴越、南唐、南汉、北汉、南平。

那么就一个个收拾啦。最终，赵匡胤统一了中原。但遗憾的是，燕云十六州一直都没有收回。而宋朝开启的扬文抑武的风气也改变了汉唐以来的武风。宋朝成为国家富有，而国力并不强盛的奇特的王朝。

宋朝：老用钱平事的土豪

第四章

有钱太任性

宋朝的历史，就是一个土豪老想用钱摆平事情，最后被摆平的故事。

赵匡胤发动陈桥兵变，黄袍加身，走了历史上回报率最高的服装秀之后，成了新的村长。

当上村长后，赵匡胤最担心的就是自己的部下走自己的路，让自己无路可走。

想了一下，赵匡胤请部下喝了一杯酒。一句话就让部下给跪了。

“万一你的部下也想让你们穿黄袍那怎么办？”

石守信、高怀德等大将纷纷献上膝盖，请他给条人生的出路。

最终，赵匡胤给了他们一条套现的路。

大家跟着我一起努力，无非是赚取利润。现在上市了，你说你们不赶紧趁高点抛了套现，还等着蚂蚁上树啊。

五代十国的时候，军人们手中有兵，就相当拥有原始股，这个股份越来越大，超过董事长手中的股权后就可以召开董事大会，要么禅让，要么血洗，从而改选。

现在，赵匡胤趁着部下们的干股比例不够，直接让这些创业元老套现，拿钱走人。

第二天，就有大将请病假，要求无期限办病退。很快，这种现象出现了人传人的迹象。大将们纷纷抛售手中的兵权。从此，干股都握在了赵家手里，黄袍加身这样在五代十国经常上演的时装秀就几乎绝迹了。

这个事情叫杯酒释兵权，堪称村史上最划算的一场酒。

紧接着，赵匡胤就打了一套“强干弱枝”的组合拳。

以前的节度使，手中有兵又有粮，一言不合就冲进董事局掀桌子。赵匡胤干脆把节度使们的兵权、财权、司法权全部没收。地方撸铁壮汉们全部收编进中央禁军，只给地方留点老弱病残守大门。

就是中央禁军，老赵也不放心，把禁军一分为三，分属三衙：殿前司、侍卫马军司、侍卫步军司。

三衙分别有三位大帅。

可是这个帅成色太低了，他们只有指挥权，没有调兵权和发兵权。

调什么兵，什么时候出发，全是老赵说了算。

老赵还特别搞了平衡，京城的禁军有十万，各地分散有十万。这样，中央禁军可以轻松摆平外地禁军的叛乱。外地禁军合起来，也可以制止京城兵变。

京城内的禁军跟外地的禁军还随时变动，搞得兵不知将，将不知兵，天下的兵就真的只姓赵了。

这么一调整，兵乱的事情是没有了，但将军的地位却是直线下降。汉唐时期，一个将军可以凭战功封侯，出将入相。出去就是将军，回来就是宰相。到了宋朝之后，将军也就是村子里的高级打工人，想成为超级高管，那是不可能了。

靠着这些手段，宋朝稳定了下来，老赵也开始有钱了，一有钱就任性，一有钱就想拿钱平事。

赵匡胤最想拿钱砸平的是燕云十六州。

燕云十六州在村子的北边，是村子的北边屏障，没有这一块，北边骑马的就很容易冲到村子中间来。当年石敬瑭为了造反，把这一块地方卖给了辽国。

燕云十六州一直在辽国人的手里，这对中原王朝来说，等于对方手里握着一个王炸，时不时就可以往你头上扔东西。

对于解决这个问题，赵匡胤显露出土豪的本质。表示自己打下各国，捞到了不少好东西，这些东西我都存起来，存到一定数量，我就跟辽国谈，用这些钱把燕云十六州买回来。人家要是不卖，我就用这些钱招兵，打他。

想法很美，现实很骨感。

刚把钱攒得差不多，准备去收购时，赵匡胤突然死了。

他的死是宋朝历史上著名的神秘事件，据说那一天，赵匡胤正在跟兄弟赵光义吃饭喝酒。这时，旁人从窗户上看到，烛光摇曳下，赵光义突然跳了起来，好像要躲避什么。里面传来赵匡胤拿着玉斧敲地的声音："好为之，好为之。"

是为烛影斧声。

就在这一天，赵匡胤死了。去世了之后，皇位也不传给儿子，而是传给了赵光义。六年后，处在半失业状态的前高管赵普突然拿出一个金匮，里面说当年赵匡胤跟太后商量好了，以后皇位就要传给小老弟赵光义。

赵光义当皇帝名正言顺，那就努力工作吧。

最重要的工作还是要把燕云十六州拿下来。

赵光义点起兵马先拿下了北边一直很顽强的北汉，还收编了北汉的一员猛将杨业，此人几次交战都大败辽兵，人称"杨无敌"。

拿下了北汉，进攻燕云十六州就方便多了，大军一鼓作气打到了幽州城下，可一连攻了七天都没攻下来。

大宋的军队早过了创业期，名将也屈指可数，等辽国大军一到，宋军大败，赵光义先生坐着驴车就溜了回来。

此后，赵光义又组织了一次进攻，可大宋暴露出很多问题，数路大军，没有一个能够统筹进攻的将领，最后不但大败，还把杨业坑了。

当时说好的杨业领军迎敌，统帅潘美在后面设伏接应，可等到杨业前线失利的时候，潘美吹了集结号，把杨业留在了后面，导致杨老将军被俘，最终绝食而死。

小说里，常常把潘美描绘成大反派、大奸臣。潘美先生确实水平一般，也犯过错误，但说成大奸臣，确实有点夸张。

杨业死后，他的儿子杨延昭继续从军，镇守边塞，屡战屡捷，人称杨六郎。

杨六郎的儿子杨文广同样是员猛将。杨家三代驰骋沙场，让人赞叹，于是后来有了著名的小说《杨家将》。

宋朝打了两次幽州也没打下来，西北边的夏州党项人开始闹起了分家。这时候，当皇帝的已经是赵光义的儿子宋真宗。

宋真宗解决问题的手段简单粗暴。

不就要点钱吗？给你就是！

宋真宗给夏州的带头大哥李德明封了西平王，每年定点向夏州投金、锦、缗各四万，茶叶两万斤，号称“岁币”。

拿了钱，咱都好好的，别闹事哈。

一看宋朝这么大方，北方的大哥辽坐不住了。

来晚了，走，打秋风去！

一去就把宋真宗吓了一跳，脚底抹上油就要跑，直到一个人拉住了他。

这位是大臣寇准。

“别着急，我们上去打一打，要是跑到南方，咱们大宋就完蛋了。”

宋真宗一听，跑到南方也不保险，总算鼓起了勇气。

跑到黄河边，宋真宗感觉自己这一次草率了，又想往回跑，不料禁军主帅高琼拿着木挝一敲宋真宗的车夫。

走你！

宋真宗的车子稀里糊涂过了黄河。

没想到效果特别好，澶州城宋朝守兵一看老板都亲临现场，顿时士气大振。

原本宋军一度处于优势，但宋真宗决定见好就收，跟辽国议了和，约定每年给银十万两，大家好好的，别打架。史称“澶渊之盟”。

花钱买平安这种事情，汉朝也干过，但老赵家把这件事情发挥到了极致。

还有谁不服？拿钱砸他！

在土豪宋的金钱攻势下，宋、辽、西夏的大三国开始了一段和平的时期。

那问题来了，宋朝咋这么有钱呢？

主要是商业活动太繁荣了。

跟别的朝代比起来，宋朝对商业的限制相对较少，大家看看《清明上河图》的繁华就知道了。

商业活动一多，老赵就可以抽佣金了。运输商品，要抽百分之二，在商店卖货，要交百分之三，还有各种杂税，比如商船要交“溪渡钱”。

宋朝一年征收的商税高达两千万贯，你说花个十万两买个平安，它不香吗？何况这些钱还可以通过跟辽国、西夏的贸易再赚回来。

至于面子问题，只要自己脸皮厚，尴尬的就是别人。

以后的日子就这样过了。可没想到，土豪宋也开始出现了经济危机。

宋真宗自从签了“澶渊之盟”，感觉自己萌萌哒，整个人飘了，不但把功臣寇准贬了，还搞起了怪力乱神这一套，宣称自己得到了一套“天书”，以为天降祥瑞。有了天书，那自然得到泰山封个禅，向上天汇报一下工作进展，顺便镇一镇辽国那帮胸口文着大狼的汉子。

普通人登泰山，不过花个门票钱，皇帝要登泰山，那一路上浩浩荡荡、吃吃喝喝，还有人趁机搞点灰色收入，花的钱就海了去了。

一趟下来，花了八百三十万贯，小半年的财政收入没有了，搞完之后，还要在各地修建道观共襄盛举。

到了宋真宗的儿子宋仁宗当皇帝的时候，夏州出了一位牛人叫李元昊，感觉宋朝的钱虽然拿着爽，但总要称臣不得劲，干脆自己组了一个局，就叫西夏。

给钱都不行？宋朝打了一阵，西夏终于开条件了，去除帝号可以，得加钱！

原来还是钱的事，早说嘛，吓了我一跳。

于是，宋朝再度加钱，银七万，绢十五万匹……

经过这么一折腾，富得冒油的大宋朝也开始差钱了。

那怎么办？抓经济啊。

关于宋仁宗，有一个著名的故事，叫狸猫换太子。

话说宋朝真宗年间，宋真宗的宠妃刘氏跟太监搞鬼，用一个狸猫换走了另一位妃子李宸妃的孩子，也就是后来的宋仁宗。最后李宸妃被打入冷宫，刘氏反而成了皇后。最后，我们包拯包大人包打一切，替李妃翻案，让李妃跟宋仁宗相认。

这个故事里面，人物全是真的，就是情节不太真。

这个刘妃叫刘娥，是宋朝很有名的一个太后。刘娥祖籍是太原人，后来迁到了四川，有人说她祖上当过指挥使，是大将军。这可能不太可靠，可能是后来她发达了，别人替她美化的。

为什么呢？因为刘娥小时候很苦，父母双亡，寄居在外婆家，稍大一点就被送去当舞女，卖艺为生。后来，隔壁有一个做银匠生意叫龚美的人替她赎了身，两人结婚了。龚美把她带到了东京汴梁，就是现在的河南开封。

到了汴梁之后，原本以为城市大生意好做，没想到龚美生意做砸了，这时候他就把主意打到了刘娥的身上，准备把刘娥给卖了。这样，就有人把刘娥介绍给了当时的韩王，也就是后来的宋真宗。

韩王非常喜欢刘娥，喜欢到他父亲宋太宗都看出来了，说自己儿子这些天怎么看上去有点憔悴？一打听，儿子身边有一个人叫刘娥，身份低微，他就强令韩王把刘娥赶了出去，又为韩王娶了一个名门之后，就是潘美的女儿。潘美在小说里是大奸臣，其实人家并不是，人家也是宋朝开国功臣。

韩王娶了潘美的女儿，并没有抛弃刘娥，而是在外面买了个房子，安置刘娥，平时还偷偷相见。等到韩王当了皇帝，也就是宋真宗，那就没必要偷偷摸摸了，就把刘娥接进宫，刘娥正式成为后宫成员。

刘娥出身低微，只能当一个四品美人，而且刘娥当时已经三十六岁了，按理说，老阿姨一般竞争不过宫里的这些小姐姐，但宋真宗是真喜欢刘娥，感情还很深，就一直提拔，最后成为一品德妃。

这时宋真宗的皇后也去世了，该轮着这位刘妃了。但是刘娥毕竟出身太低，一开口就有一大堆人反对。

宋真宗也没办法，不同意让刘娥当，那就让皇后之位空着。

怎么办呢？

这时候出现了一个机会，刘娥身边的一个侍女李氏怀孕了，这当然是天降良机。于是就有了狸猫换太子的说法，但李氏原本就不是妃子，是刘娥身边的侍女，另外，这个操盘手主要还是真宗，不是刘娥偷偷摸摸换的。

早在李氏生下孩子的三个月前，宋真宗就放出风声，说刘娥怀孕了，还册封了刘娥。

生下来之后，这孩子自然就是刘娥的了。

那生母李氏呢？其实也没有打入冷宫，也是册封了的，后来李氏还生了一个女儿，只是很小就去世了。

到了宋真宗去世，刘娥也没有打击报复李氏。李氏从来没有争过，也没有跟儿子相认。

这就是狸猫换太子，因为有了这个儿子，刘娥才当了皇后，她对这个孩子，也就是仁宗皇帝也确实不错，仁宗皇帝也一直不知道自己的母亲不是刘娥。

仁宗当皇帝后，刘娥垂帘听政，相当于宋朝的吕后，不过她是穿皇袍的。刘娥去世的时候，还拉宋仁宗的衣服，宋仁宗还不明白，最后是大臣告诉他，太后是想把身上的龙袍换了，不然到了地下，见到先帝不好意思。

所以刘娥的龙袍最后才换掉。刘后没有称帝，但皇帝做的这些事，她基本都干过。

刘娥一死，这些大臣憋不住了。很多人知道这个秘密，忍了好多年，再不说出来，都得憋死，就告诉宋仁宗，说你妈不是太后，你亲妈是李宸妃。有的还说，你亲妈就是被太后逼死的。

仁宗的世界观都要崩塌了。仁宗就让自己的亲舅舅，也就是李宸妃的弟弟去开棺。结果打开棺木一看，李氏面目栩栩如生，而且穿的都是皇后的衣服。李妃竟然是以皇后礼下葬的。

原来李氏去世的时候，刘娥原本是想按普通的宫女下葬李氏的，但当时的宰相吕夷简就劝她，说这个事情以后肯定瞒不住的，不如厚葬李宸妃，不然以后皇帝知道了真相，对她不利。

所以，刘娥按皇后礼下葬了李宸妃，包括用水银保护李宸妃的棺木，这才使得开棺时李宸妃的面容还栩栩如生。

仁宗皇帝的气也消了，特地跑到刘娥的坟前叩头，说外人的话就是不能信啊，太后娘娘的生平总算是清清白白了。

这就是狸猫换太子的故事。

刘太后在的时候，宋仁宗没怎么管事，直到刘太后去世，宋仁宗才真正当家做主。

宋仁宗这个皇帝还是不错的。他的庙号是仁宗，中国历史上，带着“仁”字的人品都不会太差。宋仁宗的人品就不错。

比如有一天，宋仁宗在御花园里玩。玩着玩着，他忽然左顾右盼找东西。旁边的太监看着奇怪，却也不敢问。

回到宫中，宋仁宗大喊：“渴死我了，快给我拿水来。”伺候他的妃子一边拿水一边问：“为啥刚才不喝水呢？”宋仁宗回答道：“我看到本来应该管茶水的官人不在位，我怕我一问，他就要被处罚，所以就忍着没喝水。”

这……你还记得自己是九五之尊的皇帝吗？

还有一次上早朝，宋仁宗有很重的黑眼圈。大臣们纷纷劝皇帝注意身体，不要熬夜，宋仁宗哈哈大笑，说别想这么多，只是昨天晚上饿了没睡着而已。

皇帝饿到没睡着？这是哪门子的笑话？就是普通的人民群众，晚上想吃一口夜宵也不见得没有，皇上怎么可能没吃的呢？

宋仁宗说，昨天晚上饿了，特别想吃一口烧羊，吩咐太监去看，结果厨房没有。本来太监说想临时吩咐御膳房准备上，被他拦住了。

大臣们就不懂了，饿了想吃烧羊，为什么不让做呢？

宋仁宗说，本来皇宫里是没有夜里备烧羊这个规矩的。如果今天他吃了，以后御膳房恐怕晚上天天都要备烧羊。那么形成惯例，可能后人也会有这个习惯。这样，就因为他今天想吃一口烧羊，日后要死多少只羊啊！

行，保护动物模范必须是你了。

还有一回，宋仁宗晚上在皇宫里溜达，忽然听见皇宫外传来音乐声，可能有什么大牌明星在办演唱会。宋仁宗就自己偷偷地蹲在墙角听音乐。他这一蹲不要紧，赫然发现一排宫女都蹲在墙角听音乐。于是，有宫女就对宋仁宗抱怨道：“皇上，你看宫外多热闹啊，哪儿像咱们皇宫里，冷冷清清的。”宋仁宗哈哈大笑：“正是因为咱们宫里冷清，宫外才能热闹。如果宫里热闹，那宫外可就要冷清了呀！”

这境界，太高了。

宋仁宗去世后，京师罢市，老百姓自掏腰包给宋仁宗烧纸钱。在洛阳，因为烧纸钱的老百姓太多，灰尘甚至盖住了阳光。在四川，有大量百姓自发地为宋仁宗披麻戴孝。

更令人惊讶的是对手的反应。辽国皇帝耶律洪基，也就是萧峰的那位结义哥哥，他在知道宋仁宗去世之后，号啕大哭，说如果不是宋仁宗，两国早就打得不可开交了。

后来，耶律洪基给宋仁宗立了一个衣冠冢，后世的辽国皇帝还给他补了画像。其实，在宋仁宗生前他就是宋仁宗的死忠粉。耶律洪基曾问宋朝要宋仁宗的画像，拿到以后哈喇子流了一地，说："我要是在中国，最多也就给他拿着鞭子，当一个小官罢了。"

这可是敌对的大辽皇帝，宋仁宗的人格魅力由此可见一斑。

宋仁宗虽然仁义，但有的事情不是仁义就可以做到的，比如钱的事情。

地主捞钱记

土豪宋到了仁宗的时候，天下出现了两大问题。

一个是西夏出了李元昊，闹腾着拿大宋的钱是耻辱，非要自称皇帝，要精神上、物质上都独立。打了半天，最后不得不给西夏加钱。

另一个问题是出现了冗员、冗兵、冗费的现象。官员越来越多，所谓“十羊九牧”，这些官员可都是要拿工资的；兵也越来越多，尤其是要跟西夏打仗，宋朝的军队从最初的二十二万暴涨到一百二十六万，宋朝的兵还不是义务兵，都是需要开工资的。这一下各种费用猛增，土豪大宋也有点吃不消了。

吃不消自然需要改革。第一个进行改革的是范仲淹大神。范仲淹一下拿出了十条建议，因为这时的年号叫庆历，所以叫庆历新政。措施主要是减少公务员的数量，没啥事都下岗回家，国家不养闲人，这样自然就得罪了不少人。这些人使出各种栽赃陷害的手段，范仲淹只好挥一挥手，告别汴梁的云彩，跑到河南的邓州写了篇《岳阳楼记》，留下了千古名句：“先天下之忧而忧，后天下之乐而乐。”

这告诉我们，没到过旅游景点，也能写出好的文章。

宋仁宗虽然没有搞成改革，但至少天下还算太平，这个时候文人辈出，承包了各位的小半本语文书。

范仲淹的《岳阳楼记》你得背吧。唐宋八大家中的六位：欧阳修、苏洵、苏轼、苏辙、王安石、曾巩都曾生活在仁宗年间。

在仁宗年间，还曾经发生过一场有关文风的论战。宋朝的时候，文坛上流行三种文风：一种是白体，就是以白居易为祖师爷，文风通俗易懂，因为白居易写诗要请老妇人看，老妇人懂了才算好；一种叫西昆体，以李商隐为祖师爷，就是写诗文要华丽，用典要典雅；还有一种是太学体，有一位太学的老师叫石介，他特别讨厌这个西昆体，认为不接地气，故意搞些漂亮的词，于是，石介就搞了一个太学体，但在操作中变了味，结果一味追求用词生涩，经常故意用生僻词。

到了后来，太学体出了一个高手叫刘几，江西人。刘几特别会写太学体，几乎每句话都不是正常能够想出来的。

那这位刘几能考上科举吗？

那一年他去考了。考官大名鼎鼎：欧阳修。欧阳修就特别想整顿一下文风，因为不管是西昆体还是太学体，都不像话，不像人话。

阅卷的时候，欧阳修看到一篇很好的文章，写得通俗易懂，十分高兴，但一看这文风有点像自己学生曾巩的，要是把自己的学生点为状元，这可能不太合适，于是就放到了后面。结果揭晓的时候才知道，这篇文章不是他学生的，而是另一位大神的，他的名字叫苏轼。同一年中进士的还有苏轼的弟弟苏辙。

再说大热门刘几。阅卷时，欧阳修看到一篇文章，开头就是：天地轧，万物茁，圣人发。

欧阳修感觉文字怪里怪气，看着别扭得很，一定是刘几的文章，批了一句：秀才辣，试官刷。

那自然是刷下去了。后来揭卷一看，果然是刘几的。不但刘几被刷，这一届写太学体跟西昆体的考生几乎全军覆没。

过了两年，欧阳修又来当考官，发现几乎没有太学体的，他又感叹，写太学体的难道都没有来考吗？当然有，只是因为示范作用，大家都抛弃太学体了。

但是其中一篇文章写得很好，非常清爽，欧阳修就推荐其作者为状元。打开名字一看叫刘辉。这时候有人告诉他，这个人就是刘几。

欧阳修说，这篇文章确实难得，是篇好文章。

虽然宋仁宗的时候有文化人的盛宴，但庆历新政没搞成，大宋朝欠的钱也越来越多，到了下一任皇帝宋英宗去世的时候，竟然要缩减追悼会的规模，连皇帝的丧事都办不好了。

看来不改不行啊。

宋英宗的儿子宋神宗继位后，终于找到了一位大改革家：王安石。

王安石在仁宗的时候就上过万言书，表示要改革，但仁宗皇帝不听。到了宋神宗的时候，王安石才被调了上来。一来就告诉宋神宗，咱们大宋这些年过得不错，不是因为我们干得好，实在是运气比较好，没有自然灾害，外敌也不强。但好运气不总是有的，要是我们不强大，总有一天要吃亏。

宋神宗听得热血沸腾：改，我们马上改。

王安石抛出了自己的改革大法，这其中有均输法。

在以前，上供的物资都是硬性规定，不足的，再贵也要凑齐。有时候买上来，皇家又不需要，只好便宜卖掉。

这不浪费吗？家里有矿也不能这样折腾。于是，大家从此以后改了，按皇家的需要来，大家汇报采办行情，咱从便宜的地方买。

还有著名的青苗法，皇家银行负责贷款给没钱种田的老百姓。老百姓不用去借民间的高利贷了。算是皇家小额贷款。

还有鼓励各地修水利的农田水利法，鼓励民间养马的保马法，等等，总的目的就是让大宋国富兵强。这就是历史上有名的“熙宁变法”。

渐渐地，大宋的国库又有银子了。但村子的老习惯，容易开倒车。宋神宗去世后，大宋朝又开起了历史的倒车。新法一个个被废，支持变法的跟反对变法的搞起了内斗，大宋朝也终于迎来了亡国皇帝宋徽宗。

如果不当皇帝，宋徽宗绝对是一代艺术大师，字写得漂亮，瘦金体独步天下，画也画得优秀。手下的大臣也一个比一个文艺。可皇帝毕竟是个技术活，不是文艺青年能干好的，干了两年，大宋朝就乱得不成样子。

北方的宋江、南方的方腊开始起义了。

这时候，宋朝又出现了一次严重的外交失误。宋朝两次严重的外交失误，一次是北宋干的，一次是南宋干的。

村子的北方，一个叫女真的民族开始兴起了。

村子一开始一直是大三国，北边的辽国，西北的西夏，中原的宋朝。宋朝花钱买平安，给辽国和西夏一点钱，大家好好过日子，村子一直是这么管理的。除了这三位大地主，下面还有一些小户。女真就是辽国下面的小户，一直被辽国当成奴隶。搞得久了，女真族出了一位带头大哥叫完颜阿骨打。完颜阿骨打领着一群老铁建了一个分部叫金，开始猛揍辽国。

辽国可能因为拿宋朝的钱拿得太久了，早就没有了狼性。一开战，辽国频频败退。

这时候，一个机会出现在宋朝的面前。

如果宋朝跟金国合作一起打辽国，金国得到辽国的地盘，宋朝拿回失去的燕云十六州，这不是大好事吗？

宋徽宗也是这样想的，于是派人坐船从海路来到辽东，跟金朝谈了合作协议，因为是海路往返，所以称为“海上盟约”，基本条款就是两方合作，灭辽之后，长城以南归宋朝，但宋朝当年给辽国的钱要交给金国。

钱，在我大宋朝，从来不是事儿。宋朝一听就答应了。

另外，要是宋兵出兵失利，那燕云十六州可不能交给宋朝。

宋朝想了一下，两国夹击，难道还打不赢吗？签，必须签！

没想到，就是被金国打得奄奄一息的辽国，宋朝也没打赢。最后，宋朝的武装大太监童贯觉得没面子，私自跑到金国，求金国出兵。

金国一出手，便知有没有，辽国就此亡国。这告诉我们，这个世界上所有的礼物都暗中标好了价格，任何得到都需要买单，只是时间与方式问题。

辽国有位叫耶律大石的，一看国家不行了，就往西方跑，结果东方不亮西方亮，在西方建立了一个西辽，打败了当时的中亚小霸王塞尔柱帝国，从而成为中亚新霸主，威名更是远播欧洲，那就是另一个故事了。

且说金国拿下了辽国的燕京，却发现了一个地球人都知道的秘密：宋人不会打仗。

不会打仗那还给什么地盘？金国就扣着燕京不给。宋朝还是老办法，大兄弟，你见过钱没？

这个世界没有什么是五十万缗解决不了的，如果有，那就再加五十万。

一百万缗的钱砸过去后，金国总算把燕京还给了宋朝。等宋朝接收时，才发现这已经是一座空城，金国把值钱的东西包括人都抢跑了。

空的也是城啊，可以跟老祖宗汇报，这地方终于拿回来了。

宋朝还沉醉在收复燕京的喜悦当中，不知道更大的危机已经来了。摸清了宋朝实力的金国率军南下了。

收到消息的宋徽宗吓得连忙甩锅给儿子宋钦宗，撒腿就跑了。

关键时刻，官员李纲站出来组织开封的军民抵挡金兵，成功地守住了金国第一次的进攻。但宋朝花钱平事的思维又占了上风。最后李纲被迫回了老家。宋廷想跟金国谈和，金国可不客气，一口气将宋徽宗跟宋钦宗抓了起来，将开封的财物洗劫一空，史称“靖康之耻”。

北宋就此灭亡。

北宋的故事告诉我们一个朴素的道理：能用钱解决的事都不是事，但如果你总是用钱来解决问题，这个问题最终会解决你。

谁提北伐跟谁急

靖康之耻后，赵家两位皇帝都当了俘虏，被抓到北方，风萧萧兮易水寒，皇帝一去兮不复返。宋徽宗的第九个儿子赵构是赵跑跑，一溜烟跑到了南京应天府，也就是今天的河南商丘。一看，皇族就他一个人了，他也就顺利成了“大宋接盘侠”，成为南宋的第一个皇帝，是为宋高宗。

接下来，赵构开启了人生历史上的大长跑。

赵构刚在应天府当了皇帝，还没琢磨出当皇帝是什么滋味，金兵又打了过来。

赵构毫不犹豫，拔腿就跑，从应天府跑到了扬州，这一下大宋朝可以正式称为南宋了。

赵构在扬州喘了口气，中途休息了一下，听说金兵又来了，只好再跑，又一口气跑到了镇江，结果这一下跑出了经验，把百官远远甩在了后面。

没有官员那叫光杆皇帝啊。

于是，赵构这位长跑健将只好停下来，等百官到齐后，觉得镇江也不安全，就再接再厉跑到了杭州，准备在这里过一段山外青山楼外楼的腐败生活。

可惜情况不允许，金兵又追来了，赵构只好再次迈步，从杭州跑到赵州，也就是今天的浙江绍兴，然后又跑到明州，今天的浙江宁波，又从明州下海跑到温州，把包邮区都跑了一遍之后，终于立下脚跟，因为金兵不会海战。

这位皇帝猎手是大名鼎鼎的金兀术。金兀术是完颜阿骨打的第四个儿子，人称四太子。此人咬定皇帝不放松，情比金坚，追着赵构到天涯海角，作战时间长，耐力持久，成为南宋名将试金石。

你要是没打败过金兀术，都不好意思称名将。

第一个来试金的是名将韩世忠。

把赵构追成“海漂”之后，金兀术没办法追了，只好打马回府，走到镇江时，才发现早有人等着了。

等他的是韩世忠跟他的娘子梁夫人。韩世忠冲锋，梁夫人击鼓，这一对夫妻档把金兀术困在黄天荡四十八天，金兀术入地无门，上天无术，关键时刻出了汉奸，一个奸细告诉金兀术挖通老鹳河故道，可以从秦淮河逃到建康。

于是，老老实实给南宋修了一段水利工程后，金兀术终于逃了回去。

还有一位正等着试金，这位是地球人都知道的岳飞。

岳飞在牛头山也给金兀术摆了一桌，要不是有援兵来接应，金兀术就得留在南边喂鱼鳖了。

经过这一来一回，金兀术也知道了，南方还有能人，下一回得换个方向。

到了秋天，平息了心情的金兀术开始从西边入手，准备到四川见识一下天府之国，一头撞在堵在和尚原的宋将吴玠那里。

吴玠守住险要，搬出了南宋的神兵强弩，一番箭射下来，金兵差点儿被团灭，就连金兀术也中了两箭。金兀术为了逃命，还把胡子给剃了。

胡子不长出来，这南侵的事就得停停了。

而赵家人的老传统，一旦消停了，就会开始琢磨起传统项目——议和。

这时候，金国著名间谍秦桧来到南宋，被赵构任命为丞相，负责跟金国谈判。

在秦桧的操作下，宋、金两国打打谈谈，终于谈好了协议，可没过一年，金兀术撕毁了协议，再一次举兵南下，应该是胡子又长出来了。

过了这些年，金兀术还是保持本色：南宋名将试金石。

攻到顺昌，驻守此城的是大将刘锜。

刘锜手下有一支军队，脸上刻了八个字——“赤心报国，誓杀金贼”，人称“八字军”。

事实证明，这字没白刻，刘锜的八字军先是架起了机械床弩，射杀一大片，又在颍河下了药。这一战，金兵被打出了后遗症，以后一看到刘锜的旗，就大喊：

“此顺昌旗帜也。”

在《宋史》中，刘锜跟韩世忠、岳飞还有张俊并称中兴四名将。其中，只有张俊没有试金成功。

吃了亏，金兀术还不肯空手回去，甩出了自己的“王炸”。一张叫铁浮图，重装骑兵，三匹马相连，并排前行。另一张叫拐子马，是两翼的轻骑兵，主要是为了包抄用的。

打到郾城时，等待他的是岳飞。事实证明，武功再高，也怕砍刀。岳飞的藤牌军，人手一把刀，专砍铁浮图中没有铁甲保护的关节。

一战打完，金兀术的两个王炸都没了，只好掉头就跑，一直被岳飞追到了朱仙镇。宋朝四面开花，形势一片大好，岳飞已经期待打到金国大本营，然后痛饮黄龙府。但江湖有句话，不怕神一样的对手，就怕猪一样的队友。

正当宋军可以一鼓作气，全面进攻金国时，岳飞接到了著名的十二道金牌。

别打了，皇帝叫你回来中场休息。

接下来，赵构授意，秦桧动手，张俊摇旗，用莫须有的罪名将岳飞下狱，冤杀在风波亭。

杀死岳飞的主谋是赵构，现在岳飞的墓前跪着秦桧、跪着张俊，唯独还少了一个赵构。

赵构为什么要杀岳飞呢？一是赵构怕岳飞打败金国，把宋徽宗、宋钦宗接回来，那他就要下岗了；二是害怕岳飞实力太强，他自己控制不住。

抓了岳飞，赵构终于可以安心议和了，金兀术的铁浮图、拐子马损失惨重，也没办法再去当试金石。

宋、金两国坐在一起谈了谈，还是老规矩，宋国出钱，金国消停，史称“绍兴和议”。

和议保质期是二十年。

二十年后，金兀术不在了，大金国又出来折腾的这位叫完颜亮，是金国的新皇帝。亮哥是个有想法的人，还是个文艺青年，写了一首诗：万里车书尽混同，江南岂有别疆封。提兵百万西湖上，立马吴山第一峰。

识个字的都知道这位仁兄要干什么了。

可此时的赵构先生正在山外青山楼外楼，西湖歌舞几时休，压根也没有想到，这个世界上还有拿了钱不消停的主儿。等金兵打到淮河边，赵构才着急。

岳飞跟韩世忠已经死了，刘锜也老了，谁能再拉赵家人一把呢？

这一次拯救赵宋的人叫虞允文，本来是一个文弱老书生，金兵打过来时，他已经五十多岁，不过是五品的小官员。这一次只是代表皇帝到前线慰问一下。虞允文到了前线一看，主帅不给力，前线的士兵都在逃命。

历史的车轮滚到了虞允文的面前，是开溜还是创造奇迹？虞允文选择了后者。虞允文聚集散兵，鼓舞士气，重新拉起了队伍，在完颜亮渡江时，利用宋军的大船撞击金兵的船只，最终把完颜亮赶了回去。这一战叫“采石大捷”。

这里过不了河，我换个地方还不行吗？

完颜亮又换到了瓜洲，没想到虞允文腿脚也不慢，又跑到对岸等他。

看来，今年是别想过河了，偏偏金朝也出事了。

完颜亮的堂弟完颜雍在后台趁机抢了皇位，这一下，南边不亮，北边也黑了。完颜亮还想着渡江打个胜仗再回去争皇位，可没想到士兵也不愿意配合。一兵变，完颜亮就被弄死了，然后得了一个中原驰名商标：谥号“炀”。

而这期间，还有一位大侠出现了。1140 年，一个立志北伐的人出生了，他就是被称为“词中之龙”的辛弃疾。

辛弃疾出生在济南市历城区。彼时，宋朝已经沦丧半壁江山，北方就在金人的控制之下，他的祖父辛赞还在金国任职。辛赞老爷是身在曹营心在汉，一心想找机会反金复宋，算是打入敌营的卧底吧。

辛弃疾从小就希望能够恢复中原。

在二十二岁那年，他等到了一个机会。

那一年，岳飞已经死去十九年，金国老大完颜亮率兵南下，准备一统天下。

完颜亮也算是一个有追求、有理想的人，但有一条，他本人比较残暴，不太会搞统战工作。这一路南下，军纪松散，本来就对金国统治不满的北方民众愤然揭竿起义。其中有一路的带头大哥叫耿京。

辛弃疾一看时机到了，自己招了两千民兵共襄盛举。

本来计划是金兵南下，南宋迎敌，北方农民军在后方打打游击，里应外合，就把这个金兵消灭了。可没想到，这个完颜亮自己不给力，在瓜洲被自己人砍了。

金兵全线退缩，农民军一下找不到攻击目标，那咋办？

辛弃疾建议说，我们干脆南渡，投靠组织。

耿京同意了，派辛弃疾过去联络南宋。辛弃疾渡了江，找到了组织，谈好了接头方式。可等回来时，发现出大事了。带头大哥耿京被手下叛将张安国杀了。

张安国杀了耿京，投靠金国。起义军群龙无首，人心散了，队伍不好带了。

收到消息后，辛弃疾做了一个决定，他找到了一些同伴，夜袭金营，在对方的庆功酒宴上抓住了张安国，替老大报仇雪恨。这简直就是武侠小说的情节！

报了仇，辛弃疾没有别的地方去了，就此南渡。南宋称他们这种人为归正人，有点弃暗投明的意思。南宋对他们是想招揽但又提防，毕竟还要防着他们是卧底啊。

南宋的总体气氛还是咱过点小日子，只要不亡国，咱就不折腾，什么北伐，都是自我安慰。

关于北伐，一开始可能真有点想法，主要是没厘清思路，以为真有可能实现，过了一段时间，就成了口号，目的不是真的去实现，而是维持自己基本盘的稳定。因为你统治一个地方，总要提出一个共同的目标让大家团结在一起吧。再到后来，就连提都不想提了。

辛弃疾去了南方，原本是满腔热血，准备光复中原，结果一去就是近五十年，长期被安排文职，让他没有用武之地。于是，他的志向、他的浩然正气只好化为浓墨留在了纸上，醉里惆怅挑灯看剑，梦回全是吹角连营。

辛弃疾曾经提出一个北伐方案，先守住淮上，然后袭击山东，占据山东之后，再由山东攻取中原。

为此，他就算是文官，也依然积极练兵筹饷，只等明君出现，一声令下，就可北复中原。

他永远也没有等到这一天。

在悲愤与无望中，辛弃疾病逝。

且说亮哥不亮之后，赵构也混不下去了，自己一心求和也没求来和平，于是他反而下定决心打一仗，也许还能取得胜利。于是，宋朝这位最大的求和派也不好意思在皇帝这个岗位上继续做下去，自己退了位，把皇位让给了自己的养子赵昚。

论辈分，赵昚是赵匡胤的七世孙，皇位从赵二家回到了赵大家。赵昚替岳飞平了反，组织了两回北伐，发现战争太残酷了，保不齐谁输谁赢，还是和平万岁。

宋朝再次发挥自己的特异功能：有钱。于是任性地与金国再次签订和平协议，金、宋两国从君臣之国变成叔侄之国。

这一次的议和叫“隆兴和议”，保质期五十年。

过了五十年，宋土豪发现自己不用再给老金家打钱了。因为这一年，金国的老家都保不住了。

1214 年，金国把都城从燕京搬到了汴京。搬到离南方这么近的地方，可不是想进攻南宋，而是北方已经待不住了。

把金国从北方往南赶的人叫成吉思汗。

在金国拿着南宋岁币过着快乐生活的同时，北方的草原上，蒙古部落在成吉思汗的率领下完成了统一。统一后的蒙古部落展现了惊人的战斗力。金国完全不是对手，一打就全军溃败，老家被成吉思汗抄了。

幸亏金国跟南宋打了这么多年，也知道花钱买平安，送了一大笔钱才把蒙古大军送走。但从此越想越觉得草原危险，还是到中原来吧。

于是，在 1214 年，金国把都城搬到了汴京。

在金国迁都的同一年，南宋决定停止给金国打钱。

你自己都不行了，还指望我出保护费？哪儿凉快哪儿待着去吧。

这时候的金国已经输急了眼，有点街头打架的意思。

我被蒙古欺负就算了，你这个手下败将也敢找我晦气？而且金国突然冒出一个神逻辑。蒙古从我手上抢土地和财产，那我可以从南宋手中抢。一正一负，我还不亏！

学过十以内加减法的金国收罗一下剩下的兵马开始向南宋进攻，嘉定和议就此被扔进厕所。

这一打就是六年。

蒙古大军哪儿去了？难道就在旁边看热闹，就不想着趁火打劫一下？事实上，这时的蒙古大军干另一件大事去了。

这六年中，金国算是体会到了，人不走运时，喝凉水都塞牙。原本想着从南宋身上抢点东西填补亏空，没想到南宋也不白给，竟然跟他打个平手。南宋有钱，平手还能接受，金国原本就亏血，这一打更加损兵折将，财政空虚。

打了几年没个结果，原本打成一团的两人突然发现，真正的大哥回来了。

蒙古的西征结束了，回来的时候，还顺手把西夏给灭了。

那怎么办？

一个选择突然摆在了南宋的面前。

蒙古人邀请南宋一起灭金，瓜分金国土地。

金国向南宋求和，表示希望联合，而且蒙古灭金之后，南宋必亡。

是联蒙击金，还是联金抗蒙？

一百多年前的选择题再一次摆到了南宋的面前。想了一下，跟蒙古合作，好像有地盘可以分呢！那就联蒙击金！

赵家人似乎天生就不会做选择题，或者实力弱的人，怎么做都是错的。

1234 年，金国在蒙古跟南宋的攻击下亡国，按规定，金国的地盘，大家各占一块。但蒙古人打仗有个习惯，拿下一个地方以后，他不驻军，抢了东西就回老家找个地方藏起来。

南宋一看，蒙古人撤了，这地盘上没人了啊，那我还不趁机占了？不趁这个机会把中原传统的三大都城洛阳、开封、应天府给夺回来，对不起列祖列宗啊。

于是，南宋的军队过了河，抢了地方，去了才发现，好多年不回家，家都不成样子了，以前繁华的三京现在都成了“老破小”，连军队的补给都供应不上。

听到消息的蒙古又杀了回来。

不出意外，宋军大败，不但没占到便宜，还给了对方一个宣战的借口。

四十年的蒙宋战争拉开了序幕。

这一打，打出了好多个想不到。

第一个想不到，先被干掉的不是南宋，而是旁边看热闹的。

蒙古打南宋老是打不下来，心里特别郁闷，旁边的吐蕃认人不认国，成吉思汗去世后竟然不交保护费。那没办法，只好拿你练练，于是，吐蕃亡了。

另一个纯粹是躺枪。蒙古南下，发现路不太好走，那就拐个弯吧。一看从云南那里进攻中原不错。于是，在云南单过了三百多年的大理国也没了。

第二个没想到，原本以为很好打的南宋竟然是块硬骨头，成为蒙古帝国征途中最难的副本，甚至攻宋不下还影响了全世界。

1259 年，蒙古大汗蒙哥率兵攻打重庆钓鱼山，被宋军的飞石击中，一命呜呼。

蒙哥一死，全蒙古大军都蒙圈了。大哥没了，快回来抢头把交椅吧。

于是，原本在欧洲打得风生水起的蒙古大军纷纷撤军，蒙古的西征就此结束，欧洲人从蒙古的铁蹄下被解救出来。

而经过四十年的交战，蒙古大军终于找到了正确的叩开中原大门的方法：攻克襄阳。

拿下襄阳，就可以顺江而下拿下江淮地区。拿下了江淮地区，偏安江南的南宋就没有了立足之地。

南宋偏安了一百年，终于被人找到了命门。

尽管城内可能有郭靖大侠与黄蓉帮主，但襄阳还是被蒙古大军攻克。蒙古大军自襄阳出发，水陆并进，在 1275 年攻进临安。

南宋官员离开临安时，有一位将领逆流而上，向临安进发，他的名字叫文天祥。

最终出于实力的原因，文天祥被俘，在押解去元大都时经过零丁洋，文天祥写下了著名诗句：人生自古谁无死，留取丹心照汗青！

1279 年，崖山海战，宋朝最后的抗击，失败后，陆秀夫背着九岁的宋朝皇帝赵昺跳向了大海，为宋朝画上了悲壮的句号。

元朝：马背王朝落马史

第五章

草原老铁创业史

元朝的历史，就是马背王朝不舍得下马，最后落马的故事。

在辽、金两位北方大佬坐镇北方的时候，草原上还有很多依附大佬的小部落。这其中有一群蒙古部落。没事的时候这些部落打成一团，所以一直没有组团。没有组团，战斗力自然就不强，只好认金国为大哥，平时孝敬一点牛、羊、骆驼，打仗的时候出点力，当个小跟班儿。

这一片一直是这么管理的。

一直到有一个人把蒙古部落聚集在一起。

这个人就是成吉思汗。

成吉思汗的父亲叫也速该，蒙古一个小部落的头头儿。成吉思汗出生的时候，也速该刚刚从外面打劫抢回来两个人，其中一个叫铁木真。

也速该就把儿子的名字叫成铁木真。

现在知道铁木真是世界历史第一号大佬，征服的土地超过三千万平方公里，但一开始铁木真还真没有这么大的理想。

能够在你抢我、我抢你的草原上生活下去，就是他唯一的目标。

到了九岁的时候，铁木真的父亲觉得该给他说个娃娃亲了，准备把他带到其母亲的部落，结果半路被人截了和。

弘吉剌部一个叫德薛禅的人说，这小伙儿看着精神，不如就把我的女儿嫁给他吧。

缘分到了拦都拦不住，铁木真就留了下来，住在未来老丈人家里，只等成年就可以结婚了。

也速该却倒了霉，回去的路上碰到仇人，被仇人下了毒，回去后三天就死了。

也速该一死，大家一看这一家只剩下孤儿寡母，在狼出没的草原就是一盘菜，跟着他们混还有什么前途，纷纷挥一挥衣袖，不留下一根羊毛。

这些人还害怕铁木真会报仇，专门跑过来斩草除根，幸亏铁木真趁着对方大意的时候跑了。

为了生存下去，铁木真迎娶了自己的妻子弘吉剌·孛儿帖，这样他可以得到妻族的保护，又找了一位老铁札木合。蒙古语管老铁叫安答。

这个札木合是什么来头呢？金庸小说里，那位不成器的想调戏小龙女的蒙古王子霍都就是札木合的孙子。

有老婆，有兄弟，还得有个干爹才好，铁木真找到了父亲的安答脱斡邻勒，这位部落大佬曾经接受过金国的册封，人称王汗。

铁木真把老婆的嫁妆黑貂裘送给了王汗，成为王汗的义子。

老婆、热炕头都有了，铁木真只想好好过日子，慢慢把部落聚集起来，在草原上有自己的立足之地。

可老婆娶回来没多久，就被人抢走了。

算起来也是世仇了。当年也速该的妻子、铁木真的母亲就是也速该从一个部落抢过来的。人家早就等着铁木真娶媳妇，好报仇雪恨。老婆被抢，这日子没法过了。铁木真跑到山里，祈祷了三天，想明白了，老婆必须抢回来。他找到了老铁札木合以及干爹王汗，借了点兵马，总算把老婆抢了回来。

这是铁木真的第一仗，冲冠一怒为红颜。

只是这筹兵费了点时间，不长不短，正好九个月，抢回老婆时，孛儿帖已经怀孕了。这孩子算谁的呢？绿油油的大草原给不了答案。

后来，铁木真给很多人送过绿帽，他说："人生最大之乐，即在胜敌、逐敌、夺其所有，见其最亲之人以泪洗面，乘其马，纳其妻女也。"

但这位人间最大的海王，也尝过"原来小丑就是我"的感觉。

打完这一仗，铁木真心中的战斗欲望似乎被激发了。

铁木真开始东征西战。事实证明，铁木真是天生的军事家，跟草原原始斗争的手段不同，铁木真把他打猎的方法完美地融入战争当中。为此，他还重新规划了军队，设立了侍卫队，有专门负责安保的、有负责战马的。有组织的叫军队，没组织的叫流寇。

对还处在群殴阶段的草原部落来说，铁木真对他们绝对是降维的打击。

而随着他的强大，他的老铁札木合开始有意见了。

原本是合伙创业，但是铁木真身边的人越来越多，谁来当老大呢？

在札木合眼里，铁木真就是自己的小兄弟、小跟班儿。但铁木真不是一个愿意永远当小弟的人。

渐渐地，两人开始产生了矛盾，导火索也有了。札木合的手下偷了铁木真部下的马群。铁木真的部下把盗马的人直接杀了。

两人的感情破裂了。札木合集结了自己的十三部，分成十三翼。铁木真也是钢铁直男，你十三路来，我就十三路去，也把自己的部落分成了十三翼，史称"十三翼之战"。结果告诉我们，山寨是没有前途的。铁木真大败，不得不逃到山里。

可奇怪的事情发生了，越来越多的人选择离开札木合，投奔铁木真。

为什么呢？

因为札木合太残暴了。打赢了铁木真，大家准备发点小财，结果发现札木合在架大锅。一打听，原来大哥要把战俘给煮了。这就太过分了，说实话，草原部落你打我、我打你，打得多了，都是你中有我，我中有你，谁还没点交叉关系呢？想来想去，还是铁木真厚道些。铁木真吃了败仗，却捡了便宜，手下越来越多，甚至引起了草原霸主金国的注意。金国调用铁木真的兵马去打仗，打完了给铁木真封了个官，也算有了编制。

补血加蓝后的铁木真实力大涨，最终打败了曾经的安答札木合。

打败了义兄，接下来自然轮到了义父王汗。

这些年，王汗跟铁木真联手，打败了草原不少对手。眼看着铁木真势力越来越强，王汗心里也犯嘀咕，干脆先下手为强，给铁木真发了请帖，请他来吃喜酒。

铁木真走到半路，突然有人来报信。王汗摆的是鸿门宴，去吃他的喜酒，不仅要随份子钱，还要送命。

铁木真转头就跑，回到营地，王汗的大军就杀到了。

铁木真大败，好不容易逃了出来，身边只有十九个人。

人生豪迈，只好从头再来。铁木真跟这十九个人喝了河水发了誓，又重新聚集了部下，向王汗发动了突然袭击，最终打败了义父。

从此，铁木真开始了草原战斗的“打地鼠”，谁冒头就打谁。

1189 年，他第一次称汗，十五年以后，他统一了蒙古部落，被称为成吉思汗。

为什么成吉思汗能够统一蒙古呢？因为成吉思汗改变了草原的游戏规则。他将军队分成了十户、百户、千户、万户，每层都有对应的长官，上马就可以打仗，下马就可以放羊。

每个千户长、万户长都有人质扣在成吉思汗身边。

如果千户长、万户长叛变，成吉思汗不是处死这些人质，而是扶持这些人质回去夺位，等于自己的储备干部，同时还能激励那些千户长、万户长好好干，干不好随时会有人顶替。

此外，成吉思汗还改变了打仗的模式。以前都是冲进人家的地盘，男人会撒腿就跑，女人则会留下来。因为他们知道，这些人抢到了钱和人，就不会追杀男人。男人就可以重新组织起来，杀个回马枪。

成吉思汗废除了部落之间抢人的习俗，又规定打仗时不准先去抢东西，一定要先消灭对方的有生力量，就是成年男性。

成吉思汗规定，高于车轮的男人都要被杀掉，剩下的就只能是儿童，而儿童可以被收走，培养成新的战士。

成吉思汗的军队还有更多战术上的东西。

成吉思汗的大军走出高原故乡后，在征服陌生的他境时，先派出小股侦察部队，查探水源、报告草原以及天气情况，还有每个山头、每处地形甚至撤退的道路。

成吉思汗的军队里几乎全是骑兵，以求获得最大的机动性。骑兵不带任何多余的东西，只带不用煮就可以吃的干粮、防寒的衣物、野外生存的必备品，包括围猎用的套索、缝衣的小针，一个十人小队则有一顶帐篷。除此之外，则是杀人的武器。

在远征时，大军配有巨大的马匹储备，却没有笨重的后勤补给，渴了喝动物的奶，饿了吃动物的肉。依靠这个，他们可以连续十天行军，而在行军途中，他们总可以找到补给的地方。

更为奇怪的是，成吉思汗的大军里混杂了越来越多不同的人，契丹人、女真人、汉人……他们之间难以找到共同的语言来进行沟通。为此，成吉思汗的大军采用了更直接有效的方法。

大营总是按照规定的模式进行排列，这样就算新兵也能很快知道去哪里报到，以及如何防卫中央的营地。军队之间使用一种类似诗歌形式的韵律来传达信息。他们大概是第一个发现音乐是世界通用语言并将之运用的人。

成吉思汗是高超的心理战专家，开战前，他会尽力烘托气氛，在敌人中散布恐惧，使用各种假消息、诡计来瓦解敌人的防卫以及战斗意志，在鼓声中齐阵前行，带着火焰迫近城池，又瞬间消失。如此反复，直到城内的敌人身心俱疲，成吉思汗才会发起攻击。

这位没有学过任何兵法的人将狩猎的技法发挥到极限，等他从南方的工匠那里学到如何制造器械之后，唯一能够阻止他攻掠一座城池的，只有生命的极限。

成吉思汗从征服地得到的不仅是技术，还有人才。金国的文官耶律楚材将儒家的治国之道教给这位草原的主人，来自中原的丘处机则带给成吉思汗有关道的领悟。

成吉思汗天生是为战争而生，他从战争中吸取所有可以使自己强大的东西，从而去争取下一场胜利。

在征服了自己的高原故乡后，成吉思汗将目光放到了草原之外。第一个必须打败的是宿敌金国。

金国统治北方时，也经常玩分化瓦解草原部落的游戏，成吉思汗的先祖俺巴孩汗就曾经被金国以反叛罪钉在“木驴”上处死。

这仇，总是要报的。

1208 年，金国的老皇帝完颜璟死了。卫绍王完颜永济即位。新皇帝出来了，当然要跟下面的单位打声招呼。金国的使者来到了蒙古，给成吉思汗下了诏书，让他跪拜受诏。

成吉思汗问：“新皇帝是谁？”

“卫王也。”

“呸！”成吉思汗朝着南方，也就是金国的方向吐了一口唾沫。随地吐痰不是好习惯。不过，成吉思汗确实对这个卫王不感冒，以前他曾经给金国送过贡品，跟这位卫王见过一面，据史书记载，这位卫王颜值比较高，就是智商比较令人着急，脑子不好使，说话也不利落。成吉思汗很早就瞧不起他。

“我谓中原皇帝是天上人做，此等庸懦亦为之耶？何以拜为！”

不拜，那就开打吧。

成吉思汗先带着他的四个儿子出手了，分别是术赤、察合台、窝阔台、拖雷。老规矩，成吉思汗先进山祈祷了一下。蒙古部落以前是猎人部落，不是牧羊人。

在今天的河北张家口附近，有一个叫野狐岭的地方，蒙古跟金国在这里展开第一次大战。被南宋的岁币养得迷迷糊糊的金国根本不是成吉思汗的对手。这一战，金国的精锐全军覆没，再也没有能力跟蒙古一较高下。

金国被逼得没有办法，只好抛弃自己的老地盘，把都城搬到了汴京。

打完金国，成吉思汗回头一看，西夏在旁边看热闹呢。

你以为你路过的我就不打你？成吉思汗顺手就把西夏揍得不省人事。

从此，成吉思汗成为北方无可争议的霸主，他可以享有当年被金国垄断的商业贸易，从这一点看，成吉思汗似乎没有必要再发起更多的征服，因为所有他希望得到的一切，现在已经满足了。

他只要坐在草原的金帐里，世界的财富、天下的宝物就会向金帐汇聚而来。

这一年的成吉思汗五十岁，到了快退休的年龄，但还有更大的征服等着他。

草原老铁征服史

1218 年，蒙古的商队抵达花剌子模的边境，准备经此到西方做生意。

边境的守将以为商队里混进了间谍，当然也可能是贪图蒙古商团的财富，把人家给打劫了。

成吉思汗脑瓜子嗡嗡的，他做梦也想不到花剌子模会干这种低级的事情。于是，他专门派了使者去问个究竟，是不是有什么误会。

花剌子模的回应是把使者的胡子剃了，这是一种莫大的侮辱。

这可能是人类历史上最愚蠢的决定，也是影响世界最大的一次抢劫。此时的花剌子模是中亚的大国，正处在最兴旺的时候，它原本可以继续豪横下去，但它不知道自己招惹上的是谁。

成吉思汗又进山了。人类史上最恐怖的事情大概就是成吉思汗进山了。出山后，蒙古大军来到了花剌子模。

三年以后，花剌子模从世界地图上消失，但花剌子模的消失带来了更大的影响，它把蒙古大军带去了世界各地。

面对蒙古大军，花剌子模的贵族们四处逃窜。为了追杀这些曾经羞辱过他们的贵族，成吉思汗的军队穷追猛打，对方跑到什么地方就追到什么地方。从高加索岭到钦察草原，从印度河到伏尔加河。蒙古追出了心得，从而发现了一个世界级的秘密。

原来西边这些人这么弱鸡啊。

欧洲人将成吉思汗的隼旗当成十字架，认为是东方的大卫王来帮助他们了。

结果成吉思汗是一条上帝之鞭。

欧洲人曾经哀叹，也许他们再也没有办法举起十字架了。

在挥舞了几鞭后，成吉思汗决定回去休息一下，回来的路上，西夏再一次成为正餐后的甜点。

在成吉思汗的征服史上，最悲催的是西夏。

前前后后西夏被蒙古打了五六次，每次都有不同的理由。

1205 年，成吉思汗收到消息，西夏收留了对手王汗的儿子桑昆。打！结果西夏根本没收留桑昆，不但没收留，还把逃亡过来的桑昆赶到了吐蕃。竟然没有留住我们的逃犯，害我们白跑一趟，接着打！

1207 年，成吉思汗准备进攻金国，一看金国跟西夏是同盟。好家伙，不跟着我混、给我纳贡，给金国送东西，打！西夏还挺硬，竟然抵抗了，竟然还抵抗住了，那休息两年再打！

第三次终于打服，西夏成为成吉思汗的兵源、攻金的辅助。

1217 年，成吉思汗西征时，要求西夏一起共襄盛举，西夏苦不堪言，断然拒绝，那就再打！

1223 年，西夏终于发现蒙古有亡西夏之心，决定重新联金抗蒙，可惜已经迟了，一番努力只为自己争取来又一次打击。

最后一次，成吉思汗西征归来，决定彻底解决西夏问题。

1227 年的夏天，在拿下西夏的前两天，成吉思汗去世了。

临死之前，成吉思汗要求军队隐匿死讯、继续进攻，等敌人投降时，彻底消灭对方。

三天后，当西夏的末代皇帝李睍出城投降时，蒙古人按照成吉思汗的遗愿将他处死。西夏的王都被抢掠、毁坏一空，连西夏的文字从此也成了鲜有人识的死文字。西夏这个存在了三百年的王朝几乎被抹得干干净净。

在成吉思汗的征服史上，最窝囊的是大金国。

金国皇帝完颜永济在当皇帝前，曾经代表金国去收过蒙古的保护费。这一对草原网友面基后，完颜永济直接被成吉思汗鄙视了一番。

这什么人，光长得好看，啥也不是。

这人确实不太地道。

金国前任皇帝金章宗快死时没有儿子，只有两个怀孕的老婆，金章宗就把叔叔完颜永济叫过来，让他先顶一下岗，等自己的两个妃子生孩子了，如果有男的，就立为王储。

完颜永济捡了漏之后，干的第一件事情就是把金章宗的两个妃子，一个毒杀，一个强行堕胎，送到庙里当尼姑。

听说啥也不是的完颜永济成了金国皇帝，成吉思汗直接就反了："我谓中原皇帝是天上人做，此等庸懦亦为之耶？何以拜为！"

当然，这只是表面，事实是"蒙古苦金久矣"，成吉思汗的祖先就是被金国钉死在木驴上的。这么多年，金国对蒙古部落实行"减丁"，每隔三年来搞一波人口控制。

以前蒙古是一盘散沙，只能默默忍受，现在蒙古已经有了自己的大佬。

这还没有引起金国足够的重视，因为蒙古人太少了，人口不过百万，军队不过十万，只有金国的十分之一，怎么看都不是个威胁。时云："金朝如海，蒙古如一掬细沙。"

金国把精力放在南方，准备着跟南宋叫板，完全没想到蒙古这股细沙能够切割开任何的阻挡。

1211 年，蒙古在收服了金国的跟班儿西夏后，终于对金国出手了。

一出手就将金国打成了半身不遂。野狐岭一战，十万蒙古大军就把金国的四十五万主力打残。金国赶紧跑回城里，关上门，打死也不出来。

接下来，金国见识了什么叫不讲武德。

看到金国缩了起来，成吉思汗也不着急，反而就地搞起了打劫，兵马四处抢掠，华北平原狼烟四起，能抢走的抢，抢不走的烧，不过一年的工夫，金国的大北方就已经被掏空。

想当年，金国也是靠着骑兵发家的，入主中原后把老祖宗的发家手艺忘得一干二净，只能眼睁睁地看着蒙古骑兵在自己的城下横冲直撞，等蒙古骑兵走了之后，去收拾一下残局。

这种我不灭你、我只残你的方式后来也被清朝用来亡明。

成吉思汗打得太急，金国内部直接崩盘了，完颜永济被大将杀死，新上位的金宣宗完颜珣感觉北方太危险，还是去南方吧。

于是偷个空，完颜珣把都城迁到了南方的开封。惹不起，我还躲不起吗？

成吉思汗的回答是，打你就得挨着，你躲是什么意思？

得到消息的成吉思汗借着这个由头又把金国收拾了一回，这一回直接冲进了中都，也就是今天的北京。还是老规矩，能搬的都搬走，不能搬走的就点火。

这一次，成吉思汗又学会了新技能：攻城术。他组建了蒙古炮军，又从中原抓走了一批工匠。西方的城池要倒霉了，毕竟成吉思汗连金国的中都都拿得下，西方的城堡还有什么难的？

把金国收拾得差不多了，成吉思汗把金国扔给大将木华黎，然后跑到西方搞大西征去了。

原本让木华黎继续把金国拖残，以免影响西征，没想到木华黎不按套路出牌。

成吉思汗是来也像阵风，去也像阵风，只是挥挥衣袖，带走所有值钱的东西。而木华黎则是连地皮也不留，直接就占了，然后就地招聘本地人才进行管理。

这就不是打家劫舍，而是夺舍了。

金国的亡国神操作也来了。因为被蒙古抢了太多东西，家里有点揭不开锅怎么办？金国一看，旁边的宋朝这小伙儿富得冒油啊。于是，金国想着堤内损失堤外补，自己被蒙古抢走多少东西，就加倍从宋朝抢回来。

中原大地形成了抢劫链。蒙古抢金国，金国抢南宋。

这上哪儿说理去？南宋也终于回过神来了，试着反抗了一下，意外地发现金国没以前那么强了。来来回回打了几场，竟然赢了。这一下，宋朝的信心也打出来了。

宋朝感觉自己在三国中的排位赛大概是这样的：自己大于等于蒙古，蒙古大于金国。

这是一个及时的救赎，但同时也埋下了南宋灭亡的线索。

一番操作下来。金宣宗完颜珣直接气死了。儿子完颜守绪上位，庙号哀宗。一看这庙号，就知道金国亡国的丧钟开始敲响了。

说实话，金哀宗完颜守绪能力不差，上位后停止了自杀的三面进攻，跟宋朝讲和、跟西夏结盟，又起用了一批名将，但局势已经不是人力可以扭转的了。

西征回来的成吉思汗在病逝之前，留下了灭金的指导方针：

要灭金国，必联南宋。

1230 年，蒙古的名将速不台按照成吉思汗的方针进攻陕西，被金国打败。这是速不台横扫欧亚大陆第一次吃败仗。

竟然还学会反抗了？！蒙古的新大汗、成吉思汗的第三个儿子窝阔台决定亲征，一顿操作确实猛如虎，一路打到了汴梁城下，一场激战下来，金国十万大军最后被灭掉。

完颜守绪只好跑到了蔡州。

南宋发现这时候再不入场，捡漏儿的机会都没有了。于是，看到蒙古大军有点吃力，按照以前谈好的，带着干粮来支援蒙古，还特别卖力地挖蔡州外围的水堤。

1234 年，为了不当亡国皇帝，金哀宗火线传位给儿子完颜承麟，表示自己太胖，骑不了马，孩子你瘦，你可以骑马，还有可能逃出去。

交班的当天，蒙古攻破城门，金哀宗自缢，完颜承麟出战被杀。据估计，完颜承麟可能只当了半天皇帝。

建国一百二十年的金国关张了。

接下来，大家都知道，轮到了南宋。

平心而论，在蒙古的征服过程中，最作的不是杀人越货的花刺子模，而是南宋。

在三国的博弈中，南宋是蒙着眼睛在战斗。

1211 年，这时候的金朝人已经把南宋朝思暮想的北京城给扔了，跑到他们曾经的老首都汴梁，他们才感觉有点不对劲，跑到金国去进行国事访问，这才知道蒙古人已经这么厉害了。

而到了十年后，南宋才下定决心联蒙灭金。

国之博弈，当然两弱抗强以图存，如果一个弱的帮助强的灭了另一个弱的，那接下来，自己当然会被吃掉。

1125 年，北宋跟金国联手灭辽，辽国亡后两年，金国顺手就灭了北宋。宋朝跟辽国其实并没有什么血海深仇，两个国家的恩怨属于五代十国的历史遗留问题。但宋朝跟金国，那就是血海深仇了，人家把北宋皇帝都抓走了。

南宋联蒙灭金可以理解，毕竟有靖康之耻摆在那里，这仇怎么也得报，结果也确实报了。金国灭亡后，金国的王室成员被抓到蒙古草原。当年宋徽宗他们的待遇，金国王室也全部品尝了。

可接下来南宋的操作就有些费解了。

打下金国后，从长江到黄河一大片的土地空出来了，成了有争议国土，这些地盘是归蒙古，还是归南宋？

关于蒙宋的谈判，出现了两个说法。窝阔台可汗许诺，成功之后，河南以南的土地归宋朝。而蒙古宗王塔察儿又跟宋朝的大将孟珙谈了一个方案，以陈蔡东南的地方给宋朝。

窝阔台是大汗，出手当然很阔。但问题是，哪个才算数呢？

事实上，不管是哪个，可以去问，可以去谈。宋朝的决定是，管他呢，去占了再说。

宋朝的大臣乔行简觉得不对劲，向宋朝皇帝宋理宗提出了灵魂四问：边面辽阔，陛下之将足当一面者几人？陛下之兵，能战者几万？分道而趋京洛者几万？留屯而守淮襄者几万？

事实上，宋理宗不但不了解自己，也不了解蒙古。如果宋朝真要开战，起码得派人去北方打听一下，蒙古到底是什么样的军事存在。成吉思汗灭金时，会通过金国守长城的汪古人和到金国经商的商人了解金国的通道、城市、财产，了解对方内部的矛盾，这才敢于出兵。

宋朝两眼一抹黑，带着兵马就去了，总兵力六万。

一万大军兵不血刃收复汴梁，因为里面剩下的也不过一千来户。杀到洛阳，发现洛阳城只有三百户人家。

没有人并不是一件好事。没有人，说明也不会有粮食补给。

进洛阳的第一天，宋军就把粮食吃完了。

闻讯而来的蒙古大军一到，没粮可吃的宋军只好象征性地抵抗了一下，然后撤回到汴梁，在汴梁休息两天就退了回来。

这起抢捡装备事件被称为“端平入洛”，以宋朝失败而告终。

不但失败了，也给了蒙古大军发动战争的借口。第二年年初，窝阔台开始大举进攻南宋。打了五年，蒙古发现南宋并不容易打。因为蒙古的大军是冷兵器时代的装甲部队，草原上的草是蒙古骑兵的绿石油。而到了南方，蒙古大军面临全新的挑战。

五年以后，蒙古大军喊了暂停。因为蒙古大汗窝阔台崩了。据说是喝酒喝死的。

这位仁兄最大的贡献就是提拔了一个人。这个人是耶律楚材。耶律楚材出生时，算命的说他将来会为他国所用，所以叫楚材。这位辽人先是为金国所用，后来又被成吉思汗所用。成吉思汗时，耶律楚材虽然很受器重，但主要工作还是算命，看看老板成吉思汗这一仗能不能打赢。而在窝阔台当选大汗时，耶律楚材以前御用总法师的身份劝告托雷以及察合台这个哥哥，劝他们做榜样向窝阔台下拜，让窝阔台坐稳了大汗的位置。

窝阔台就此将耶律楚材视为自己的心腹。耶律楚材也不客气，把自己憋了许久的建议一一提了出来。总的来说，就是让蒙古的征服摆脱低级的打劫行为。不要抢了东西就跑，要知道一个地方最值钱的是百姓，因为只有百姓能够持续不断地创造财富。有的蒙古人建议窝阔台将中原人杀光，然后把中原变成牧场。这就是没文化，真可怕。耶律楚材告诉窝阔台，留下这些人工作，可以抽他们的税。

简单的加减法窝阔台还是懂的。耶律楚材一句话就保住了上千万人的性命。

攻下汴梁后，按惯例要屠城，汴梁城内还有一百多万人，在耶律楚材的劝阻下，蒙古大军放弃了屠城。粗略算一下，耶律楚材救下了半个中国，拯救了上千万的人。

从简单的打劫过渡到高级的收税，收税就得有制度、有机构，在耶律楚材的帮助下，蒙古帝国从草原帝国开始向农耕帝国转变。

当了十二年蒙古大汗后，窝阔台去世了，按照蒙古的惯例，也到了内部折腾的时候了。

继位后，窝阔台发动了长子西征，术赤的儿子拔都当统帅组团到西方去抢地盘，其中就包括窝阔台自己的长子贵由。窝阔台去世时，大家还在外面出工，所以窝阔台的老婆乃马真后搞起了垂帘听政。

这位大姐不是一个省心的人，提拔了一批不学无术之徒，直接把老臣耶律楚材气死了。

等贵由回来接班，这位大姐还抓权不放。乃马真后病死，贵由才尝到了亲政的滋味。

贵由没有什么威望，连窝阔台都不想传位给他。贵由的汗位是乃马真后在忽里台大会上花钱买票买来的。

汗位是买来的，自然有不服的，最不服的是成吉思汗的长孙、术赤的儿子拔都。这位西征的统帅对贵由不太感冒，忽里台大会，拔都都不来参加。

看样子拔都迟早要反，贵由决定先下手为强，借口到西方去养病，准备给拔都来个突然袭击，没想到一语成谶，直接上西天了，真正的工龄不过两年。

贵由去世后，他的皇后海迷失后开始垂帘听政，这不是海王迷失了他的皇后，而是皇后迷失了她的帝国。在她的治理下，蒙古帝国一塌糊涂。

大家一看这女的不是好人，就重新召开大会，托雷的长子蒙哥被推选为新的大汗。海迷失后被蒙哥投进河里，真的迷失了自己。

这两后一汗折腾之后，蒙古帝国总算开始稳定了下来。而蒙哥作为长子，西征的重要成员，他当然也清楚蒙古帝国运转的秘密。

蒙古帝国是个不能停下来的战争机器，一旦停下来，不能从中找到新的蛋糕瓜分，这架机器就会生锈、瓦解。

打谁呢？那当然还得是南宋。

蒙哥决定走一条不寻常的路，这一条路将改变中国的版图。

因为四川的宋军防守严密，蒙古大军几次没占到便宜，蒙古决定绕一下，从大理进军，南北夹击南宋。

蒙哥的弟弟忽必烈接了这个任务。

要到云南，自然先过西藏，顺手就把西藏局部地区还在搞割据的给打服了，紧接着就把大理国给灭了。整个云贵高原并入蒙古帝国。

倒霉的往往是在旁边看热闹的。

开辟了这一条新战线以后，蒙哥开始亲征了，三路大军齐下，准备一鼓作气拿下南宋。

蒙哥率领的主力高歌猛进，没用多大工夫就几乎拿下了四川全境。到了重庆，打不动了，重庆有特别加固的钓鱼城。钓鱼城的守将叫王坚，他将钓鱼城修得固若金汤，他也在这里坚守了十八年，一直守到忽必烈灭宋，以不可杀城中一人的条件开城投降。

钓鱼城的坚守替南宋多延续了近二十年，也改变了世界的历史进程。

攻打五个月后，亲征的蒙哥突然死了，有人说是病死的，也有人说蒙哥是被飞石打中。

这可能是人类历史上最重要的一次人物下线。

蒙哥是蒙古帝国最后一个能够掌控全局的人。自他之后，蒙古帝国这个人类史上的庞然大物不可避免地要走向分裂。

汗位的争夺彻底将蒙古帝国瓦解。

远在西方，在刚刚攻下的叙利亚，筹划灭亡埃及的蒙古大军停了下来，毕竟大家长去世了，谁是新的大汗更重要。

草原老铁内斗史

汗位的有力竞争者忽必烈是南征三路大军中的一路，他正率领大军攻打鄂州。听说蒙哥去世，忽必烈还想一把拿下鄂州，可形势已经不允许了，他的弟弟阿里不哥准备在蒙古帝国的都城和林抢跑当大汗。

退军没面子，不退军连大汗都没得做。这时候，南宋来送大礼了。

南宋的丞相贾似道原本来援助鄂州，但这小子又不想打仗，看到有机会，私下跟忽必烈搞了一个密约。以长江为界，南宋每年送银二十万两。

有了这个密约，忽必烈也不算空手而来，可以从容回去抢汗位。

忽必烈跟阿里不哥的背后，是蒙古两大派系的斗争。忽必烈喜欢中原文化，是蒙古帝国的汉化派；阿里不哥是幼子，长期驻守老家，没见过外面的世界，依靠的是蒙古的守旧派。

论票数，阿里不哥胜出，蒙古的贵族们，尤其是西方部落的贵族们都站在了阿里不哥一边。论实力，忽必烈占了上风，用了四年的时间，忽必烈打到了和林，迫使弟弟投降，从而成为蒙古帝国新大汗。但忽必烈已经无法成为蒙古帝国公认的大汗，因为蒙古帝国已经四分五裂。

成吉思汗的长子术赤最为悲催，出生前，其母亲曾经被抢走过一段时间。他到底是不是成吉思汗的亲生儿子，绿茫茫的大草原给不了答案，在蒙古语里，术赤就是客人的意思。

成吉思汗发动西征，术赤打的地方最远，却死在了成吉思汗之前。

术赤的儿子拔都成为长子军的统帅，攻占的地方最多。当年成吉思汗放话，谁攻下的地方就是谁的。

拔都把他攻占的地方归拢了一下，其核心是钦察草原，在欧亚大陆的西北边，人称钦察汗国。

拔都用蒙古大汗帐篷的颜色命名为金帐汗国。今天国土面积最大的俄罗斯当年也是金帐汗国下面的小分部。

成吉思汗的第二个儿子察合台因为质疑术赤的血脉问题，惹怒了成吉思汗。他没能成为大汗，他打下来的地方成为察合台汗国。

察合台汗国在今天的中亚地区，地盘不是最大的，但是它最能折腾。后来它出了一个叫帖木儿的牛人，穿上了一件叫帖木儿帝国的马甲，还想跟明朝的皇帝朱棣叫一下板，最后死在了半路。

察合台汗国还有后继，帖木儿里面的一支南下，征服了印度，建立了印度最后一个王朝莫卧儿帝国。

在西亚地区，成吉思汗的孙子、托雷的儿子孛儿只斤·旭烈兀建立了伊利汗国。因为跟大元朝的大佬、他的哥哥忽必烈关系好，伊利汗国跟元朝的来往最多，中国的四大发明经这个通道传到了世界各地，西方的西域炮、阿拉伯数字、阿拉伯历法也传到了中国。

曾经的窝阔台一脉从贵由后就掉出了大汗的传承序列，后人的封地在阿尔泰山区建立了一个汗国，叫窝阔台汗国，是四大汗国中地盘最少的。

忽必烈终其一生，都在跟不服从他的蒙古部落作战。因为管理技术的欠缺，忽必烈尽管可以平定对他有威胁的反叛，但远在他乡的分裂，忽必烈已经无力去阻止。或许，他也无心去恢复蒙古帝国的版图，他最大的愿望是成为中原的皇帝。

有人向他透露了统治中原的秘密，谁使用中原的统治之道，谁就能成为中原的皇帝。

1260 年，忽必烈宣布使用中统的年号，迈出了将草原帝国改造成为中原帝国的第一步。

1271 年，看到大局已定的忽必烈从《易经》中找到“大哉乾元”四字，将自己帝国的国号定为“元”。

此时的南宋已经开始进入倒计时。

跟忽必烈签了丧权辱国密约的贾似道当然不敢回去如实汇报，反而称自己打了大胜仗，击败了蒙古的大军。

宋朝皇帝宋理宗一看，蒙古大军确实是撤退了，果断升贾似道为国公，一切军国大权交给了亡国小能手贾似道。

忽必烈稳定住局面，开始派人到南宋来，收取当年贾似道承诺的岁币，使者直接被贾似道关了起来。

这就是不讲武德了。忽必烈坐稳了大汗之位后，再次大举进攻，这一次，他找到了灭亡南宋的关键：襄阳。

从 1267 年一直到 1273 年，忽必烈用了六年的时间进攻襄阳，贾似道的应对是不管不顾。那就算襄阳真的有郭靖也没有救了。

襄阳一失守，南宋的大门被敲开了。三年后的 1276 年，忽必烈的大军进入临安。主政的贾似道在一年前才被认清亡国的真面目，在流亡途中被送上了道。

三年后，南宋最后的水军在崖山与元军决战，南宋失败后，丞相陆秀夫背着宋朝小皇帝赵昺跳海。南宋正式画上句号。

之前忽必烈的大军出海，去征服海上的日本，使用的是高丽人建的船只，结果高丽人偷工减料，造的船是豆腐渣工程，到了海上被大风一吹就倒了。

第二次，拿下南宋，终于有了一批大船，兴冲冲地跑过去，依然是翻了船，一调查，原来南宋的船是平底船，只合适在江上开。

两次远征日本的失败，给日本人一种死里逃生的感觉，把吹倒大船的风称为神风。

南下的大军也撞到了南墙。元朝大军进攻越南，连续三次都被打了回来，这一次让元朝骑兵吃亏的是炎热的天气。

看来上天已经给大元的边界划下了极限。

不过，这天下已经够大了。

统一是先进的，管理却是不先进的。

成为中原的皇帝后，忽必烈有心按照中原的模式来经营中原，却还要考虑到跟着自己打天下的各部落的利益。于是，元朝的统治就有点夹生，要汉化，汉化不彻底，要蒙古旧制，也不是旧制。

元朝的管理基本是这样的：在中央设中书省总理政务，枢密院掌管兵权。这是跟宋朝学的。中书省下面有六部，吏部、户部、礼部、兵部、刑部与工部，每部里有尚书、侍郎。这些都是中原的管理方法。

在地方上，元朝有一个大的中央 CBD，也就是北方中原核心区以及内蒙古，这里归中书省直接管辖，偏远的地方则设立行中书省，这是中国省份的由来。中书省管核心区，行中书省管外围，是谓“都省握天下之机，十省分天下之治”。

为什么要这样设置呢？就是不放心啊。蒙古统治这么大的地方，要是地方上有人起义怎么办？这必须得派蒙古自己的人去。

在行省下面还有四级：路、散府、州、县。每个县都设有一个达鲁花赤，也就是掌印者的意思，监督这个地方的管理。这个职位都由蒙古人担任，汉人只能当二把手，也就是总管。

但有一个行省例外，这就是湖广行省。忽必烈特许这个行省的达鲁花赤可以由汉人来担任。这个地方有什么不一样呢？一个说法认为这个地方比较偏远，还有传说中的瘴气，蒙古人待不习惯，所以不愿意去，只好由汉人来担任。另一个说法，就是这个地方太彪悍了。有不服的湖北人，有霸蛮的湖南人，有壮族人、苗族人，蒙古人都压不住，只好让汉人管理。

在统治上，元朝搞起了三六九等，按照征服的先后顺序把人分成四个等级。第一等，蒙古人；第二等，蒙古征服的西域的各种人，因为部族众多，所以叫色目人；第三等，蒙古征服的北方的人，包括最先征服的云贵高原上的人以及四川人，称为汉人；第四等，南宋统治下的南人。

每个等级的义务和权利都不相同，法律上还不平等。汉人跟南人税重、劳役重。蒙古人打死了南人，只需要赔钱，南人打死了蒙古人，却要偿命。南人跟汉人还不得养马。

就是考试也不平等。四等人分开考试，南人跟汉人题目难，蒙古人、色目人题目容易，而且名额也不同。

前三名还不录南人。中举难，读书人也没有地位。元朝职业排名，一官、二吏、三僧、四道、五医、六工、七猎、八娼、九儒、十丐。

读书人力压乞丐，成为元朝最受尊重职业排行榜倒数第二位。

宋朝还是万般皆下品，唯有读书高，到了元朝，就是苦读圣贤书，不如卖番薯。

不怕流氓有文化，就怕文化人闲得慌，这么多读书人没出路，只好跑去搞文艺创作，所以元曲一下冒了出来，元朝出现了元曲天团：元曲四大家。

位列第一的关汉卿可能是中国史上第一个北漂文艺青年，本职工作医生，北漂到元大都也就是现在的北京后，开始搞起了艺术创作，写出了冤出天际的《窦娥冤》。还有一位写散曲堪称第一的马致远。南方的也不差，南下的郑光祖在杭州写出了《倩女离魂》，在南京的白朴写了《梧桐雨》。

除了这四位，还有写出古人恋爱指南《西厢记》的王实甫。

想学汉法，成为中原真正的统治者，又怕迷失了自己，这是所有入主中原的游牧人的困惑。这样的纠结造成了元朝内部的分裂，整个元朝也消耗在这样的内斗中。

就连忽必烈也是如此，他也很快尝到了内部分裂的滋味。

忽必烈按照中原的嫡长制立自己的嫡长子真金为太子。真金从小在汉人老师教导下长大，信任汉法。

另一边，忽必烈又宠信一位叫阿合马的守旧派。

忽必烈是汉法的“粉丝”，怎么还有守旧派的心腹？原因是汉法大法好，但不如守旧派敛财快。汉法讲究细水长流，阿合马赚钱讲究短平快，推行专卖、发行钞票，怎么来钱怎么来。

太子真金对上了阿合马。这时候，真金的猪队友出现了。真金的下属表示皇帝年事已高，是该考虑禅让的事情了。

这一奏章送上去，年事已高的忽必烈没崩，太子真金吓得惊恐失措，一年后就死了。

精心培养的第二代莫名其妙废了，只好依靠第三代了。

忽必烈去世后，皇位传给了真金的第三子铁穆耳，是为元成宗。这位仁兄干了十二年就挂了。

元朝的特点是皇帝都显得特别着急，没干多久就要换人。

原因在酒上。

中国的历史上，皇帝下岗都有传统的。唐朝的皇帝大多是吃三无化学产品丹药死的。而元朝的皇帝们，大抵都是喝酒喝挂的。

窝阔台就是个酒蒙子。大臣耶律楚材拿着铁酒槽对窝阔台说："这铁为酒所侵蚀，所以裂有口子，人身五脏远不如铁，哪有不损伤的道理呢？"

窝阔台不管，大冬天跑去打猎，打完猎就开喝，喝了就中风，中风就死掉了。

贵由也是如此，身体不好，还喜欢豪饮，当大汗没两年就死了。

忽必烈一开始不太酗酒，所以命比较长，但他的太子死了之后，开始酗酒，迅速变胖，结果也死了。

忽必烈选孙子铁穆耳当接班人，唯一的要求就是戒酒。铁穆耳为了偷喝酒，接了一个管子，把酒当成水引到澡盆子里，真的是酒池肉林了。铁穆耳最后也是喝酒喝成酒精中毒，四十多岁死了。

后来的皇帝十个有八个是酒精深度中毒者，最后两位倒是不喝了，结果离亡国也不久了。

元朝不过九十来年，皇帝却有十一个。皇帝最大的本分其实就是长寿。历史上的皇帝，要想有所作为，或者不出乱子，一是生儿子，二是长寿，至少要长寿到儿子成年。

这个不到位，江山就不稳了。

元成宗铁穆耳是个合格的皇帝，唯一不合格的是选接班人。

铁穆耳有一个儿子，可比铁穆耳去世得还早。谁来当大元的皇帝？

冒出了两位候选人，一位是铁穆耳的堂弟阿难答，另一位是铁穆耳的侄子海山。在夺位大战中，海山的兄弟爱育黎拔力八达率先带兵进京，控制了局势，帮助海山成为元朝的新皇帝元武宗。

海山先生有元朝皇帝的"优良"传统：好酒。干了三年多就崩掉了。

因为弟弟爱育黎拔力八达出过大力，海山早早将兄弟立为皇太弟。爱育黎拔力八达成为元朝第四位皇帝元仁宗。

这位仁兄是元朝为数不多的好皇帝，开科举、用儒法、整朝纲，搞不好就是元朝的康熙皇帝，但依然有大元的魔咒：酒魔咒。

因为好酒，干了九年，三十五岁时就挂了。

当年元仁宗跟元武宗定了密约，元武宗把皇位传给元仁宗，元仁宗死后把位子还给武宗的儿子和世㻋。

这时候，有一个人告诉元仁宗，没有必要把位子传回去，因为你自己有儿子啊。

这个人叫铁木迭儿，是元朝的右丞相。

元仁宗接受了这个建议，把自己的儿子硕德八剌立为太子，把和世㻋打发到了云南。

和世㻋干脆跑到了察合台汗国。后来，他还有一次争夺帝位的机会，元朝的最后一位皇帝还得由他的儿子来出任。

元仁宗心安理得地把皇位传给了自己的儿子，毕竟元武宗已经死了，自己不遵守又如何呢？

而铁木迭儿提出这样的建议，除了让自己的领导元仁宗开心一点，也在为自己打算。

元武宗的儿子和世㻋比元仁宗的儿子硕德八剌大三岁。硕德八剌继位时才十七岁。未成年人总是比较好操纵吧。

元朝第五位皇帝元英宗上线。

事实证明，这个年轻人不好惹。

硕德八剌一过试用期，就找到了当皇帝的感觉，直接把铁木迭儿一锅端了，把他打发到老家养病。养了一年多，铁木迭儿就死了。

但雷厉风行的元英宗忘记了斩草除根，在铁木迭儿的团队里，还有一个义子铁失。

1323 年 9 月，在元上都、元朝贵族势力盘踞的南坡店，元英宗被铁失杀死在幄殿里，史称“南坡之变”，同时被杀的还有被称为大儒的宰相拜住。

这是元朝的最后一次机会，元英宗原本在实行积极的改革，起用了一批有知识的汉族地主，罢免了一群靠特权捞钱财的蒙古、色目官僚，还推出了助役法，让拥有百亩的土豪分三亩入官，用来补偿一般的农民。在这个基础上，他减轻了徭役，减免了一些赋税，还把这些写进了《大元通制》，成为法律条文。假以时日，元朝或许能够找到更好的融入中原的机会。

但是这些政策无疑动了一些人的蛋糕。

元英宗的被杀，也被认为是守旧派向汉化派的一次大反扑。

元英宗一死，帝国游戏从治理期快速进入这个游戏的最后一个阶段，亡国期。

皇位砸在了晋王也孙铁木儿的头上。他是忽必烈太子真金的孙子。铁失杀元英宗之前，曾经派人联络也孙铁木儿，许诺将来把皇位送给他。也孙铁木儿一看，这事有点大，别整差了，决定向元英宗报信，结果信没送到，元英宗已经被杀了。

也孙铁木儿将错就错成了元朝的皇帝，干了五年，没啥业绩，唯一干的大事就是把铁失这群人给杀了。除此之外，啥也不折腾，咱就安安静静的，连年号都取成了泰定。我就静静地当我的皇帝就好了。

可惜天下已经不太安静了。

首先是天灾不断，草原大雪、同州地震、洛阳蝗灾、宁夏二连震。

也孙铁木儿的策略是啥也不管，一切会好的。

也孙铁木儿不是一个合格的皇帝，却是一个好人，上位后大家和和气气，还把被元仁宗流放到海南的元武宗的第二个儿子图帖睦尔召回京师。

这大概是他一生最错误的决定。

也孙铁木儿混了五年后去世，只有三十六岁。下线这么早估计跟酒也有关系。

从他开始，元朝进入了加快换皇帝模式，五年时间就换了五位皇帝。

第一位是他的儿子阿速吉八。也孙铁木儿死时，阿速吉八才只有九岁，还在上都出差。阿速吉八刚宣布继位，大都的大将燕帖木儿就造反了。控制了大都后，燕帖木儿把元武宗的第二个儿子图帖睦尔接到大都当新皇帝，是为元文宗。

阿速吉八紧急下线，死后还被清算当年元英宗的死。因为这个，他跟父亲也孙铁木儿连个庙号也没捞到，只能按年号称他们为泰定帝和天顺帝。

不过，图帖睦尔还有一件事情要处理，他还有一个哥哥和世㻋。

按照当年元武宗跟元仁宗的约定，和世㻋才是真正的皇位继承人。

此时，在察合台汗国乐不思元的和世㻋过着还算逍遥的生活，突然接到了一个消息，弟弟图帖睦尔热情地邀请他回来当皇帝，连传国玉玺都送过来了。

这种好事也有，虽然心里有点怀疑，但这个诱惑实在太大了。和世㻋于是往国内赶，走到河北的时候，弟弟为他准备了洗尘宴，在这个宴会上，和世㻋直接崩掉了。

和世㻋连大都都没到，只不过捞到了一个庙号明宗，从而过年过节可以吃点腊肉。

图帖睦尔这一番莫名其妙杀兄操作后，顺利成为元朝的新皇帝，是为元文宗。

元文宗只干了不到四年的皇帝就去世了。他的去世估计跟酒没多大关系，跟心理疾病有关系。因为谋害了自己的哥哥，元文宗精神恍惚，经常做噩梦，身体很快就垮了。临死之前，还吩咐把皇位传给自己哥哥和世㻋的儿子。

于是，和世㻋七岁的儿子火线上岗，庙号宁宗，结果只干了四十三天就去世了。

和世㻋另一个儿子妥懽帖睦尔上岗，元朝等来了自己的亡国皇帝元顺帝。

草原老铁败家史

元朝皇帝的名字很类似，什么铁木尔、铁穆耳、帖木儿，这些词其实都是一个意思，就是“铁”，所以元朝皇帝就是一群老铁在奋斗。元朝最后一位皇帝妥懽帖睦尔，他的名字翻译过来的意思就是铁锅。

一语成谶，这位铁锅兄就是为大元朝灭亡背锅的。

妥懽帖睦尔一上台，就碰到了亡国标准配件：权臣。

权臣叫伯颜，出生于1280年，那是崖山海战后的一年。元朝的皇帝他都见过，可以说是元朝活化石。在元朝最后这几位皇帝的换班中，伯颜因为站对了队，地位越来越高，到了妥懽帖睦尔当皇帝时，已经可以独揽大权。

前任权臣燕帖木儿的儿子们因为有所不满，伯颜就决定给世侄们一点颜色看看，送燕帖木儿家族一个团灭。

从此伯颜唯我独尊，其官衔加起来达到创纪录的二百四十六字，没点肺活量别想一口气把伯颜大人的官衔念完。

伯颜是跟着元朝一起长大的，按理说应该懂点人事。可掌权后，却开启了亡国组合拳：禁止汉人、南人持有军器和养马。禁止汉人、南人学习蒙古和色目文字，这样他们就不能当官了。禁止汉人、南人在中书省和枢密院这样的高级单位任职，废除科举，把汉人、南人当官的路彻底堵死。

这人一看肯定是有点毛病的。最后，他因为算命算出自己会死在南人手里，准备来个先下手为强，郑重向妥懽帖睦尔提议，杀死张、王、刘、李、赵五姓汉人。

这操作，铁锅兄也坐不住了。不仅铁锅坐不住，伯颜的亲人也受不了了。

伯颜有个亲侄子叫脱脱，一看伯颜这走位，是要把大家带到族灭的大道上啊。

于是，趁着伯颜出去打猎，脱脱联合铁锅兄一起让伯颜下了岗，把伯颜贬到广东好好接受一下改造，只是伯颜走到南昌就死了。

这下妥懽帖睦尔可以妥妥地欢乐一会儿了，他起用脱脱当丞相，搞起了改革，其实就是对伯颜乱国的拨乱反正，史称“脱脱更化”。

这期间，元朝还是干出了点成绩的，科举恢复了，南人也可以养马了，还组织修了《辽史》《宋史》《金史》，不仅史学成就不错，还体现了民族大团结，修史书的人中包括康里人、哈剌鲁人、党项人、钦察人、蒙古人、畏兀儿人、汉人……

只是民族大团结也只能在小范围实现一下。因为元朝的分民族统治，天下大乱已经不可避免。

而导火索却是一个出于好心的决定。

1343 年，黄河决堤，河南、山东泛滥成灾。尽管很多官员认为，这时候聚集大量的民工修河堤，可能会出事，但丞相脱脱坚持有灾就得治，河坏就得修。

于是，元朝组织了十五万的民工开始治河。

民工一开工，挖出一个独眼的大石人，上面刻了一行字：“莫道石人一只眼，挑动黄河天下反。”

这个感觉有点熟悉且上头。

这个作品的创作者是有名的工匠艺术家、心理学家兼造反领袖韩山童。

韩山童的祖上是教书先生，读书人在元朝是第九等人，教学自然没有前途，所以韩山童没有继承祖业，而是搞起了门道会，成为地下教派白莲教的教主，部下有一大批的教众。

在脱脱修河堤时，韩山童精心制作了一个独眼石人，编出了一个亡元小口诀。

玩石的人深谙自埋自挖的诀窍，等石人被挖出来时，自然是挑动黄河天下反了。

总的来说，反元势力分成南北两派。

北派以韩山童为首，韩山童刚发动起义，就被捕牺牲了，下线刘福通成为新的大哥，又请出韩山童的儿子韩林儿当招牌，在亳州搞起了小班子。韩林儿称小明王，国号大宋，年号龙凤。

刘福通是北方抗元主力，扫荡中原，收复汴梁，直捣河北，三路北伐，挥师元都，替南方的起义军抗住了元朝的打击，可惜被元军围攻，最后不得不投靠南方大哥朱元璋，跟名誉领袖韩林儿一起被朱元璋部将廖永忠沉溺于瓜洲。

南派则是山头林立。

有著名的文字革命家徐寿辉，占据蕲水后，建都称帝，为了在文字上压大元一头，徐寿辉将自己的国号定为天完，只可惜光顾着压元朝一头，忘了压制部下，被自己的部将陈友谅一铁器把脑袋打碎了。

出身渔民，曾经在元朝当过低级官员的陈友谅就此成为南方的扛把子之一。

在苏州还有称吴王的码头革命家张士诚，占了中国最富庶的一块地后，开始关起门来当地主，还被元朝招了安，准备静静地做一个割据王。著名小说《三国演义》作者罗贯中就在张士诚那里干过秘书之类的职务。张士诚对反元的最大贡献是抵挡住了元朝丞相脱脱的进攻。脱脱因为亲征张士诚，离开权力核心区，被自己人内斗打倒，贬到云南一杯毒酒解脱了。

当然，徐寿辉、张士诚这些人都是元末造反运动气氛组的，真正的主角是一位来自寺庙的选手：朱元璋。

朱元璋，安徽凤阳人，原名朱重八，改名朱元璋，意为“诛元的璋”。小时候是个苦哈哈，大瘟疫时爹、妈、大哥先后去世。朱元璋没了活路，跑到寺里，寺里也没有余粮，只好开始游方，混了几年，也没混出前途，只好投奔了起义军。起义军的大哥叫郭子兴。他看朱元璋长得不同寻常（不一定是帅），又谈吐不凡，就将自己的义女马姑娘嫁给了朱元璋。

郭子兴去世后，朱元璋就带着发小儿拉起了自己的队伍。这些发小儿就跟当年刘邦的死党一样，都成为一国的开国功臣，包括但不限于汤和、徐达、周德兴、郭英。而朱元璋自然成为笑到最后的人。

那朱元璋是怎么把别人变成配角，自己成为主角的呢？

第一步：组团队。任何领袖都必须具有组团队的能力，这个团队应以领袖为核心，达到指哪儿打哪儿的目的。怎么组建起团队呢？首先你要有吸引力。这方面最牛的是刘邦，你看他一个亭长，后面跟着一大堆沛县干部，萧何、曹参、夏侯婴，等等。

那怎么有吸引力呢？

这里有一个很直白的点：大方。

当年后周皇帝郭威去打仗，请教一个牛人冯道，问怎么样才能打胜仗。冯道说得很接地气，说你发钱，你把钱发光了，你的士气就来了。

这就是财散人聚、财聚人散的道理。

朱元璋是不是这样的呢？确实是。朱元璋加入造反部队，当了小队长之后，对手下特别大方。得到的赏赐全部分给部下。朱元璋是要饭出身的，可以说穷怕了，这种人多半是见到钱不要命的，可朱元璋能够把钱分出去，这相当罕见。

这样一来，大家都知道，跟着朱哥出去干活，就有钱分，大家当然愿意跟他了。

那么，是不是有人跟着你就行了呢？

不是的，接下来，你就要具备识人的能力，得知道这些跟着你的人里面，什么人有才能，什么人就是混饭吃的。

朱元璋就面对一个选择，他准备自己开公司创业了，跟老板郭子兴提辞职。郭子兴说可以，但你不能拉太多的人走，只能挑几十个人。朱元璋就去挑，结果挑中二十四个人，全都成为明朝的骨干，包括但不限于徐达、汤和、周德兴。

有了团队，就可以创业了。那怎么去创呢？到哪里去创呢？

一开始，朱元璋跑到滁州，这个地方不错，四面是山，是块造反的根据地。但滁州毕竟是区域性龙头，不是全国性的龙头地标，占了这里，只能小打小闹。所以，朱元璋就瞄准了南京。

南京当时被政府军也就是元朝占领着，这块地方是个孤地。东南是张士诚，西面是陈友谅，北面是刘福通。

来到这里，朱元璋采取什么策略？

一个叫朱升的名儒给他一个锦囊：“高筑墙，广积粮，缓称王。”

说白了，加防、存粮、装孙子。

四面都是大爷，千万不要刺激他们，我们多攒兵存粮。

但是，不刺激也是不可能的，朱元璋带着二万兵马过去打南京，那里的元军很快被朱元璋赶跑了。这一来，引起各界大佬的注意了。

南方这一块，都是我们的基本盘，怎么跑出来一个朱元璋？那我们得打打他。

这个时候，你就得骨头硬，打不动、咬不烂，熬过这一期，你才能真正成长起来。所以一边挨打一边长个子，朱元璋慢慢具备了跟陈友谅、张士诚这些南方大佬一较高下的实力。

但是，先打谁呢？

朱元璋的选择是先打陈友谅。为什么？因为当时的起义军有一个说法叫“陈友谅最桀，张士诚最富”。

陈友谅是渔家出身，属于社会底层，又曾经当过小吏，这种人性格偏于暴躁，自从参加革命以来，什么事都干，什么规矩也不讲，比如有个叫倪文俊的人投奔他，他把人家杀了，然后吞并了人家的军队。又如他的上级徐寿辉兵败来投靠他，他也直接把人家给杀了，自己当了老大。

这种人是被蜜蜂蜇了一下，马上能拿着杆子去捅马蜂窝的主。

张士诚呢？他是贩盐出身的，家里本来就有钱，起来革命主要也是为了赚更多的钱，他的思维就是商人思维，干什么事情都要考虑成本利益。

所以，朱元璋决定打陈友谅。打陈友谅，张士诚就会考虑救陈友谅划不划算，但如果打张士诚，陈友谅一看，你们打架不叫我玩，太不够朋友了，后海哪个野湖，等我！

不是野湖，鄱阳湖，等你！

后来的事证实了朱元璋的选择是正确的，朱元璋打陈友谅时，张士诚拨了通算盘，觉得坐山观虎斗更划算。他眼睁睁地看着朱元璋吃掉了陈友谅。打陈友谅是最苦的，差点就失败了。但打下陈友谅，南方就基本姓朱了。

打陈友谅时，朱元璋跟张士诚示好，表示大家一起好好干。张士诚直接把朱元璋的使者扣押了。

等朱元璋收拾完陈友谅，张士诚才醒悟过来，表示向朱元璋送粮送钱保平安。

不好意思，昨天的你对我爱理不理，今天的我让你高攀不起。

朱元璋一得手，张士诚一根绳子上吊了。

接下来，朱元璋该往北打了。其实朱元璋早就该往北打了，因为他的名誉上司刘福通已经被元军打败了。

刘福通是真正的革命者，不像陈友谅这些人就是想搞割据。在南方这三个大佬打仗时，刘福通一个人领着部队跟元军干，消灭元军最多的就是他，甚至比后来的朱元璋还要多。因为犯了分兵的错误，刘福通的主力最后被元军消灭了。

接下来的活儿就要交给朱元璋了。

怎么打呢？一般的思维是冲到元军的大本营北京去，擒贼先擒王嘛。

但是朱元璋没有走这一条路。他发现元军的主力并不全在北京。当时元军有三大主力，一是河南元军，二是甘陕元军，三才是元大都的元军。

中国历史上，从北往南打，那相当于数学里的二元一次方程，而从南往北打，那是造反王冠上的明珠，哥德巴赫猜想。

为了解决这个难题，朱元璋创造性地使用了一个大迂回的包围。他先是沿运河北上（容易运粮），攻占山东。接下来，朱元璋也没有去攻打元大都，而是左转九十度，沿着黄河北上，直接攻占了潼关，这就把最有实力的元将王保保率领的甘陕元军给关了起来，再迂回将河南的元军包围了。

这样一来，元军就被分而破之。朱元璋用了十个月就彻底击败元军，拿下北京，统一了天下。元朝的最后一位皇帝铁锅兄妥懽帖睦尔跑路了，最后病死在草原上。朱元璋看这位老铁嘴上喊振兴大元，身体却很诚实，一路小跑让出北京，是“知顺天命，退避而去”，所以给了一个“顺”字，称为元顺帝。

明朝：明白人办的糊涂事

第六章

老朱的拔刺工程

在革命成功之前，大家只知道朱元璋是个军事家。他的军事能力可能还要超过李世民。毕竟李世民是世家子弟，一起事就是几十万兵马。而朱元璋是从小队长起家的，几十人到几千人，再到几万，最终才是几十万人。完全是从小号练起，跟李世民这样的人民币玩家，完全不是一个难度级别。

到了大明正式开张营业，大家才发现，朱总也是一个管理大师。

朱元璋干了两件大事，一是地方上把元朝的行中书省改良了一下。

元朝的行中书省是中书省的分支机构，位高权重，经常不听指挥。

朱元璋把行中书省改成布政司，每个布政司派左、右两人，管理地方的民政和财政。布政使是皇帝派出的驻地干部，自然好管理。此外，还有管司法的按察司、管军事的都指挥司。行中书省的权力一分为三，称为三司，自然就不容易对抗中央。

而在中央，朱元璋直接把跟皇帝分治天下的宰相给废了。

要了解这个，就不得不提到大明朝治理的特色：特务统治大法。

很多年以后，朱元璋收拾了一大堆功臣，他的儿子朱标觉得下手太狠了，劝他父亲说杀人太多，恐怕伤了和气。

朱元璋很生气，他扔了一根棘杖在地上，让朱标去捡。朱标也没练成铁砂掌，当然不敢捡。朱元璋说：现在你知道了吧，有刺的东西你捡不起来，我现在杀这么多人，就是为你把刺拔掉。

消灭那些有威胁的功臣，是谓拔刺工程。

可是，怎么拔刺呢？

朱元璋的办法是用刺来拔刺，找最能拼的刺头来拔刺。

刺头就是胡惟庸。

胡惟庸，濠州定远人，很早就投奔了朱元璋，但是朱元璋一直没怎么用他，让他干干主簿这样的文秘工作，或者派出去当个小知县之类的。

可以说，把他跟徐达、李善长、刘伯温这些明朝功臣比，胡惟庸实在很平庸。可是，朱元璋就要用这种小人物。

大功臣已经有功名在身，工作积极性差，只有这种小人物才敢打敢拼。

刺头胡惟庸拔掉的第一根刺是杨宪。

杨宪是山西太原人，朱元璋拿下南京以后，他投奔了朱元璋，主要从事的工作是外交，带着朱元璋的旨意跟张士诚谈判，办事能力相当强。可是，仅仅是外交人员，朱元璋是不会重用的，而杨宪不仅会跑腿，他还有一个特长：潜伏。

朱元璋把杨宪安排进中书省，希望他保持本色，努力打探，作为老朱打入中书省的钉子。可是，没想到这位老牌特务一进中书省，就变色了，不搞情报工作，开始搞起了党争。

杨宪把目标对准了李善长，原因很简单，站队问题。

当时明朝分为两大派。一个是淮西集团，团长李善长，主要成员以朱元璋的老乡为主，骨干包括上面的刺头胡惟庸。

另一个集团是浙东集团，以刘伯温为团长。

杨宪不是李善长的老乡，只好投奔了浙东集团。杨宪发挥以前干特务工作的专长，没事打打李善长的小报告。也许是被说得多了，没等被打倒，李善长自个儿先病倒了。

杨宪以为自己大功告成，中书省以后就是自己的天下了，哪知道朱元璋并不笨，他又给中书省安排了另一个人：汪广洋。

汪广洋不是浙东集团的人，也不是淮西集团的人，按说，这种人是争斗双方统战的重点对象。而且这个人也很低调，知道庙堂是非多，自己又没帮没派，所以进了中书省夹得一手好尾巴，勤打招呼少说话。

可是杨宪怎么看这个汪广洋都觉得不爽，想要把他弄出去。

于是，杨宪指挥手下发起了攻击，理由是汪广洋对母亲不孝顺。道德攻击往往是有奇效的。朱元璋一听大怒，把汪广洋贬出中书省，派到陕西搞支建。

杨宪成功了，可是他紧接着犯了一个错误：欺人太甚。

杨宪上书，建议把汪广洋流放到南海去，让他到广阔的海洋中去建设大明朝。

这就太过分了，狗急了还要跳墙呢。

一直在旁边冷眼旁观的胡惟庸终于出手了。胡惟庸参了杨宪一本，一告就准。

效率这么高，只因胡惟庸摸透了朱元璋的心思。朱元璋把汪广洋派到中书省，就是看中他不是两大文官集团的人，也就是说，汪广洋其实是朱元璋的人。这种人其实谁都惹不起，所以淮西集团的人没动汪广洋，而杨宪没搞清楚状况，偏要对汪广洋下死手。

朱元璋早就看杨宪不对劲了。杨宪干的事还是一样，专注打小报告。为什么以前朱元璋很高兴，现在很不高兴呢？

以前杨宪打小报告，是当朱元璋的卧底，现在杨宪打小报告，是当浙东集团的卧底。干的事情虽然相同，但替谁干很关键。

我派你去中书省卧底，你却替别人办事？！

朱元璋很生气，后果很严重，杨宪因此被处死。

那么，杨宪是替谁办事呢？

杨宪在替浙东集团的团长刘伯温办事。

刘伯温是朱元璋团队中最有才华的一个人。

刘伯温跟朱元璋曾经有一场对话。那一年，李善长因病退休，朱元璋找来刘伯温，问他谁可以当宰相。

朱元璋问：杨宪可以吗？

这是非常有玄机的问题，因为朱元璋已经知道杨宪跟刘伯温关系密切，如果刘伯温说可以，那就坐实了两人结党的罪名。

刘伯温想了一下，回答：杨宪这个人有宰相的才能，却没有宰相的器量。

这是很公平的一个评价。杨宪后来就是栽在器量太小，对汪广洋穷追猛打上面。

朱元璋又问：汪广洋可以吗？

这是一个中间派，如果刘伯温说可以，那显然就会让自己用杨宪把持中书省的希望落空。于是，他说：他比杨宪还要浅薄。

朱元璋又提了一个人，这个人就是朱元璋看中的，要扔到文官里搅浑水的胡惟庸。

刘伯温答：这个人是匹拉车的好牛，但只怕它力气大了，会把车架顶烂。

可以说，刘伯温巧妙地应对了朱元璋的测试，准确地对三人做出了评价。

连朱元璋都叹道：看来，能当我宰相的，只有先生你了。

到目前为止，刘伯温的回答都没有问题，可是，在朱元璋的表扬下，他突然被冲昏了头脑，突然来了一句：我这个人疾恶如仇，对于繁杂的事情又没有耐心，当宰相只怕辜负了圣上的恩宠。天下人才多的是，皇帝你慢慢找吧，不过，从目前来看，还没有人担得起宰相这个职位。

什么意思？

天下就只有你能当宰相？而且你还要大牌，说自己脾气不好，又懒得管这一摊子事？

朱元璋想发火，但他压住了这股火。

朱元璋还不想弄倒刘伯温，毕竟这是个人才。自从刘伯温跟着他，每一次建议都被证明是正确的。留这样的人在身边，确实能少走不少弯路。

但朱元璋绝不允许刘伯温结党。

朱元璋能成为皇帝，有两个秘诀，一个是善于搞组织工作，另一个是善于谋断。刘伯温在谋断方面，甚至超过了朱元璋。但刘伯温如果只搞参谋，再厉害也只能给朱元璋打工。要是刘伯温也搞起了组织工作，那就有可能成为第二个朱元璋。

任何公司，业务骨干跟管理骨干都不能重叠，如果非要重叠，那这个人就是总经理，显然，朱元璋还不想退为董事长，他还想兼着总经理这个光荣的岗位。

于是，洪武三年（1370 年），明朝刚走上正轨，朱元璋就把刘伯温打发回老家，让刘伯温没办法结党。可没想到，刘伯温人退心不退，安排杨宪进中书省，没事时，还派儿子时不时到京城送点文件，传达一下自己的看法。

不想退出江湖，那只有从江湖消失了。

现在杨宪倒了，下一个自然就是背后的靠山刘伯温。

胡惟庸一告就告倒了杨宪，他知道，朱元璋要对浙东集团大起底了。于是，他趁热打铁，马上向刘伯温发起了攻击，告发刘伯温在老家不安分，占有王气之地。

以刘伯温的风水知识，完全有可能，刘伯温就曾经替朱元璋改过南京的风水。但拥有犯罪工具是否就是犯罪的证据呢？朱元璋认为是。

刘伯温也知道摊上大事了。自己再待在老家，只能等着胡惟庸给自己打报告，于是，他做了一个决定，马上到南京待着。

老朱不是对我不放心吗？我现在就来南京待着。在您的眼皮底下，这下您老该放心了吧。

事实上，刘伯温还是低估了朱元璋，对朱元璋来说，只有一种人才是安全的：死人。

到了南京，刘伯温得了病，普通感冒，吃点药就好了。可是，胡惟庸来看他了，还带来了朱元璋指派的医生，吃了两服药就死了。

朱元璋说是胡惟庸毒死了刘伯温。胡惟庸怎么说呢？不知道。因为胡惟庸不是最后的胜利者，他没有对历史进行盖棺论定的权力。

是朱元璋下的药也好，还是胡惟庸下的手也好，朱元璋终于实现了他的拔刺目标。可是，随着胡惟庸的陷害，朱元璋发现棘杖上长出了一根最显眼的刺。

这根刺，就是当年的刺头胡惟庸。

而拔掉胡惟庸这根刺，官员显然不够用了。因为胡惟庸已经把持了中书省。

斩了杨宪之后，朱元璋又从南海召回了汪广洋，想在中书省安排自己的眼线。但不知道汪广洋是不是吸了广东的野生雾霾瘴气，或者是被一贬一召地吓破了胆，回到中书省，比以前更低调了，死心塌地地当了胡惟庸的跟班儿。

显然，用官员对付官员已经行不通了。那怎么办？

于是，明朝历史上最有权势的外朝机构锦衣卫粉墨登场。

说起来，朱元璋也用了很多特务，而且颇有不拘一格用人才的意思，比如他曾经启用和尚去打探情报。朱元璋先生以前就当过和尚，知道和尚这种人可以穿乡越省而不被人怀疑，是优秀的特工人员。还有军官、文官甚至宫女、太监都充当过朱元璋的耳目，他们都有一个名字叫检校，就是皇帝的特派员的意思。

但朱元璋知道，这一次面对的胡惟庸异常强大，在朝中同样拥有不少眼线。跟这样的人斗争，单枪匹马的检校模式已经不能适用，有必要成立一个专业的特务机构去对付胡惟庸。

于是，在一个夜晚，朱元璋找来了仪鸾司的指挥使毛骧，告诉他，从今天开始，他的职责不仅仅是给皇帝开道，保卫皇帝的安全，还要负责侦听天下的一切异动。

数年后，仪鸾司有了更为知名的名字：锦衣卫。

明朝成立后，朱元璋在京城设立上十二卫，其中的一卫为拱卫司，拱卫司又发展为亲军都尉府，后又更名为仪鸾司。在更名为锦衣卫后，这个名字再没有变动，一直伴随着大明皇朝直到灭亡。这也永远是离皇帝最近的一支部队。皇帝出行，离皇帝最近的持有大刀的侍卫人员就是锦衣卫。

朱元璋认为，只有这样一支自己亲自指挥的亲卫部队，才不会受到胡惟庸的影响。

于是，全新的锦衣卫产生了。新部门新气象：大红蟒衣的飞鱼服、意气风发的乌纱帽、精工打造的绣春刀。员工也有新的名字：缇骑。

一名名缇骑出发了，他们隐身在黑暗里，潜伏在各级官员所看不到的地方，源源不断地把官员或者百姓的一举一动呈现到朱元璋的面前。

当然，也包括胡惟庸的。

胡惟庸似乎没有意识到危险已经来临，还是一如既往。有意思的是，他还将毛骧收为自己人，指使他找一些不怕死的人给自己干活。

于是，胡惟庸那些不平庸的举动很快汇总到朱元璋的案上。

有一天，胡惟庸的儿子出去骑马，在南京环路上飙马，马技不过关，摔到马下，不巧被马车给碾死了。胡惟庸大怒，本来这种事应该归刑部管，胡惟庸真要报仇，随便打声招呼，刑部的人给车夫判个死刑，还能包装成宽大处理。可是胡惟庸嫌太麻烦，不想麻烦刑部了，直接把车夫弄死了。

这说是事也是事，毕竟一条人命。说不是事也不是事。当朝宰相杀个马夫，谁又敢管？

朱元璋要来管。

事情传到了朱元璋的耳里，朱元璋把胡惟庸叫过来。

胡惟庸也知道摊上事了，一个劲儿解释，车夫闯红灯，无证驾驶，可能还是酒驾……自己一激动，就激情杀人了。

朱元璋只说了两个字：偿命！

胡惟庸退下了，奇怪的是，朱元璋说得很凶，让他偿命，却没派人抓他。

胡惟庸放心了，皇上只是做做样子，其实还是照顾我的。

于是，胡惟庸继续在不平庸的道路上一路猛奔。

又有一回，占城国的使者到京城进贡，胡惟庸没让使者给朱元璋叩头，自己私下见了，就打发人家走了。

占城国是位于越南的一个小国，说起来，就算报上去，朱元璋也不一定有工夫见。可是，见不见是朱元璋的事情，让不让见就是胡惟庸的事了。

朱元璋彻底爆发了，但他没有把目标对准胡惟庸，而是对准了他曾经派进中书省，却让他失望的汪广洋。而且也没有用私见进贡使者的罪名，而是用毒死刘伯温的罪名。

也不知道是查到什么证据，竟然显示汪广洋跟毒死刘伯温有关。汪广洋就此被赐死。

这一下大家都知道了，皇帝准备收拾胡惟庸了，因为当年带着医生去见刘伯温的，其实是胡惟庸嘛。

大臣纷纷揭发检举，不查不知道，一查吓一跳，竟然查出汪广洋的一个小妾陈氏是罪官的女儿。这下事大了。因为罪官之女只有两个出路，一个是进宫洗衣服，另一个是赐给立下战功的功臣家。汪广洋显然不符合分配条件。

再一查，这个人是胡惟庸分过去的。

够了，私杀马夫、截流贡使、瓜分国有资产犯妇，每一个都够杀头的，胡惟庸的脑袋再硬，也该掉下来了吧。

但朱元璋觉得还不够，因为他有一个理想，不仅仅是打倒胡惟庸，还要打倒胡惟庸背后的体制：宰相制度。

按周礼的说法，宰相是与皇帝分治天下的。而朱元璋显然不是一个愿意分享的人。那么，怎样才能通过打倒胡惟庸推倒整个宰相制度呢？杀个车夫，瓜分国有资产显然是不够的。

只有一个罪名够，造反！

于是，就有了下面这个故事。

洪武十三年，胡惟庸称家里的旧井涌出了醴泉，所谓醴泉，就是老汉山泉有点甜。胡惟庸称这是祥瑞，邀请朱元璋前来视察并指导水井的工作。

朱元璋去了，走到西华门，也就是平时大臣上班进宫的门时，突然跑过来一个太监，上气不接下气，抓住朱元璋车驾的缰绳不让他走。

这是什么情况？皇帝的马车都敢拦。不等朱元璋吩咐，锦衣卫的人就一拥而上，一顿乱棍将太监打得半死。这个太监叫云奇，是东华门的守门太监，也就是传说中的门卫。门卫为什么拦驾呢？

云奇被打得不成人形，话都说不出来，但手一直指着胡惟庸的家。朱元璋这才感觉不对劲。于是，站起来一看，大概朱元璋有千里眼，一眼就发现了胡惟庸的墙上冒着枪尖。

朱元璋吓出一身冷汗，胡惟庸竟然给他设了一个鸿门宴！家里有伏兵，准备刺杀他。

朱元璋立马掉头回家，然后下令抓捕胡惟庸！

很快，证据搜集上来，胡惟庸家有五百兵甲，甚至还有人告发，这些兵竟然都是日本来的倭寇。刺杀皇帝，里通外国。够了，胡惟庸死定了，宰相制度也可以扔到胡惟庸家那口有点甜的水井里一起陪葬了。

这个故事相当惊险，但其实考证一下，是不太靠谱的。这个时候，朱元璋跟胡惟庸已经感情破裂，只差动手了。别说胡惟庸家的井水有点甜，就算是冒茅台，朱元璋也没心思去。

所以，这极可能是一个虚构出来的故事，其目的就是让胡惟庸没有翻身的机会。

不管怎么样，胡惟庸死了，宰相制度也废了，但胡惟庸案才刚刚开始。因为朱元璋不会忘记胡惟庸是淮西集团的人，而淮西集团的团长是李善长。

李善长也犯错误了。

这个事情还是受胡惟庸的牵连，具体来说，胡惟庸被判定造反，而胡惟庸还找了一个叫李存义的小伙伴来共襄盛举。而李存义正好是李善长的弟弟。

胡惟庸被处决后，李存义也被挖了出来。朱元璋想了一下，特地下诏，免死，流放算了。

很显然，这是看在李善长的面子上。这个时候，李善长应该给领导写封感谢信，送个锦旗啥的，表示一下皇恩浩荡，我们三百六十度如沐春风。

朱元璋发了赦免诏书后，一直坐在宫里等感谢信，可是左等右等，都没有等来。

李善长来上班，眼袋耷拉着，就是不提这回事。

李善长压根儿就没想着要感谢领导。

李善长觉得完全没必要啊。我弟弟是我弟弟，关我什么事？我又没造反。你赦免他，是你的事情，跟我有半毛钱的关系？

朱元璋怒了，这好比请人吃顿海鲜大餐，别人连个朋友圈也不发。

五年后，又出事了，李善长的亲戚丁斌犯了点事。李善长给朱元璋打了个报告，要求老朱看在自己面子上，赦免丁斌。

可是，面子是别人给的，不是自个儿长在脸上的。

不提还罢，一提朱元璋就想起了五年前那件不愉快的事情。

你现在知道求我了。五年前我放了李存义，你连个屁都不放，今天还指望我当好人！

朱元璋大怒，加重处罚丁斌，送到锦衣卫的诏狱里学习学习。丁斌果然又供出了李存义当年那些事。虽然是老调重弹，但得看弹的是谁。

既然有人提了，那就彻底解决五年前的事吧。

李善长一家就此被团灭。那年，他已经七十七岁了，再撑两年，或者早死两年，就没这些事了。

当然，李善长这么善于伪装的人都被发现了，仅仅靠刑部是办不到的。在朱元璋的后面，还有那一群穿飞鱼服佩绣春刀的人。

怪叔叔下江南

锦衣卫四处潜伏，刺探情报，官员的一举一动都尽收眼底，当然，也不排除一些没有犯事，但朱元璋确实想找点事的人。那怎么办？

还有诏狱呢。

锦衣卫下面有一个北镇抚司，专门处理皇帝主抓的案件，称为诏狱，实现了逮捕、刑讯、关押、处决一条龙服务。里面提供各式服务，比较出名的有十八套。比如挺棍、夹棍、脑箍、烙铁及一封书、鼠弹筝、拦马棍、燕儿飞、灌鼻、钉指等等。保管人站着进来，躺着出去。

到了后来，都打出了默契，打出了风格，打出了暗号，一般人是：打着问。重点服务对象加“好生”两个字，是好生打着问。VIP 用户是：好生着实打着问，有了这七个字，跟中了七杀拳差不多，可以吩咐家人买棺材准备后事了。

日子一久，诏狱在监狱界如雷贯耳，被锦衣卫的缇骑抓到北镇抚司的诏狱，住上两天，如果被通知要移送刑部监狱，那简直就是换到天堂一样。

这说明，有比较才有幸福。

有这样的监狱做保证，锦衣卫的工作无往而不利，经过下至基层上至官场的调查，锦衣卫创造性地搞出了一个黑名单《昭示奸党录》，按单抓人，照人开打，打一个准一个。朱元璋的拔刺工作以及其他工作无不顺利地展开，光是胡惟庸案就消灭了三万人。

那么，锦衣卫在其中立下了汗马功劳，是不是会得到额外的奖赏呢？

有这个想法的人，那还是不太了解朱元璋啊。

随着胡惟庸、李善长这些刺一一被拔掉，朱元璋把目标对准了另一批人。这里面，最重要的一个人不是胡、李的余党，而是首任锦衣卫使毛骧。他的罪名竟然是与胡惟庸结党。

没错，毛骧确实跟着淮西集团混了两天，跟胡惟庸关系也很近，帮助胡惟庸对付个把人，也不是没干过，但他是卧底啊，是按朱元璋的指示去干的啊！

反正，朱元璋一说毛骧是胡党人士，人人都同意。胡党的自不必说，这些年被毛骧整惨了，不少人还受过他的诏狱的热情招待。非胡党的也不含糊，毕竟毛骧在主持倒胡主业时，还超范围经营，抓了一些非胡党的人。

那么，为什么朱元璋要打倒毛骧？

这其实不是问题，打倒毛骧是朱元璋的一贯风格。不打倒才奇怪呢。

朱元璋要打完收工了。朱元璋搞这么多事，不是想把这个世界搞乱，他只是想拔掉刺，现在连李善长这样的陈年老刺都拔掉了，还留着锦衣卫这种大杀器，只能影响世界和平。

锦衣卫这把绣春刀是时候抹血归鞘了。而抹血之前，第一个要抹杀的是毛骧。

没办法，毛骧这些年下手太狠，得罪人太多。再说，他知道得也太多了，不弄倒，怎么开创明朝新局面？

于是，从大局出发，毛骧这位无间道型的锦衣卫指挥使只好牺牲了。

除掉了毛骧，朱元璋又干了一件事。

洪武二十年（1387 年），胡惟庸案彻底终结，朱元璋把所有的大臣请到了锦衣卫的诏狱，然后搬出锦衣卫的所有看家刑具。看到大臣变色的脸，朱元璋温和地说道，你们不用怕，请你们来不是体验诏狱生活的，而是见证一件事情。

朱元璋下令将锦衣卫所有的刑具烧掉，滚滚浓烟中，那些让官员半夜都吓醒、那些让官员上班之前要跟老婆交代后事的刑具化为灰烬。

飞鱼潜水，绣春归鞘，锦衣卫的历史刚刚开始，就要结束了吗？

没有，这不是结束。不用多久，大明朝的帝座上将坐上另一个人。一个将锦衣卫重新推到巅峰的人。在他的手上，锦衣卫将正式击倒刑部、大理寺、都察院三法司，成为大明刑律的真正执行者。在他的手上，另一个传奇的特务机构将应运而生。

这位仁兄是朱元璋的儿子朱棣。

朱棣是朱元璋的第四个儿子，据说生下来时，房间冒香气。朱棣生下来时，正赶上他爹跟陈友谅血拼。当时陈友谅占上风，杀将过来，大家都说要逃跑，还是刘伯温当时说了一句话："主降及奔者，可将其斩首。"

最后朱元璋逆袭，在龙江大败陈友谅，从这一天开始，朱元璋基本就是胜券在握了。

所以说，朱棣的出生对朱元璋来说，是个很好的兆头。

但是，从后面来看，朱元璋对朱棣小儿的关心还是不够啊。一来，朱棣是小老婆生的嘛，朱棣后来非要说他的老娘是朱元璋的正室马皇后，其实不是的，他的亲娘应该是一个小妾。而且朱元璋也基本没管朱棣。朱棣到了八岁的时候才正式取名叫朱棣。

接下来，他爹发达了，朱元璋当了皇帝，朱棣就成了帝二代。

但帝二代跟帝二代之间有很大的区别。比如他跟大哥朱标。

就在朱棣得到名字不久之后，他就知道这个区别了。朱元璋登基后，马上选定朱标为太子。当时朱元璋问了朱标一个问题。

七国叛汉，是谁的责任？

那是汉朝的事情啦，七个藩王起来造汉景帝的反。朱标当时回答："曲在七国。"

这是标准答案。

不过，却被朱元璋一顿呵斥："错，责任在汉景帝，汉景帝杀吴王的儿子，又要削藩，这才有七国之反。"

朱元璋为什么不支持削藩呢？因为在老朱的安排里，这些藩王是有任务的，朱元璋把他们安排在边疆，一可以防地方叛乱，二可以防外敌入侵。信儿子，得永生。要想千秋万代，总得相信自己人吧。当时有个叫叶居升的大臣举汉朝七国之乱以及晋朝八王之乱让朱元璋不要太信儿子，朱元璋直接把叶居升扔到牢里升了天。

朱棣同学是不是也知道这个事情就不知道了，反正他是认定了：如果有人削藩，那造反就是有理的。

一眨眼，三十二年过去了，根据朱元璋对儿子们的分工，太子朱标读书，以后好当接班人。朱棣负责打仗，然后朱棣被封到北京，替大明朝守北疆。

朱标同学因为长年读书不运动，抵抗力差，身体长期处于亚健康状态，也可能和常年跟在朱元璋身边，压力太大有关系，反正去西北考察了一下，看是不是能把都城迁回长安，回来就生病，然后英年早逝了。朱元璋死后，皇位落到了朱标的儿子建文帝手上。

建文帝有个伟大的想法，就是削藩。

朱棣很生气，这些年，他得不到父亲的宠爱，得到的全是伤害。现在大侄子也要收拾他。

当然，朱棣也一直在做一些准备工作，比如有人说他胡子长到肚脐眼了，这是王命所归。但要说朱棣真的想反，我感觉也不一定。他应该是两颗红心一手准备，兵是要屯的，但如果皇帝对俺好，就继续做藩王，如果皇帝过分，那就管！

他爹朱元璋有指示，谁要削藩，造反有理。

所以，建文帝一动手，朱棣就决定要反了。其间发生了很多故事，比如朱棣是怎么把儿子们送到南京当人质，又是怎么把儿子们召唤回来的。朱棣还搞了一些舆论安排，当时南京突然流传一首歌：莫逐燕，逐燕燕高飞，高飞上帝畿。

这显然就是朱棣在吓侄子建文帝嘛。

“你别逼我，逼急了我就翻墙过来抢你的宝座。”

朱棣又开始装疯。为什么要装疯呢？因为造反是一项系统工程，需要很多时间来准备，建文帝的动作又很快，没办法，只好拿出绝活：装病。

其实朱棣不是第一次装病了，以前朱元璋在的时候，他就敢装病，然后提前下班回北京。前面把三个当人质的儿子叫回北京，也是装病重。反正说病就病，一点不含糊。但目前来看，普通的病是瞒不了南京方面了。所以，朱棣把装病这项技能提高到一个新高度：急性短暂性精神障碍，属于限制刑事责任能力的人。

具体病症是什么样的呢？

突然有一天，大家发现街上冲出来一个疯子，大喊大叫，仔细一看，竟然是燕王朱棣。压力太大啊，燕王终于疯了。而且朱棣冲进酒店，看到别人喝酒就抢。

被抢的不要生气，马上就会有燕王府的人跑过来说对不起，赔酒钱。

又有一天，朱棣又跑到街上，倒地就睡。跟洪七公差不多，奇怪的是燕王府的人也不管，让朱棣整整睡了一天一夜。

又如南京派人来调查，发现大热天的朱棣抱着个被子，坐在火炉边，还直呼冷死了。

在这样的演技下，朱棣终于做足了准备，发动了靖难之役，最终夺走了皇位。建文帝则在城破时，消失在皇宫的大火中，成为明朝的著名失踪人口。

朱棣把都城定在北京，又在天津设卫，可以说以一手之力撑起了中国北方城市的命脉。又派太监郑和下西洋，别管是宣布国威，还是寻找建文帝，这星辰大海明朝是见识过了。

朱棣还远征漠北，确保了大明的边疆安全，文化上编了一部《永乐大典》，朱棣当皇帝的时候，大明万国来朝，人称“永乐盛世”。

朱棣又将本已经尘封的特务机构放了出来。

为什么呢？原因很简单，朱棣的帝位是从他的侄子建文帝手里夺过来的，得位不正，民间也好，官场也好，朱棣总感觉有奸人要害朕。

消灭这股反叛力量，用约束更少的锦衣卫当然更合适。

朱棣找到了一个合适的人选：纪纲。

说起来，纪纲也是跟着朱棣闹革命的老人。那一年，朱棣还是燕王，跟他的侄子建文帝打仗，半路上，有一个人跑过来自我推荐，说自己会骑马、会射箭，还有文化。

再一查，原来这是个下岗人员，本来是有功名的，因为干了一些不太光彩的事情，所以被革了功名。

这种流氓加文人的综合型人才，正是朱棣最喜欢的，所以马上收编。经过南征北战，纪纲就成了朱棣的心腹，掌管了锦衣卫。平时抓抓人，审审案，陷害个把忠良，“业绩”也是很突出的。

而纪纲能够成为朱棣眼前第一红人，原因只有一个，他善于揣摩朱棣的心思。

有一回，纪纲将锦衣卫诏狱的在押犯人名册给朱棣看。

朱棣看了一下，突然说了一句话：解缙还在啊。

解缙是明朝第一才子，但才子都有一个通病，恃才自傲。解缙也有这个毛病，他谁都不放在眼里，不跟同事搞好关系，也不配合领导吹牛皮，又牵扯进朱棣接班人的问题，所以被关到了诏狱。

现在，解缙被关了五年了。朱棣突然来一句：解缙还在啊。这是什么意思呢？

是说关得太久了，该放出来了吗？纪纲没有进一步请示，他已经猜到了答案。

回到诏狱，纪纲弄了一桌酒菜，请解缙吃饭喝酒，等解缙喝醉了，纪纲直接将他拖到外面活埋了。

这个事情体现了两点。一是纪纲准确地猜到了朱棣的意思，一个下属，应该能够猜到上级的潜在意思，如果非要逼朱棣说出“把解缙弄死吧”，那就不是一个合格的特务头目。

另一点，就是纪纲心狠手辣。一边跟人喝酒称兄道弟，一边在外面挖埋人的坑。

凭着这两点，纪纲成为朱棣最好的工具，纪纲跟他的锦衣卫也成为明朝司法机构里独特的存在。在三法司之外，开辟查案抓人审人的快速通道。

布满灰尘的锦衣卫诏狱再次打开，全新打造的刑具竖立起来，缇骑再次出没在大明帝国的每一个角落。

自从跟了朱棣，纪纲的工作是很认真的，主抓了方孝孺十族灭门惨案、周新逆袭案、解缙坑杀案等大案要案，使本已经瘫痪的锦衣卫又重新焕发活力跟杀伤力。

可是，随着锦衣卫势力的膨胀，纪纲就开始有点喘了。就在这一年的端午节，发生了一件让朱棣极为不爽的事情。

这一年的春天，朱棣组织大家郊游，其中有一项重要的娱乐项目，射柳。用箭去射柳枝。

纪纲也拉起了弓。我们知道，纪纲的箭术是很高明的，他的简历上就写着善于骑射。可是，这一箭射出去，竟然落空了。

作为皇帝的保镖大队长，又是明朝第一特务机关的领导，连个箭都射不好，当然业务是不过关的。但是，业务不过关，还不是致命的，毕竟当了领导，日理万机，没有加强锻炼，箭术生疏了一些，是很正常的。相比业务不过关，更危险的是政治不过关。

正当大家当作没看见时，锦衣卫一个手下突然举起一根柳条，大叫："指挥使大人射中了。"

这是怎么回事？明明大家都亲眼看到没有射中。你这是玩弄大家的视力吗？

奇怪的一幕出现了，旁边的侍卫也好，大臣也好，竟然都欢呼起来，盛赞纪大人箭法了得。

史书记载这是纪纲故意安排的。纪纲为了测试自己在大臣中的地位，故意没有射中，然后安排手下忽悠大家。

显然，这个游戏的原创者是秦朝的大太监赵高，那个游戏叫"指鹿为马"。纪纲是在向赵高致敬。

可是，走前辈走过的路，有时候不一定会更轻松，往往会死得更快。

朱棣是什么人？他是仅次于朱元璋的权力野兽，他怎么可能是秦二世那样的笨蛋？他纪纲又有什么资格成为赵高？

那么，纪纲为什么会突然脑子宕机，搞出这么一件离谱的事情呢？

原因只有一个，纪纲认为自己已经拥有了足够的资本，可以挑战一下朱棣的底线。那么，纪纲是不是真的就掌握了权力，可以将朱棣当成秦二世呢？

我们要先了解一下纪纲和他的锦衣卫的权力是从哪里来的。

锦衣卫穿着大红的飞鱼服，佩带着精致的绣春刀，走在大街上趾高气扬，无论是百姓，还是官员，都对他们敬而远之，甚至产生畏惧的心理。久而久之，锦衣卫难免产生一种感觉，以为他们拥有主宰这个世界的权力。

遗憾的是，这是一个错觉，当行人对他们弯腰屈膝时，不是害怕他们手中的绣春刀，而是害怕他们身后那个巨大阴沉的身影。

那个身影是朱棣。

是的，文武百官畏惧纪纲，畏惧锦衣卫，是因为他们后面站着朱棣。就像射柳的现场，朱棣就站在纪纲的身后。只是平时，当纪纲飞扬跋扈时，朱棣总是露着鼓励和欣赏的笑容。而这一次，朱棣的脸却阴沉了下来。

朱棣第一次意识到他的父亲朱元璋为什么要罢免锦衣卫。

此时，已经是永乐十一年（1413 年），朱棣搞的靖难线下活动的收尾工作也差不多了，反对他的人，建文帝的老部下都被打倒了，本来就想卸磨杀驴，没想到，纪纲还蹦跶起来。那就不要怪我不客气了。

于是，朱棣放出消息，让大家大胆举报纪纲。

结果让他失望了。

没有一个官员肯站出来揭发检举纪纲。

这是怎么回事，这一届的官员这么不行吗?

事实上，也不能怪广大官员觉悟低，实在是纪纲已经坐大。纪纲有数千的锦衣卫打手。而且纪纲给众官员造成的心理阴影面积实在太大了。

纪纲继承和发扬了锦衣卫好生着实打的风格，不但完美再现了锦衣卫诏狱的十八般刑具，又开发了涮肉、炭烤等新项目，而且坚持亲力亲为，每一个案件都亲自主抓，务必做到不放过一个好人。

而且，纪纲还开创性发明了拿钱不办事的方法，每当抓进新犯人，纪纲一定亲自下牢视察，陪犯人喝酒谈心，给犯人指条路，只要交出钱财，就可以死罪变活罪，活罪变没罪。等犯人交了钱之后，纪纲本着送佛送到西天的精神，一定亲自把犯人送上刑场。

碰到这样不按牌理、专玩套路的玩家，实在没有多少官员想去招惹他，浙江按察使周新就是因为跟纪纲对抗，连个罪名都没定，不清不楚就被拉出去斩了。

低调再低调，千万不要冒头，说不定是朱棣的“钓鱼执法”呢。

朱棣终于知道，依靠官员已经不现实了。于是，他把目光放到了另一群人身上。

他指指这些人：官员不上，那你们就上吧。

这些人就是太监。

太监上岗记

朱棣对太监的使用有着悠久的历史，早在造反时，他就在南京安插了很多太监，建文帝的一举一动全都汇报到了北京。当上皇帝之后，朱棣也没有放弃这群好用的工具人。不过，多半都是用来去寻找传说中的皇牌失踪人口建文帝。

现在，是时候让这个努力的团队承担更重要的工作了。

一个个太监出发了，他们不像锦衣卫，穿着鲜艳的服饰，佩有明亮的大刀，他们普通得就像京城里随处可见的人，穿着青衣，戴着青帽。可他们就像一道道阴影，渗透到帝国的每一个角落。

很快，纪纲的不法行为一一汇总到了朱棣这里。

据统计，纪纲伪造诏书，到全国各地盐场勒取盐四百余万斤，然后公车私用，调取了官船二十艘、牛车四百辆，运到他的家里，连车马费都没有结算。纪纲搞这么多盐干什么？这当然不是他口味重，而是因为盐在古代相当于硬通货。

又据查，纪纲多次敲诈富商，还跟明朝第一富商沈万三的儿子沈文度搞了一个合营公司，两人分工合作，五五分账。甚至还把竹杠敲到了外国使者的头上。

当然，这些都是经济犯罪，对于打倒纪纲这样的巨头是不够的，只有一种罪名才能真正铲除他。

这就是朱元璋对付胡惟庸的法子：给对方戴上谋反的帽子。这样，永远都别想翻身。

很快，这方面的证据也有了。

据打探，纪纲在家里搞了一个地下皇宫，每天下了班，就溜进地下室当起了皇帝。这个没有获批的地下改造工程十分庞大，里面四通八达，武器库、粮仓、大堂一应俱全，甚至有可能深入到了皇宫内部。

此外，纪纲还在地下室里对大小老婆进行了改编，大老婆分封为皇后，小老婆按资历颜值分为贵妃、才人等。据查，很多小老婆原本就是选进宫给朱棣的，只是半道被纪纲截了流。

这个地下皇宫里，甚至连太监也有。在主抓各类大案要案时，纪纲将一些年轻罪犯进行了改造，打造成太监，运进他的地下皇宫从事服务工作。

有了这一切，纪纲白天当大臣，晚上当皇帝。据说，他连皇袍都有，只不过是当年从一个王爷家抄来的，算是高仿的皇袍。

朱棣是日皇帝，纪纲是夜皇帝！

好了，这么多证据，够判纪纲十个死罪的。

永乐十四年（1416 年），一个在史书上没有留下姓名的官员终于察觉到了朱棣的真实意图，上书检举揭发了纪纲。朱棣当下拍板召开座谈会，让大家都来讨论纪纲的问题，给事中、御史纷纷弹劾，只用一天时间，就把纪纲的问题搞清楚了，谋逆。

当天，纪纲就被送到刑场，在朱棣的授意下被肢解。

早上案发，中午定罪，下午处决。权势熏天的纪纲在一天之内就走完了整个流程。其雷厉风行，让官员瞠目结舌。

纪纲被诛，绝不是一天的事情。在这紧锣密鼓的一天背后，是许许多多人日日夜夜的打探。

而在指使太监侦查纪纲的过程中，朱棣发现了太监比侍卫更好用的地方。这些人就在身边，指挥方便，而且他们都去了势，绝不可能挑战自己的帝位。

可以说，朱棣的这个判断并没有太大的错误。但他忽略了一点，太监虽然动了大手术，不能当皇帝，但他们依然是人，是人就会有欲望。

永乐十八年（1420 年），纪纲被诛杀的四年后，一个全新的机构在东安门北成立了。这个机构有一个厅，厅里供奉着岳飞的画像。厅后是一堵砖砌的影壁，上面雕刻着狄仁杰断案的故事。在西边有一座祠堂，里面供奉着这个机构的历任掌门人。祠堂前有一块牌坊，坊上有一块题匾。上面写着四个大字：百世流芳。

每个月的初一，数百名工作人员会集在此，开始摇瓶抽签决定工作内容。有的被派往刑部参加会审，有的被派到北镇抚司旁听审讯，有的进入各级官府以及城门打探消息。什么官员做了什么事，哪个衙门抓捕了罪犯……所有的事情都汇报到了紫禁城内。美其名曰：打事件。

这些人分工明确，服装整齐划一，相比锦衣卫的鲜衣怒马，他们要低调得多。他们中最高一级的领导称为钦差总督东厂官校办事太监，掌印一枚。下设千户，千户下设领班。业务骨干则有十二路侦察校尉。这些中层干部戴圆帽，穿直身长袍，脚踏皂靴。

下面的办事人员则穿青衣，戴尖帽，穿白靴，人称白靴校尉，从锦衣卫中挑选最会办事的人担任。

这个机构便是此后伴随大明二百多年，使官员百姓闻名色变的特色机构：东厂。最高领袖简称厂督。

厂督可以帮助朱棣打击对手，但说到选接班人，那就帮不上什么忙了。

朱棣的嫡长子叫朱高炽。朱高炽同学的情况相当不乐观，据史书记载，他可能小时候患过小儿麻痹症，所以长大后行动不方便，这又加重了他的肥胖。据说他是个大胖子，胖得走路都走不动，需要两个人扶着。在运动方面，学过射箭，但他本人不能骑马，所以也就射个固定靶吧。

反而他的竞争对手，汉王朱高煦就是典型的高富帅，武艺很高，会打仗。

朱棣是个造反派，革了建文帝的命。两军交战，朱高炽行动不便，在北京守家，朱高煦能征善战，就当充电宝带在身边。正好，朱棣没电了。在浦子口之战，朱棣被建文帝的南军打败，差一点准备议和撤军，朱高煦带着兵马过来了。

朱棣大喜，摸着朱高煦的背说了一句话："你加油！世子身体不好。"

朱高煦听了这句话，跟打了鸡血似的，不要命地向前冲，一下把南军打败了。

最终，朱棣还是选择了朱高炽。为什么呢？因为朱高炽不是一个人在战斗。

在朱高炽的身边有许多名臣，第一个冲上来保护朱高炽的是明朝三大才子之一的解缙。此人是《永乐大典》总编。

朱棣找到解缙，问："谁当太子合适？"

解缙一句定了乾坤："好贤孙！"

朱高炽本人身体不行，但他的孙子朱瞻基却很棒。朱棣很喜欢这个孙子，出去打仗也带着他。有一次，在跟蒙古人打仗的时候，朱瞻基头脑一热，也冲上前线，差点被蒙古人包围了。朱棣把他救回来之后，连仗也不打了，马上回家。

看孙子下订单后来也有例子，康熙之所以传位雍正据说也是因为雍正有个好儿子乾隆。

解缙三个字就定下了基调，朱高炽也成了太子。

朱高煦折腾了很久，赖在南京不走，想尽办法要搞倒朱高炽，甚至还搞了一个小武装，弄了三千兵马。

朱棣同志一声吼：滚！

朱高煦老老实实跑到封地山东了。

朱高煦很不爽，当年不是有口头协议嘛，说好的怎么可以变卦。

是的，说好的是可以变卦的，不但说好的可以变卦，就是白纸黑字的东西都是会变卦的，这个世界就是这样的，你能怎么样？有本事你反啊。就像李世民一样，杀进玄武门，弄死大哥，囚禁老爸。

朱高煦还真的反了。

朱棣去世后，朱高炽历经千辛万苦，终于接班成功，他的人生完美证明了一句话：台下十年功，台上三分钟。台下努力了十多年，上台当了皇帝之后，十个月就崩掉了。

不过，就这十个月也足够了，因为朱高炽仿佛就是来给他爸爸朱棣擦屁股、攒人品的。

上位后，当年被朱棣所贬的建文帝的旧臣家属被赦免了，被朱棣冤杀的解缙平反了，甚至因为公开反对朱棣而被创纪录诛了十族的方孝孺也平反了。大规模的军事行动，北伐南征停止了，虽然倍儿有面子还有前途，但有些好大喜功，郑和下西洋活动也叫停了。

没办法，朱棣先生好大喜功，把明朝开到了最高挡，狂奔了二十二年，也应该停一下，看看车外的风景。

朱高炽下线后，“好贤孙”朱瞻基上线。

朱高煦忍不住了，候补了两回，都没轮上我？脑子一热就反了。

结果明朝平叛大军还没到，朱高煦就偷偷摸摸瞒着跟他造反的小伙伴，自己一溜小跑出城投降了。

带头大哥做到这份儿上，丢尽了朱元璋的脸。

投降了之后，朱高煦还不服气，看着侄子明宣宗朱瞻基路过，冷不丁伸出腿，把人家给绊倒了。

这不是找死吗？朱瞻基一生气，用三百斤重的铜缸把朱高煦扣住。

这时候了，你就老实在里面就地卧倒算了，说不定人家过一会儿气消了，你爬出来就是了。可朱高煦不，气沉丹田，猛地一吼，把铜缸一把举了起来。

牛，你牛，那再加把火烧一下看看。

朱高煦卒。

朱瞻基没有辜负解缙“好贤孙”的评价，文体两开花，棋琴书画样样精通，蹴鞠、马球也都会，画画水平可以跟宋徽宗比一比。一般史书提到皇帝爱好这个，后面可就没好话了，就是按亡国的教训来讲的。这一次是意外，朱瞻基搞副业不忘主业，当皇帝还是很合格的，任用杨士奇、杨荣、杨溥三位老杨，还有蹇义、夏原吉等名臣。

人用对了，平时有点爱好也不耽误治国。在他统治期间，天下太平。朱瞻基跟他爹的治理被合称为“仁宣之治”。

但我们说了，一个优秀皇帝最重要、最硬核的指标是长命百岁。工龄太短是很多皇帝的硬伤。

干了不到十年，朱瞻基就崩了，时年三十八岁。位子传给了九岁的朱祁镇。

大明朝一帆风顺的时代要结束了。起因在一个太监身上。

大明摔了一个跟头

明正统元年（1436 年）二月的一天。大明宫里开了一个碰头会，主持会议的不是皇帝，而是一位老太太。之所以是这位老太太，是因为她地位高，她是明仁宗朱高炽的老婆、皇帝的奶奶太皇太后张氏。

太皇太后召集了朝中重臣，有内阁三杨：大学士杨士奇、杨荣、杨溥，当然，还有当朝皇帝明英宗朱祁镇。

人到齐了，太皇太后指着这些大臣对皇帝说："这些大臣都是先朝留下的，你遇到事情一定要跟他们商量。"

这一年，朱祁镇才十岁。

听到祖母的话，朱祁镇只有点头的份儿。大臣在下面谢恩，以为就是走个过场，重申一下先帝的临终托孤精神。

可是，讲完之后，太皇太后没有说散会，说大家等一下，还有一个人要来。

来的这个人是太监王振。

这五位大臣都是数朝元老，从朱棣时期就开始干了，而太监王振也是三朝宦官。还是朱棣当皇帝的时候，宫里贴出了一张招工启事，在教育系统招聘一批专业人才，可以调到京城上班。这是天下掉下来的肥差，不少人都围了上去。可是，再一看具体要求，大家都一哄而散了。

原来，调到北京去的不是国子监的正经单位，而是调入宫里给宫女上课。给宫女上课，当然要阉成太监，这样才不会发生非礼事件。

虽说在地方当民办教师，待遇差了点，但毕竟还是个男人，为了进京指标跟进宫名额就把自己整成残疾人，这一般人下不了狠心。

所以，招了半天，才招了十来个人。这里面就有王振。

王振是河北的一个老师，论成绩也是向上考不中进士，往下还能启蒙点小朋友。可是，王振是个有追求的人，他抓住了这个机会，阉成了太监，从此成为一条有理想的“咸鱼”。

到了宫里，干了十多年，默默耕耘，又进了专门给小太监上课的内书堂。可以说，他的桃李遍后宫。提起王振，大家都要称他一声先生。

而他最牛的学生当然就是朱祁镇。

朱祁镇当了皇帝，王振寻思着自己也该进步进步了，听说太皇太后先是叫了顾命大臣，现在又叫他，肯定是有什么重用，匆匆忙忙赶过来了。

一去，就吓得半条命都没有了。

进了偏殿，王振以为自己误闯了白虎堂。太皇太后的身后站着数名全副武装的宫女，手里拿着大刀。他刚跪下请安，宫女的大刀就架到了他的脖子上。

太皇太后脸色一变，厉声喝道：“你不过是个服侍皇帝的小太监，却敢把皇帝往邪路上领，今天就要了你的命！”

王振当场就软了，他没想到自己刚看到向上爬的希望，就要被一刀结果了性命。

幸好，皇帝跟五位大臣都跪在下面求情，太皇太后才让宫女把夺命刀撤了下来，但依然不忘敲打他一下：“今天既然大臣替你求情，就暂且放过你，如果你敢干预国家的事情，一定饶不了你！”

王振就这样从鬼门关逃了出来。

如果太皇太后跟这些大臣知道后来发生的事情，他们一定会后悔这一天没有砍下王振的头。

王振却记下了当天的每一张面孔。在这些人的面前，他仿佛就是一只随时可以被捏死的蚂蚁。

做太监做到这一步，也太失败了。

王振很快想通了自己为什么这么卑微：没有权力。没有权力，自己就只能任人摆布。只有掌握了权力，才能掌握自己的命运。

可是，怎么掌握权力呢?

王振重新理了一下那天发生的事情，那天的见证人：有的人他必须依靠，比如少年天子朱祁镇；有些人他必须躲着点，比如太皇太后；有的人，他必须打压，比如三杨。杨士奇、杨荣、杨溥，这三位是从朱棣时就进入中央的大臣，其中，杨士奇有学行，杨荣有才识，杨溥有操行。而在他们的老家北京，人称杨士奇为“西杨”、杨荣为“东杨”、杨溥为“南杨”。有他们三人笼罩，王振实在振作不起来。

要翻身，就得踏在三杨的身体上。但王振第一个要对付的人，还不是三杨，而是一个同行：司礼监掌印太监金英。

以现在的说法，金英还是一个外国人，越南人。

永乐五年（1407 年），朱棣派大军远征安南，得胜之后大军带了一些长得机灵的男童回来，阉掉后送入宫中当太监，其中就有金英。

因为颜值高，又机灵，经过十多年奋斗，金英已经成为太监中的佼佼者，成为司礼监掌印。

明朝的太监分为十二监，四司八局，三百六十度无死角地帮助皇帝打理他的帝国。

其中，有很多名称高大上的部门，其实是苦哈哈的清水衙门，比如神宫监，有个“神”字，好像很牛，其实就是给皇帝家的祖庙扫地添香的。还有都知监，听上去也牛得不行，其实就是洒水扫大街的。吃灰的事情有他们，风光的事情就轮不到他们了。

而一些看上去不咋地的名称，却是很牛的单位。其中，最重要的是司礼监。

司礼监是十二监之首，帮助皇帝处理文件。内阁的大臣送上奏章之后，大部分的文件都送到司礼监，由司礼监太监代替皇帝批复，然后再把文件发放下去。而在批复当中，司礼监有对文件进行修改甚至否决的权力。这套组合拳叫批红。

而司礼监的最高领导称掌印太监。此外，司礼监还有提督太监，负责管理所有十二监的太监。还有秉笔太监，秉笔太监往往会兼任著名的东厂厂督。

金英就是司礼监的掌印太监。如果王振不能成为司礼监的掌印太监，那连太监中的领袖都做不到，怎么跟文臣斗呢？

取代金英成了王振的第一步。论资历，金英比王振老，论宠信，金英同样得到了皇帝朱祁镇的信任。王振要取代金英还是很困难的。

可是，王振还是找到了机会。

金英没有掌控住东厂。我们知道，永乐年间，为了对付失去控制的锦衣卫，朱棣起用太监打倒了锦衣卫指挥使纪纲，又成立了最高规格的特务机构东厂，全方位侦查官员。东厂的领导厂督品阶不高，却是有权力的实力派。

那金英为什么不掌控住这个部门呢？

因为东厂也不当大哥好多年。朱棣去世后，继任的朱高炽跟朱瞻基都不喜欢特务统治，把东厂跟锦衣卫晾在了一边。

王振意识到，是时间重新激活这个老牌的特务机构，并为自己所用了。

王振指派东厂的太监四处侦探，功夫不负有心人，终于被他侦查到金英的问题。

金英在京城开了一些店铺，不遵守朝廷规定，私自经商还算了，竟然还勾结一些无赖，搞暴力垄断，强买强卖，扰乱了市场的正常经营。

弹劾金英的奏章送到了内阁，依旧送进了宫里，也就是摆到了司礼监的桌子上。金英一看，就知道摊上大事了。是利用手中的权力进行反击，还是让步？

权衡之下，金英选择了后者，他也猜到了幕后的主使。

金英给王振让出了司礼监掌印太监的职位。作为权力场的选手来说，他是不合格的，但就生存来说，他选择了一条正确的道路。金英在其后还发挥了重要的作用，而最终，他也获得了善终，年老后在南京挂了一个闲职。

现在，王振不但重新激活了东厂，还把锦衣卫给收编了。话说纪纲这位锦衣卫大佬被弄死之后，锦衣卫就像没妈的孩子，姥姥不疼舅舅不爱的。里面的一些业务能力突出的，也就在东厂兼个职，给东厂的人跑个腿、打探个消息。

到了王振时，王振安排自己的亲信马顺担任锦衣卫指挥使。于是，原本跟东厂平行的锦衣卫彻底沦为了东厂的跟班儿。

手里掌握了两大特务机构，王振要怎么对付三杨呢？

夹起尾巴做人！

王振明白，三杨的威望还不是他可以撼动的，至少目前还没有戏。

于是，王振见到了三杨，摆正心态、勤打招呼，一般都是派人去内阁送取文件，王振不辞辛劳，必须亲自跑腿，见到三杨，必定招呼“杨老”。他谦虚谨慎的态度深深打动了三位老杨。他们甚至还发现，王振这个人还是懂点道理的。

有一回，三杨进宫，发现皇帝朱祁镇在踢球。

小孩子嘛，总要有点娱乐活动。但毕竟是正式员工，虽然是个童工，也不能上班玩球啊。三杨正准备教育一下，发现王振抢上前去，跪在地上说了一句话：“先帝为了玩球，差点丢了天下，陛下现在又玩这个，难道也想把江山社稷扔掉？”

王振满面愁容、恨铁不成钢的样子，绝对值一座奥斯卡小金人。

三个加起来在官场打拼超过一百多年的三杨也被忽悠了，他们深受感动，说道：“想不到宦官还有这样的啊。”

勇于检举揭发上司金英，还能劝谏皇帝从善，又尊敬文臣，这时的王振，绝对是一个五好太监、十佳宦官。

立住脚跟的王振开始发起了攻击，第一个被攻击的对象是杨荣。

正统五年（1440 年），杨荣请假回乡扫墓，有个地方官员一听中央干部回乡了，赶紧上门拜访，当然，不是空手去的，带了一些金子来考验干部。

干部不在家，杨荣出去了。官员留下金子就走了，家人也不知道是不是视金钱如粪土，杨荣回家后，竟然忘记告诉他。杨荣扫完墓就回京了。事情也就这么结束了。可是，杨家人不知道在某个偏僻的角落，正有一些阴沉的眼睛关注着他们的一举一动。

这些人就是王振的东厂缇骑。

很快，杨荣收受地方官员馈赠的事情传到了京城。王振发动官员，准备就此将杨荣打倒。杨士奇知道后，发动一切可以发动的关系，终于将这件事情压了下去。

可是，杨荣还是倒下了，在来京的路上，杨荣听说自己被王振告发收受贿赂。老爷子奋斗了一辈子，什么大风大浪没见过，今天名节竟然毁在了一个太监的手里，一口气没顺过来，在半路就死了。

有办法的杨荣走了，剩下杨士奇跟杨溥。

很快，杨士奇也不灵了。这倒不是王振陷害，而是杨士奇被儿子坑了。

杨士奇有个儿子叫杨稷，这位也不是个省心的主，天天在京城惹事，还背上了人命官司。没事东厂还给你找事呢，何况这主动向外跳的。东厂的办案人员经过汇总，发现他身上背了几十条人命，而这些杨士奇竟然还不知道。朱祁镇还挺好说话，没有为难杨士奇，只是发个文件，表示你自己以国法处理吧。

杨士奇只好清理门户，将儿子处斩。这么一闹，平时脾气暴的杨士奇一下就蔫儿了，打铁还要自身硬，现在出来这么一个儿子，哪儿还有什么底气跟王振斗争呢？从儿子被处斩后，杨士奇就请了长假，天天窝在家里不出来上班。

有策略的杨荣死了，有脾气的杨士奇又没脾气了，最后剩下的杨溥本来就是一个以德服人的人。

当年，杨溥因为牵扯进朱棣的继承人问题，蹲过官员谈虎色变的诏狱，别人进去了，魂飞魄散，他却抓住机会，专心读起书来。

就是在最鼎盛的三杨联手天下无敌时，杨溥也保持了一个厚道人的本色，平时上朝，都是顺着墙根，生怕踩到花花草草，有时讨论问题，个别大臣急眼了，杨溥总是心平气和。

这样的人，当然不是搞斗争的对象。于是，面对王振的抢班夺权，他也只有做一些善后的工作。

三杨从此被击败。不久后，大明朝的镇海神针太皇太后张氏去世了。

得知这个消息，王振做出了一个举动。

在一个夜里，他派人潜入后宫，撬起宫里的一块铁牌就跑。

后宫珍宝无数，王振为什么别的东西不拿，偏偏盯上这么一块铁牌呢？

当然，王振不是王破烂，他撬铁牌，不是想拿去卖废铁换冰棍儿。他在乎的也不是铁牌，而是铁牌上的数个大字：内臣不得干预政事。

这块铁牌还是大明开山祖师爷朱元璋立下的。老朱白手起家，事都门儿清，知道太监这个工种，可以用，但更要防，所以，他专门立下铁牌，不让太监掺和政事。有不怕死的，朱元璋自有剥皮实草这样的招数对付。

到了朱棣时代，朱棣虽然让太监办起了东厂，但基本上也是当工具使，从来没有太监掌握过权势。

这块铁牌就像如来压在孙悟空身上的五指山，让太监喘不过气。现在，王振终于扳倒了这座大山。明朝太监真正迎来了他们的黄金时代。

事实上，如果王振只是掌个权，那真就是积大德了。偏偏这还是个有理想的人。

王振当年毅然放弃正常人的生活，阉割了自己到宫里，绝不只想做一个宫中的教书人，甚至当一个大太监也不是他的最终目标。他的最终目标是要立不世的伟业。

下南洋搞开发这样的工作已经被郑和抢先了，再想建不世的伟业，只有开疆拓土了。

王振的目标是打瓦剌。瓦剌是蒙古的一个部落。朱元璋灭了元朝，朱棣又追着往北打了一阵，元朝的皇室正式没落。但旧的草原雄主倒下，总有新的站出来。瓦剌就是新崛起的一个部落。

论关系，瓦剌向明朝称臣，每年进贡一次，名为进贡，其实是敲竹杠来了。明朝没空折腾也不差钱，来了就给点钱打发了。可有一件东西，瓦剌一直想得到，但一直没得到。瓦剌想要明朝的公主，跟明朝和亲。

和亲这个事也不新鲜了，汉朝的王昭君和匈奴，隋朝的义成公主和突厥，唐朝的文成公主和吐蕃。但明朝有个规矩，不和亲，公主不嫁外邦，甚至也不嫁大臣家，专门嫁给有点钱的普通百姓。

偏偏有两位到瓦剌的翻译官没有吃透明朝的对外政策，私自许诺给他们一个公主，结果瓦剌人到了北京，别说公主，就是宫女也没有啊。

这一下，瓦剌生气了，没事在边境搞点事。

王振就想着，干脆打它一下。

王振的想法是好的，但他太有理想了，他想玩一票大的，不但要跟瓦剌打，还想跟瓦剌决战，还要带着皇帝朱祁镇一起打。

奸臣不可怕，就怕奸臣有理想。奸臣祸害个别忠良，也就官员内部矛盾。可要是奸臣有理想，那祸害的就不是同行，而是整个天下了。

智小而谋大，力小而任重，德薄而位尊。这才是亡国奸人的标准。

所有的人都说不能打，但王振说行，朱祁镇也觉得行。他们是这样认为的：明朝派五十万大军，瓦剌顶多五万大军。十比一，怎么打都是赢啊。

这说明，王振在进宫之前，可能是一个数学老师。

明朝的大军出发了。走到半路，王振才发现不对劲了。粮草、寻敌、交锋，有一大堆的问题。这远远不是他跟朱祁镇在北京城玩的沙盘游戏。

于是，王振决定退兵了。此时，还是有机会的，虽然无功而返，好坏也是出去拉练了一下。而王振又做了一个决定，带皇帝到河北玩一下。理由很简单，王振是河北人，衣锦还乡，没有比让皇帝站台更威风的了。这也不是最致命的。王振同志又下了一个命令，军队不准踩踏庄稼。

毕竟要是踩了庄稼，要被老乡鄙视的。

瓦剌的骑兵终于到了，在土木堡，瓦剌击溃明朝的数十万大军。数十名随行的大臣王公被杀，皇帝朱祁镇被活捉。

幸好王振也死了，他是被明朝大将樊忠手工打死的。在慌乱奔走的人群当中，樊忠一眼看到了王振，奔上来，抢在瓦剌人之前，一铁瓜把王振敲死了。

因为死在战场上，朱祁镇后来还为王振专门修了一座庙纪念。

叫门皇帝

以前一直表现得像个傻子的朱祁镇在这一刻突然给智商充值了。

土木堡外喊杀连天，明兵明将纷纷倒下。明军也没有让皇帝先走的觉悟跟条件，所以朱祁镇坐的车子就被瓦剌兵追上了。这时，朱祁镇从车子上走下来，盘腿坐着，面对南方，十分淡定，很有一种泰山崩于前而色不改的感觉。

当时，他确实是死的心都有了。本想立点军功向列祖列宗炫耀一下，结果把老本都搭上了。明朝自建国来哪儿遇上过这倒霉事啊？

可这样反而救了他，他要是大呼小叫，可能瓦剌兵上来一刀就砍死了，反正也听不懂。他这一坐，搞得跟高僧入定似的，穿得又高大上，瓦剌兵不好下手了，觉得肯定有来头，所以绑起来就走。

这下真的是捡到宝了。

很快，朱祁镇被带到了一位瓦剌高级军官的面前。

这个军官一看这俘虏挺有气质，不像别的俘虏垂头丧气，就问："你什么来头啊，交代下。"结果对方来了一个反问句："你是也先不，你是伯颜帖木儿不，你是赛刊王不？"

也先是瓦剌的太师，掌实权的，伯颜帖木儿是也先的弟弟，赛刊王也是瓦剌高官。这三位就是瓦剌三巨头。这牛大了，一上来就点了三道主菜。

你是这三位其一吗？不是的话，别跟我说话，我想静静。

巧了，这位正是三号人物赛刊王。

赛刊王赶紧叫明朝俘虏来认，终于知道这位主就是明朝的皇帝。

发达了！发达了！瓦剌三巨头马上聚集开会，商议中大奖的处理工作。有人建议杀了，毕竟朱元璋和朱棣对瓦剌下手太狠了。现在他的后代落到咱们手里，能让他痛快吗！但最后他们还是决定留下朱祁镇。其中伯颜帖木儿最支持这么做。

当然，这只是老二的想法，老大也先有他自己的安排。

在也先看来，朱祁镇就是一个奇货可居的肉票，拿着他自然可以敲诈大批的财物，所以在伯颜帖木儿跟朱祁镇聊天的时候，也先就跑去联系人质家属。还真灵，明朝马上送了一批钱财过来。这其中有一大部分是朱祁镇的老婆钱皇后送来的。

也先照单全收，就是不放人。

开玩笑，这世界上有几个绑匪能绑到皇上啊？这简直就是万能摇钱树嘛。使劲摇，拼命摇。

摇着摇着，不掉钱了。为啥呢？原来明朝宣布朱祁镇提前退休。在明朝大臣于谦的主导下，明朝起用了朱祁镇的弟弟朱祁钰当皇帝。

在于谦的主持下，惊慌失措的大明朝镇静了下来，固守北京，列阵北京九门外，抵御瓦剌大军。也先抛出人质朱祁镇，威胁不打钱就撕票。于谦一句话堵回去了："社稷为重，君为轻。"

于谦将大明朝从暴毙的死亡线上拉了回来。当然我们也不能忽视背后老板朱祁钰的功劳。

北京保卫战，于谦是明朝第一大功臣。我们必须得说，于谦是功臣、英雄，但他也抢了朱祁钰的戏份，他的光环其实有一部分原本属于朱祁钰。

因为朱祁钰才是当时京城的最高指挥者，他要是说"我们不守，我们投降"，那谁也保不了大明啊。

击退瓦剌进攻、保卫大明命脉，朱祁钰也有功劳，之所以后来不提了，是因为朱祁镇回来了。

朱祁钰在京师转正当皇帝后，朱祁镇就成了太上皇。皇帝很值钱，太上皇就不值钱了，不但不值钱，还是负资产，毕竟天天要供他吃，供他穿，还搭进去一个二把手天天陪他聊天。

不划算不划算，干脆弄死算了。为了弄死一个人质，绑匪也先费尽了心思。先是用剑砍，结果剑断了，把朱祁镇扔水里，结果人家自带救生圈，浮起来了。又如他半夜想杀死朱祁镇，结果一出门就打雷，把他的马劈死了。

了不得，朱祁镇果然是有主角光环加持的，所以也先也就先罢手了。

后来，也先实在不甘心，就把朱祁镇带出去，到处去敲明朝的城门，说你们皇帝在我们手上，开不开门，不开门就弄死他。

可是，给人进出的门紧闭着，给狗进出的洞也紧闭着。

也先又想了一个招，说要把妹子嫁给朱祁镇，然后带着朱祁镇去南京搞伪政府。朱祁镇说我现在当着阶下囚，哪儿敢娶你妹妹啊？等我回了京城，我一定迎娶她。

也先一想，是不是嫌自己的妹子太丑啊？出去看了看妹子，觉得有道理，于是选了六个美女送过去。朱祁镇又是一句：感谢感谢，等我回到北京，这六位也一并纳了。

得，油盐不进，就这么着吧。朱祁镇在瓦剌不急不躁，真的当成北狩了。也先都要给朱祁镇跪下了。

爷，你别真把这里当自己家啊。

明朝终于决定把他迎回去了。其实也先早就想请走这尊只吃饭不挣钱的人质。只是明朝那边不想接收，道理你懂的。明朝已经有新皇帝了，再把他接回去，怎么安排？

还是于谦跟新皇帝朱祁钰谈妥了，接回来归接回来，但朱祁钰的地位不变。

于是，经过谈判，也先送走了朱祁镇。也先相当高兴，终于送走了这尊神。

也有依依不舍的，比如伯颜帖木儿。一听朱祁镇要回去，他支持，但提了一个条件：回去后，朱祁钰必须把皇位还给朱祁镇。

这档子事情，普天之下也就这位兄弟替朱祁镇想着，别的人根本不敢想。

当然，这也不太可能啦，朱祁镇也不指望了，能回家就行。送别那天，伯颜帖木儿一送就送了千里，送到边境哇哇哭了一通才回去。

这一别，却是永别。四年后，伯颜帖木儿死于内部争斗，而朱祁镇在北京一个小院子里过着囚禁的生活。

直到有一天晚上，有人来敲门。

景泰七年（1456年），朱祁钰生病了。病得还不轻，十二月二十八日开始生病，接连请了数天病假，正月初一的大朝贺也没有出席。这个会是见大臣，见个面也就恭喜恭喜，打个招呼顺便发个红包的事，说取消也就取消了。可是，接下来是正月十五日的祭祀，这是跟更上面的领导天帝汇报工作，再缺席就说不过去了。

于是，朱祁钰做了一个决定，请一个人代劳。

被叫去的人叫石亨。此人是陕西渭南人。关中出将，此人是将门世家，骑马射箭样样精通，尤其擅长使一把大刀，人又长得仪表堂堂，身材高大，还有一把很漂亮的胡子，人称明朝关公。

当年土木堡之变，瓦剌趁势打到了北京城，于谦组织军民抵抗，石亨在其中立下了赫赫战功，成为朱祁钰十分信任的大将。

朱祁钰把石亨叫过来，让他在正月十五替自己祭祀一下，顶两天，自己十七就能回去上班了。

石亨点头，接下了这个活儿。下来后，石亨没有回家准备祭祀的事情，反而跑去找了一位太监曹吉祥。

曹吉祥是王振的老部下了，也就是说，他应该是朱祁镇的老班底。按理说，曹吉祥早就应该在当年土木堡之变被打死了，但这个曹吉祥隐藏得特别深，不但没有受到牵连，竟然还得到了重用，此时管着京城的京营部队，手下有一票能打能杀的小团队。

京城内，论兵力，能跟石亨相比的，就是这位曹吉祥了。

石亨找曹吉祥干什么呢？

石亨告诉了老曹自己的一个观察，据他观察，皇帝朱祁钰已经不行了。当然，这个事情文武百官都猜到了，谁都有自己的消息渠道。大家也在纷纷建议朱祁钰赶紧定下接班人。

说起来朱祁钰的接班人，也是相当悲剧。

当年朱祁镇北征，留下太子监国。太子就是他的长子朱见深。

朱祁镇被活捉后，他的皇位也没有了，但太子的位子依然是朱见深的。这让朱祁钰很不爽。他很想把太子换成自己的儿子。

朱祁钰想了一个办法：行贿。

朱祁钰给内阁学士每人送了黄金五十两，白银一百两。

就拿这个考验干部？瞧不起谁呢！明朝官员工资虽然低，比如大学士的工资大概一个月只有十两，但大家在创收方面都是八仙过海，各显神通，都有自己的灰色收入渠道。

当然，毕竟是皇帝送来的贿赂，有象征意义，收不收就不是钱的事，而是站队的事。不少人就收下了，然后立即拥护皇上换太子的决定。

也有个别大臣，收到后感觉受到了莫大的羞辱，吏部尚书王直就气得跳脚，说这算怎么回事，我们还不如死了算了。

不管怎样，朱祁钰最终还是把自己的儿子朱见济送上了太子的宝座，也进一步巩固了自己的皇权，可是没想到朱见济不争气，没过几年就去世了。

现在，皇帝病重，太子虚位，大臣都在商量赶紧跟朱祁钰提接班人的事。毕竟国不可一日无主。

那么，石亨找曹吉祥是想讨论这件国家大事？是，也不是。他们确实是想讨论这件事情，不过，他们的重点不是找出对国家更好的方案，而是找出对他们更有利的方案。

讨论了一下，他们很快得出一个结果，要想利益最大化，不是去找什么太子人选，而是直接从南宫里把太上皇请出来继位。

曹吉祥同意了。他原本就是朱祁镇的人，是朱祁镇在外面的一个眼线。

但是两人看了一下，发现有个短板，一个要大刀的，一个太监，要搞政变有点勉为其难啊。

必须再找一位文臣，这才是文武双全的团队嘛。

最后补上这块短板的人叫徐元玉。

徐元玉，本名徐有贞，元玉是他的字。大家可能没听过他的名字，但他有一个外孙，你肯定知道，就是江南四大才子之一的祝枝山。

其实，徐元玉原本也不叫徐有贞，而叫徐珵。他为什么要改名字呢？因为不改名字就混不下去啊。

还得说到朱祁镇的身上。朱祁镇被抓，瓦剌进攻北京，大家一下就慌了，皇帝都被擒拿了，还能怎么办？于是，就出现了主战派跟南迁派。主战派就是于谦，而徐珵是南迁派。

徐珵这个人是个杂学大师，什么都研究，什么天文地理、兵法水利、阴阳八卦，门门精通。现在国家有难，正是用人之际啊。于是，他夜观天象，发现要想避过这次大劫，大明只有南迁。

刚提出来，直接被于谦顶回去了：谁再提南迁，就斩了他。

从那一天开始，徐珵就在官场上抬不起头，历史上有污点，总是混不上去。好不容易找了一个关系，想调去清水衙门国子监干干祭酒。结果报上去，朱祁钰一听，咦，这个徐珵不就是建议南迁的人吗？要是让他去国子监，岂不误人弟子，教坏了我大明的花花草草？

完了，名声已经臭大街了。

别人建议他：老徐，你还是改个名字再出来混吧。

于是，徐珵成了徐有贞。果然，皇帝不太记得他了。徐有贞又接了几次到外面治水患的副本，赚了点业绩，升到了都御史。

当然，有于谦在，他再努力，也别想进内阁。要想翻身，除非变天。

所以，一听石亨跟曹吉祥的计划，徐有贞马上表态愿意入伙。

于是，在一个月黑风高的晚上，三位大神冲进了南院，砸开了大门，请出了被关了七年的朱祁镇，然后直奔皇宫。

轿子来到东华门，东华门关着，而且还挺结实的样子，不像是用人力可以撞开的。

关键时刻，朱祁镇大声喝道：我是太上皇，开门！

这做派，绝对有晚归学生的气质。

门打开了。

在天亮之前，叫门皇帝朱祁镇坐到了奉天殿上，正式回归皇帝这个岗位。而朱祁钰没想到，自己只是请了一个病假就下岗了。知道朱祁镇夺回皇位的消息，他只是说了一句话：还是哥哥做皇帝，好，好。

朱祁钰去世后得了一个“戾”的恶谥，以亲王之礼下葬，没有入住十三陵，而是葬在了西山。

这就是明朝历史上著名的“夺门之变”。文官、太监、武官的通力合作，促成了这一场惊天动地的政变。

这三位显然赌对了，他们也因此得到了提拔：石亨封了忠国公；曹吉祥成了司礼监掌印，也因此控制了东厂；而徐有贞顺利入阁，成了内阁首辅，还成为锦衣卫指挥使。锦衣卫的设立，最初就是为了防备官员。现在锦衣卫却掌控在了文官的手里。

那么皆大欢喜了？历史告诉我们，一个团队的成立是因为一个共同的目标，当这个目标完成，而不能提出一个全新的目标时，团队自然会瓦解。

这个一武一文一阉的团队马上就瓦解了，而三位夺门大功臣，将纷纷被打倒。

第一个倒台的是徐有贞。

徐有贞的倒台，是因为他跟当初的夺门团队感情破裂了。

加入曹、石的夺门团队，徐有贞是想升官的。可他毕竟是个文官，到了内阁，也还是想干点事业出来的。另外两位就不同了，仗着有功劳，天天在外面惹是生非。徐有贞好不容易干点事，别人一提他，就说：哦，就是跟曹吉祥和石亨一伙的嘛。

得，这比当年提南迁的污点还要污。

不行，必须和他们分开！一世英名已经毁了一半，不能再把另一半毁在这两个人手里。

于是，对于曹吉祥、石亨，徐有贞指令手下的锦卫衣特别关照一下，有什么违法犯罪的事，一定要举报！

徐有贞的举动大大地伤害了他与曹吉祥和石亨的情谊，尤其是石亨，完全接受不了。论夺门之功，石亨是首功，事情结束后，石亨还替徐有贞说了不少好话，帮助徐有贞成了内阁首辅，可你刚过河就拆桥。

可石亨要对付徐有贞，却一点办法也没有，因为石亨是个武官，大明一朝，再厉害的武官也牛不过文官，戚继光有空没空还要给文官送点礼。

于是，石亨决定找曹吉祥谈一下。说起来，两人因为争功劳感情已经破裂了。但为了对付徐有贞，两人再次牵起手合作。

对付徐有贞，石亨没有办法，曹吉祥是有的，因为曹吉祥手里有西厂。

经过两位大神的内部操作，徐有贞失去了皇帝的信任。曹吉祥就此发起了攻击，朱祁镇没有任何犹豫，将徐有贞关了起来。徐有贞平时夜观天象，天象终于也夜观了他一回，进牢的当天，京城刮起大风下起冰雹，树木被连根拔起，而这风雨似乎还长了眼，先是冲到了曹吉祥的家，把他家门口一棵老树给刮倒了，然后又冲到了石亨家，把石亨家淹成了海。

这一看要杀徐有贞，老天都不同意。朱祁镇下令，将徐有贞赶出内阁，流放外地。不久后，徐有贞回到了老家苏州，开始旅游，玩了十多年后去世，完美证明了历史上好人不长命、坏人活千年的怪事。

不长命的好人是于谦。

夺门之变清算旧臣。于谦作为扶持朱祁钰上位的重臣成为第一清理对象。但是朱祁镇还有点不好下手，毕竟于谦对大明有再造之功。关键时刻，徐有贞说了一句话：不杀于谦，我们的夺门之变就说不通。

关于这件事情是这样的：朱祁钰病重之时，盛传于谦曾经要立另一位藩王的儿子当皇帝。

可就算这样，也没证据啊，徐有贞又说了一句：虽无显迹，意有之。

这就是传说中的思想犯罪了。

就因为这件事，徐有贞被人骂了数百年，这也不冤枉他，他能够善终还能旅游实在是祖上烧高香了，因为把他搞下来的两位创业合伙人就没有他这么幸运了。

下一个倒霉的是石亨。

石亨是个不错的武将，镇守边关，颇有威名，可他有个武将的通病：跋扈。他没事就给朱祁镇推荐人才，不准驳回，不拘一格，什么阿猫阿狗都往上送。而且他热衷于建豪宅，装修严重超标，还把豪宅修到了皇宫旁边，没事还跑到大同这些军事要地看地形，倒不是准备搞房地产开发，而是研究重现陈桥兵变的可能性。

这就是嫌命长了。

石亨被抓了起来，这位仁兄身经百战，也算是练过的，可是当了两天权臣，疏忽身体锻炼，竟然一点也不经打，关到狱中一个月就病死了。

徐有贞在旅游，石亨搞了地狱游，夺门三老去了二老，剩下的一老曹吉祥一看事情有点急，准备跳个墙，冲到宫里造反当皇帝。

事情没成功，曹吉祥被押到刑场给剐碎了。

夺门三巨头都下线了，而明朝已经度过了朝气蓬勃的时期，跟所有的朝代一样，不可避免地进入中晚期。

朱祁镇又混了八年皇帝，算是名副其实的二进宫了。八年没干啥正经事，一是杀了于谦这些大臣，二是给王振平反立碑，三是修建了“极边第一城”腾冲石城。

论起明亡的锅，这位朱祁镇要负大部分的责任。土木堡之变，大明精英毁于一战，这是明由盛转衰的转折点。

朱祁镇挂了后，接班的是他的儿子朱见深。

活宝皇帝

父亲朱祁镇亲征当了俘虏，朱见深也就被剥夺了太子之位，度过了十多年担惊受怕的日子，在那些日子里，他的身边有一个比他大十多岁的宫女在照顾他。这个宫女姓万，明朝历史著名的老阿姨万贵妃。

因为早年一起患过难，所以年龄不是问题，审丑不会疲劳，万贵妃依然深受朱见深宠爱。

除了这位万贵妃，还有一位仁兄深受朱见深待见。这位就是汪直，御马监的大太监。

说起御马监，大家可能有个误解，以为是放马的，是个小差事。其实不然，御马监确实管马，但又不仅仅管马，它在太监各部门当中，地位相当高。

明朝的太监部门分为十二监，四司八局，全方位帮助皇帝打理着他的帝国。最牛的是司礼监，而排名第二的部门就是御马监，原因只有一个，御马监还管着一批禁卫军。这支军队叫羽林三千户所，下辖四卫，又称四卫军。最多的时候有四万人，最少时也有五六千。所以，御马监的掌印太监也常被称为太监中的兵部尚书。

而明朝历史上著名的西厂就是汪直创办的。

相对东厂的深厚历史，西厂起步晚，基础薄，要奋起直追，就不能走寻常路。

于是，为了打探情报，汪直是大案不嫌大，再大的官也敢直接抓，小案不嫌小，谁家有个猫狗打架之类的事情，也被汪直整成了邻里不和谐的案例。

这里介绍一下明朝抓人的手续，如果是六扇门这样的三法司机构，抓人必须要有正式的公文，也就是现在所说的逮捕证。到了锦衣卫时代，开始流行一种驾帖。所谓驾帖就是由皇帝发出的直接逮捕证，这个证一般由司礼监写好盖上章，然后锦衣卫拿着这个文件到刑部“佥签”，也就是复检一下，检查什么呢？就是要把驾帖跟原弹劾文件对比一下，要抓什么人，必须有人弹劾。如果对应不上，刑部就不会认可，这样这个驾帖虽然出自皇帝，却不具备法律效力。这当然是给锦衣卫加了一层约束。锦衣卫很不爽，都有皇帝的批条了，还用得着刑部批？

于是，到了后来，锦衣卫直接拿着皇帝的驾帖抓人。如果有人不满？没问题，拉到午门外打一百下屁股，着实打，认真着实打，打到服气为止。

而到了西厂，西厂连这个驾帖也省了。到家就踹门，见人就逮捕，要逮捕证？要驾帖？先进西厂聊聊再说。

汪直还是一个很有理想的太监，除了抓捕官员、刺探情报之外，汪直有一个伟大的理想，带兵打仗。在京城干了没多久，汪直就提出来，自己要去边关跟蒙古、女真打交道。

于是，在朱见深特批下，汪直跑到边关，指挥边关的将领打了两个胜仗。本来仗也打完了，汪直打报告要求回来。朱见深一看，嗯，打得不错，你继续去下一个地方，接着干。

这就倒霉了，作为特务头目，留在京城，待在皇帝身边才是正经事。说白了，太监干的是狐假虎威的事，不在老虎后面，狐狸还有什么威风。

不久后，朱见深罢免西厂，将汪直调到南京当御马监，也就是让他提前退休了。

朱见深还是一个不错的人，上任后很快给于谦平了反，文能任用独中三元的商辂，武能任用收取河套地区、远袭鞑靼的王越。朱见深也不爱折腾，事情坏就坏在万阿姨身上。

万阿姨是外干朝政，内揽宫斗。

朱见深怎么努力，都生不出儿子，好在一位纪姓宫女给他生了一个儿子，又有一位好心的太监张敏没有执行万贵妃溺亡幼子的命令，把幼子偷偷藏了起来，才为大明朝留下了接班人。朱见深去世后，这位侥幸活下来的孩子成了大明的新皇帝，名叫朱祐樘。

朱祐樘也是一个不错的皇帝，起用名臣，不用太监，让大明重新回到了正常的轨道。可是，他命不太长，只干了十三年就崩了。继位的就是明朝历史上最能折腾的混世魔王皇帝朱厚照了。

朱厚照当皇帝这一年才十五岁，却已经集齐了八个小伙伴，手下有八大太监，人称八虎，每天在宫里面搞得鸡飞狗跳。

其中以刘瑾这头阉虎最突出。刘瑾紧抓太监特务工作的老本行，除了控制锦衣卫、西厂、东厂之外，还专门开了一家内行厂，办案风格远超前面三家特务机构。

这一下，锦衣卫、东厂、西厂、内行厂集体亮相，大有四大名捕汇京师的意思。利用这四大特务机构，刘瑾陷害忠良，敲诈勒索，尽到了一个奸臣的本分。刘瑾先生每天上班站在皇帝朱厚照的身后，相当威风，京城传言，天下有两个皇帝，一个坐皇帝，一个站皇帝。

没想到的是，刘瑾的走位引起了同行的不满。

另一位八虎成员张永当然不爽，都是八虎，你当个虎头就算了，怎么还当起站皇帝来了？咱都是服务人员啊。

张永抓住机会告了一状，朱厚照半信半疑，抱着试试看的心态抄了一把刘瑾的家。不抄全是廉政为民，一抄就是大奸臣。

老刘家太有钱了，抄出了黄金上千万两。但这些还不是最重要的，最重要的是在刘瑾的一把扇子里发现了隐藏的小刀，而这把扇子正是刘瑾上班时经常拿出来在朱厚照面前晃荡的。

“这个狗奴才果然要谋反！”

刘瑾死定了，动刑那天，破例对刘瑾使用了凌迟。百姓知道后，纷纷前来观礼，并掏腰包买下从刘瑾身上切下来的肉回去吃。

在八虎的努力帮助下，朱厚照同学活出了真风采，总的来说，皇帝可以干的，绝对不干，皇帝不能干的，要试一下。

普通人眼里，皇帝代表着权力，而在皇帝看来，皇帝意味着束缚。要戴着挂着珠子让你不能晃脑袋的极重的冠冕，搞重大活动时还需要换不同的衣服，参与祭祀、国庆、接见等各种活动。大清早的还要起来参加早朝，讨论各种各样的问题，一大堆的事情都需要你拍板。

这种事情初干很新鲜，干久了就会觉得要累死了。

朱厚照同学恰好又处在特别叛逆的时期。他十五岁当皇帝，这个年纪正是人一生最可塑的时候，要有人指点，说不定就成为一个很牛的皇帝，要是有人往歪路上带，那也是往阴沟里一带一个准。

朱厚照身边就有一大堆损友，主要是那些太监，变着法儿让他玩。年轻人谁不爱玩。所以朱厚照是个超级玩家，什么豹房、鹰犬、歌舞、角抵，还打过老虎，全中国的皇帝可能都没他会玩、敢玩。

朱厚照当上皇帝的第一年就敢微服出游，大臣知道后，吓了一跳，英国公张懋赶紧跟他说："仰惟皇上嗣位以来，日御经筵，躬亲庶政，天下喁喁望治。迩者忽闻宴闲之际，留心骑射，甚至群小杂沓，径出掖门，游观苑囿，纵情逸乐，臣等闻之，不胜惊惧。"

可见，当皇帝就该正儿八经坐在大殿里，听听汇报就行了，你跑出去玩，还是偷偷的，要是在外面碰上坏人，或者遇到什么坏事，怎么办？

朱厚照顽劣的天性跟明朝对皇帝一板一眼的要求是背离的，这一点，明朝的大臣当然对他不满。

但是，这还不是主要的，要真是一个昏君，不管事，只是贪玩，那可能大臣还没啥意见，你就在紫禁城嘛，大不了给你扩大到北京城，你玩的时候，我们在后面给你擦屁股，可是，朱厚照不仅仅是贪玩，他还干正事，而且还不按规定来。比如他搞的那个豹房，明着说是他的高档消费场所，里面有各种动物，其实也是他的办公场所，这等于把内阁什么的正式单位给架空了，难道还要叫那些道学先生、内阁首辅跑到这种地方汇报工作？不可能的！

除非特别不要脸的，比如有一位尚书就偷偷跑到豹房去了。

"兵部尚书王琼头戴罛刺亵衣，潜入豹房，与上通宵狎饮。原任礼部主事杨循吉，用伶人臧贤荐，侍上於金陵行在，应制撰杂剧词曲，至与诸优并列。"

这两位肯定是大臣中的败类，要受千夫指的。

朱厚照在这里就可以光明正大地摆脱大臣的控制。这脱离了大明原有的皇帝为首、内阁为辅、司礼监批红的工作流程，自然引起大臣的不满。

另外一点，他的爱好太冷门。朱厚照喜欢打仗，而且喜欢亲征，还喜欢穿马甲，给自己弄了个“总督军务威武大将军总兵官”。

守边关的将士都傻眼了，这是什么官职，朱元璋定指挥使千户百户，就是没听过还有大将军总兵官的。

这么一折腾，另一个人觉得自己的机会来了。

这位会踩点的仁兄是宁王朱宸濠。

宁王是明朝的王爷之一，第一代宁王叫朱权，朱元璋第十七个儿子，最开始的驻地在大宁，现在的内蒙古、辽宁一带。朱元璋派他在这里守卫大明。朱权善于谋略，但还是被另一位更腹黑的哥们儿给黑了。那位就是燕王朱棣，朱棣发动靖难之役，去跟建文帝争皇位时，首先冲到大宁，借口寻求帮助把宁王朱权给绑架了，逼迫宁王跟他一起造反。

朱棣许下诺言，成功之后，这天下你一半我一半。

朱棣的话有时候你可以信，有时候不能信，有关权力分配的，那当然是标点符号都不能信。

朱棣当了皇帝之后，不但不跟朱权分天下，连苏州、钱塘这些一、二线城市也不给，把朱权打发到四川一带。

朱权一气之下，跑到南昌不走了。朱棣理亏也就随他去了。从此宁王的封国就在南昌。

过了这么多年，历代宁王还是比较宁静，直到此时才出了一位不那么宁静的宁王。史书记载朱宸濠这个人很聪明，但是很轻佻。这个世界上，很多坏事就是这类人干出来的。朱宸濠当宁王之后，就开始蓄养死士，家里搞了一大批亡命之徒，没事还客串一下土匪，带着人去江面上打劫商船，按理说王爷应该不差钱，打劫商船除了弄点钱之外，可能还有点军事演习的味道。

朱宸濠家里还请了一位高参：唐伯虎。

说起唐伯虎，那是一把辛酸泪。

江南四大才子之首，从小是神童，玩什么都第一，诗文书画个个冒尖，十七岁画了一幅画，礼部尚书吴一鹏一看，这怕是天才吧？

而且人家还特不爱学习，跟今天的学霸一样，该写诗写诗。太有才了，不找点地方发泄，可能会憋坏。还是好朋友祝枝山看不下去，说你也看点正经书吧。

所谓正经书，就是四书五经这些科举指定教材。

好吧，那就找出来翻翻，突击抱了下佛腿。乡试的时候，大家吃饭，唐伯虎说了一句话：这一次的第一就是我了。

大家都点头，没有人说他吹牛。

事实也证明他没有吹牛。这一次乡试，唐寅考第一，为应天府解元。

第二年会试。考完出来，大家聚会，聊聊情况。作为学霸，标准的说法是：唉，这次考砸了。

唐伯虎没有，他说：不好意思，这一次的会元就是我了。

依然没有太多人怀疑这句话，毕竟唐伯虎的名气已经传开了。唐伯虎是江南四大才子之首。

唐伯虎落榜了，不但落榜了，连复读的机会都没有。

唐伯虎被人告了。在酒店吹牛时，不是每个人都认为他牛，还有人认为他作弊。往上一举报，发现确实已经定唐伯虎为会元。

政府才不管你是不是天下第一才子。他们只会问：为什么榜单还没公布，你唐伯虎就敢宣称已经稳拿第一？再一查，果然有问题。当然这里面有很多巧合。唐伯虎冤不冤，已经说不清了。

处理的结果是，主考官被迫提前退休，唐伯虎被贬为小吏，不得为官。

被下放为办事员后，唐伯虎干脆不去报到。在官是官、吏是吏的时代，让一个读书人去当吏，那简直是一种耻辱。

唐伯虎直接回家了，然后，跟老婆大吵了一架。

唐伯虎一生娶了三个老婆，第一个老婆徐氏文静秀气，但在生儿子时去世。唐伯虎在乡试考中解元后，又娶了何氏。

显然，何氏押的是他的前途。本来她在家准备了庆功宴，准备接好消息呢。结果收到了落榜的消息。何氏当场跟唐伯虎大吵一架，就此离婚了。据唐伯虎讲，自己回家时，连家里的狗都追着他咬。

世态炎凉，狗犹如此，人何以堪。

前程，前程没了，老婆，老婆没了。唐伯虎索性破罐子破摔，开始环游世界。

因为交通工具的限制，他没能去成布吉岛、夏威夷，也就在福建、浙江、江西、湖南转转。有钱了，就去喝酒，没钱了，卖字卖画。

宁王朱宸濠要组建造反团队，看上了唐伯虎的才气，请他过来当师爷。

虽然也是吏，但好歹是给王爷当吏。这个档次还是可以的。

但唐伯虎发现那是一个大坑。

朱宸濠在准备造反，天天招聘各地流窜的犯人，没事在家里磨磨刀，跟一些人嘀嘀咕咕。

细思极恐。

当不当官还是小事，上了贼船是要掉脑袋的。

好在，唐伯虎是有才的。

于是，在南昌城，经常可以看到一个快五十的中年怪叔叔，脱得精光在大街上裸奔，边跑边喊："我是宁王贵宾。"

宁王快疯了，赶紧请唐伯虎走人，为了打发唐伯虎，还送了点路费。

唐伯虎这才溜出了南昌。

从南昌出来，唐伯虎彻底放弃了当官的念头，恣意挥洒自己的文才，他的文章、他的书法、他的绘画达到了顶峰。

幸亏唐伯虎跑得快，不然就要跟着宁王这条大船一起沉在鄱阳湖了。

让宁王翻船的是另一位明朝大神，王阳明。

明朝一哥

王阳明出生于浙江余姚，据说是王羲之的后代。王阳明的六世祖王纲跟明朝的开国功臣刘伯温是朋友。王阳明父亲王华三十六岁的时候，祖坟冒青烟了，高中状元，当年就进了翰林院当学士。

按现在的话说，王阳明就是一个学二代、官二代、富二代。

王阳明是个有追求的富二代，他有一个小小的理想，从小就立志当一个圣人。

为了成为圣人，王阳明做了很多努力，包括但不限于坐在院子里瞪着一根竹子看几天几夜。

根据理学大师朱熹的理论，这个世界所有的东西都在遵循一个叫“理”的东西。领悟了“理”这个东西，那就可以称为圣人了。

而另一位大师程颐则给了具体的操作方法：“格”！就是琢磨的意思。

格的频率要高。天天格，夜夜格，一心一意地格，加班加点地格，总有一天会格出这个“理”的。

王阳明就坐在院子里格竹子，数天后，以失败告终。因为“理”没格出来，格出了感冒。

当然，学当圣人之外，书也是要读的。经过三次考试，状元的儿子王阳明终于中榜。最后安排工作，慢慢干，当了一名兵部武选司主事。六品官，不大不小。

我们知道，明朝的奸诈太监特别多，京城一根电线杆砸下来，砸死十个人里就有九个是。

王阳明就碰到了一位极品太监刘瑾。

当时文官都在批判刘瑾，王阳明跑去起哄，嗓门特别大，叫人家刘瑾权奸。

为此，刘瑾对他尤加关照，打了四十下屁股然后打发到边远山区贵州龙场驿当驿丞。相当于官办招待所所长，因为这个招待所就所长一个人，所以王阳明身兼前台、保洁、保卫等重要职务于一身。

这对王阳明来说，是因祸得福。因为王阳明已经在当圣人这个很有前途的道路上奋斗了很多年。格的东西连起来可以绕北京城一周了，可就是没格出那个传说中的“理”出来。

换个环境，说不定会有效果。

果然，在鸟不拉屎的龙场驿，万籁俱寂，没有东西给他“格”，所以，他只有“格”自己。

不格不知道，一格吓一跳。

原来，理在万物之间，更在自己的心中。理即我心，理即我欲。

朱熹发现了理，认为这是万物运行的规律。大家只要按理去行事，就一定世界和平，万物和谐。要达到这个目标就要“存天理，灭人欲”。

王阳明牛就牛在，他发现“存天理，灭人欲”是错误的。我们要存天理，更要保人欲。因为人心就是理。存天理不必灭人欲，重要的是理与心的合一，也就是知行合一。

这是一种朴素的人性解放，将人的思想从朱熹的思维牢笼里解放出来。

王阳明的这次顿悟称为龙场悟道。他以心为本的思想被称为心学。他本人也就此一悟封圣。

但要成为明朝一哥，光有个圣人名头还是不行的。毕竟你要真在龙场招待所挂了，谁替你发扬心学？孔子手下还有七十二个宣传干事，朱熹更是垄断了多少年的科考教辅书的解释权。

王阳明这位山区哲学家一边经营招待所，一边搞形而上学研究。终于把第一个大对头刘瑾给熬死了。

王阳明终于出山。最后被兵部尚书王琼看中，被派去江西剿匪。

江西这个地方的土匪特别多。王阳明去了一摸底，发现原来有卧底。衙门里是官匪一家。

于是，王阳明找来这些奸细，进行了细致的谈话，直接就将人家说跪了，最后反水当双面间谍，给王阳明提供情报。

掌握了情报的王阳明四面出击，而且明明是正规军，还玩游击队的战术，天天出阴招，将智商本来就着急、书没读两本的土匪都玩哭了。

大家都搞不掂的土匪竟然被王阳明轻轻松松搞掂。

而王阳明干得最大的一件事情还不是抓两个小土匪，很快他就玩了一票大的。

这就不得不说到另一个专为突出主角光芒而冒出来的金牌绿叶宁王朱宸濠。

朱宸濠王爷当得腻味，想过把皇帝瘾，攒了点兵就造反了。

唯一不凑巧的是，朱宸濠的封地在江西，王阳明正好当着赣南巡抚。也就是说王阳明是朱宸濠的邻居，摊上邻居老王，朱宸濠自然要倒霉了。

王阳明已经打完土匪收工了，手上无兵无将，但这些都难不倒王圣人。王阳明一边招兵，一边弄个假圣旨，到处发江湖告急令，让各地前来勤王，攻打朱宸濠老窝。又故意将消息泄露给老朱，搞得朱宸濠吓得十多天不敢动，等他发现上当才想起进攻南京时，王阳明已经集结大军完毕。

王阳明的选择是直接进攻朱宸濠的老巢南昌。

王阳明调集大军冲到南昌城下。他先给南昌城发公告，表示我们这次来，只是为了攻打主谋朱宸濠，同时也是为了解救平时被朱宸濠欺压的南昌百姓。所以，两天之后我们将攻城，这一天，大家不要惊慌，老百姓照常过日子，还像往常一样，平时你们早上豆浆油条，那一天你们还是豆浆油条。城内的士兵只要放下武器投降就成了。

做好宣传工作，王阳明出发了，出发之前，先杀了几个人，表示这些人不听命令，杀了以儆效尤。其实这些人是前面宁王派来劝降王阳明的。养了这么多天，都胖了两三斤，但王大人的饭也不是白吃的，关键时候要派上用场才行。

这一杀，大家都被镇住了。王大人动真格的了，真杀人了，再偷懒可不是玩的。

来到城下，王阳明一声令下：一鼓附城，二鼓登城，三鼓不克，诛其伍，四鼓不进，诛其将。

进攻之后，王阳明这边是士气高涨，城内的反兵纷纷倒戈投降。

不用一天的工夫，王阳明就拿下了南昌。

该朱宸濠选择了，他是回军抢夺南昌，还是继续赶往南京呢？

朱宸濠率领大军回头扑向南昌。

在鄱阳湖，王阳明布下伏兵，等朱宸濠回军到鄱阳湖时，让先锋接敌就退，将叛军吸引到包围圈，随后伏兵四起，第一天的交战就杀敌过万。朱宸濠惊慌失措，不得不拿钱出来鼓舞士气，打斗阵的赏银千两。

两天以后，两军正式大决战。在地势上，朱宸濠占了上风。此时吹的是北风，朱宸濠正好是顺风。接战之后，王阳明的先锋伍文定失利，不得不率部后退。剩下的人一看不对劲，都想退了。

王阳明马上拿出自己的长剑，交给中军官，让他前去斩下伍文定的脑袋，以正军法。

但是，他又悄悄告诉中军官："你去的时候，如果看到伍文定还在坚守奋战，那就暂缓执行。"

伍文定听到这个军令后，全身冒了一身冷汗，赶紧抄起武器，站到船头指挥士兵激战，对方一炮过来，火焰顺风烧过来，把他的胡子都烧掉了。

伍文定毫不动摇。

军心终于稳住了，王阳明的大军趁机反攻，将朱宸濠的叛军击溃。

这一战，伍文定被定为首功，这一战也成为他军事生涯最大的亮点。胡子被烧了，这可不是年年都有的事。后来，伍文定官至兵部尚书。

王阳明一念之间，就把一个原本要被斩首的懦将变成了名将，原因就在他的心学。他的心学倡导人皆有良知，每个人都有可能成为圣人，只是一时被蒙蔽了。

王阳明只是激发了伍文定内心原来的良知，就改变了伍文定的一生。

朱宸濠就没有这样的机会去发现自己的良知了。

大败之后，他换上老百姓的衣服坐了一条小船准备逃跑。走到芦苇丛里，看到对面来了数条渔船。救苦救难的菩萨来了，朱宸濠马上招呼。

老乡过来一下，帮个忙，有重谢。

好嘞，渔船过来之后，把朱宸濠接上，哨声一响，四下里杀出一堆官兵。

原来这是王阳明早就埋下的伏兵，王阳明早已经交代清楚了，埋伏在这里不要动，也不要看到外面杀得起劲就想抢功，自有一份儿大功送上门。

王阳明真可谓用兵如神！

朱宸濠就此被活捉，王阳明的心学通过了最大的考验，证明这是一种可以运用到实践的真学问，而不是虚无缥缈的嘴上功夫、纸上功夫。

王阳明平定宁王朱宸濠的叛乱后，向朝廷报捷，请求朝廷对此战中有功的将士论功行赏。

上面的奖状没发下来，王阳明就接到一个让他感到莫名其妙的事情：皇帝要亲征。

朱宸濠都被抓了关在牢里，还亲征什么啊？蒸馒头蒸包子？

原来，朱厚照身边的人建议，虽然朱宸濠已经被抓住了，但还有一些逆党，皇帝不如亲征，威风一把，顺便还可以欣赏一下南方的景色。

听到宁王朱宸濠叛乱，朱厚照也不担心自己的皇位能不能保住，反而大为高兴，这一下可以领兵打仗了。

没想到，王阳明动作太快，他刚准备好，人家王阳明已经把事办完了，有点沮丧，正好听说还有一些余党，那来晚了，喝点汤也好啊。

于是，朱厚照下令亲征。

这时候，朱厚照身边的人又提出一个玩法。

在鄱阳湖上将朱宸濠放了，然后由皇帝朱厚照再抓着玩一次。

估计王阳明的内心也是崩溃的，纵观历史数千年，像这种皇帝还是第一次碰见，这可不是玩小孩子过家家，万一你抓不住怎么办？朱宸濠跑了怎么办？又万一抓朱宸濠不成功，朱宸濠反过来把你朱厚照杀了怎么办？要知道，朱宸濠这些年谋划造反，贿赂了不少皇帝身边的人，万一这些人趁势搞事，那可是什么事情都有可能发生的。

这是一个正常人都能看出来的馊主意，何况哲学家王阳明？

最后，朱厚照还是心满意足地在鄱阳湖上玩了一把抓人游戏，这才启程回京。也是乐极生悲，回去的路上，朱厚照又要跑到水里捉鱼，不小心掉进水里，生了一场大病，回去没多久就去世了。明朝最会折腾的皇帝终于消停了。

宁王朱宸濠的事情这才画上一个句号。

此后，王阳明还办了很多大事。五十七岁那年，王阳明要归于他一生所格的理，临终之时，指指心：此心光明，亦复何言！

大明朝还要继续努力下去。

朱厚照之后，明朝既能折腾又会当皇帝的人上线了。这位就是嘉靖皇帝朱厚熜。

内阁很热闹

朱厚熜的父亲朱祐杬是明宪宗朱见深的儿子。朱见深把皇位传给了朱祐杬的哥哥明孝宗朱祐樘。所以朱祐杬只有去他的封地湖北安陆当一个土财主，不出意外，他基本上就是一个王爷的身份。可朱祐杬没想到的是，他后来竟然也成了皇帝（虽然只是名誉皇帝），更没有想到，这个名分是他儿子朱厚熜争来的。

大哥明孝宗朱祐樘死了之后，皇位传给了他儿子，也就是明武宗朱厚照。朱厚照一死，问题来了。朱厚照这个皇帝特别能玩，什么八虎啊、豹房啊，都是这位玩家整出来的，但玩得只见开花，不见结果，没有儿子。

那怎么办，皇位总要有人继续啊。朱厚照又没有什么兄弟。所以只好往上翻。最后找到了朱祐杬这一支。朱祐杬当时已经去世了，所以又往下找到了朱祐杬的儿子，也就是嘉靖皇帝朱厚熜。接到消息后，朱厚熜当然也不客气，跟老妈说了再见，又去给死去的爹烧了纸钱，然后就出发了。

这一年，朱厚熜十五岁。

十五岁被这么大的奖砸中，还不得当场砸晕，说干啥就干啥?

当时的大明朝臣们以及太监和宫中的老太太们都是这么想的。

他们想错了。

第一天，迎接的人就吃了一个下马威。当时明朝派出了一个高规格的迎接团，里面有一个大太监谷大用。

太监嘛，比较会来事，就想先跟朱厚熜接触一下，毕竟以后一个是主人，一个是家奴了。可是朱厚熜不见他，说一切按规矩来。

我们知道，明朝的太监权势很大，尤其是嘉靖朝，有批红权，就是盖章的权力，但从这一天开始，太监基本上就注定只是嘉靖的工具了。

接下来上路。从湖北到北京也是一段不短的路途了。快到北京城时，朱厚熜突然不走了。

为啥呢？

因为前来迎接的人说：小伙子，你应该从东安门进宫，到文华殿暂住。

这个方案据说是礼部提出来的，但其实主要是两个人提的：一个是当时的内阁首辅杨延和，这个人很牛啦，久经官场，斗倒政敌无数，是位老江湖。另一个是前任皇帝朱厚照的妈张太后。这两个人一合计，就给朱厚熜定了这么一个路线。

这其实是个不太厚道的路线，因为这是太子走的道，是旁道。而且张太后还要求朱厚熜进宫之后先去拜她。这是什么意思呢？就是定一个母子的名分。这样以后她这个张太后的太后之位才更稳当。

这下，朱厚熜就不干了，他妈还在湖北呢，怎么能又跑出一个妈来？而且他跟前任皇帝是堂兄弟，怎么能以太子的身份登基？

这个时候朱厚熜体现出一个少年罕见的心智，他很讲策略，不是胡搅蛮缠，而是拿出了证据讲道理。

什么证据呢，就是遗诏！当然这个遗诏不是明武宗朱厚照写的，是杨廷和以他的口气写的，就是说我要挂了，让我堂弟来“嗣皇帝位”吧。

关键是这个“嗣皇帝位”。张太后也发了一个意见稿，官方称为懿旨：“皇帝寝疾弥留，已迎取兴献王长子厚熜来京，嗣皇帝位，一应事务俱待嗣君至日处分。”

这里张太后也使用了“嗣皇帝位”。朱厚熜说，你们看，这明明说我是嗣皇帝位，不是当皇子。我干吗走皇子走过的路，我就要走皇帝走过的路。我的道路我做主！

“我要从大明门入，进奉天殿！”

从京城正门进入，进奉天殿登基，当完皇帝之后，我们再说其他的事情，该哀悼我那倒霉堂兄的就哀悼，该慰问我那可怜伯母的就慰问。但这都是以后的事情了！

这一下，把明朝接待的官员是唬得一愣一愣的。这是十五岁的娃吗？怎么说起东西来一套一套的，心眼儿比我们这些老江湖还多。怎么回事？

明朝的大臣也不是吃干饭的啊。他们一直跟皇帝在进行权力的拔河游戏，此来彼往，不亦乐乎。前面被朱厚照这个混世魔王搞得筋疲力尽。好不容易送走魔神，盼来个小屁孩。要是让你第一天就得逞了，我们文官的日子还怎么过。

双方就在北京城外僵持不下，看到底谁耗得过谁。论耗功，明朝大臣可是专业八级久经考验的。他们不相信这个毛头小子能比他们强。

朱厚熜一看这些大臣也挺顽固的。自己是来当皇帝的，他们怎么就不听话呢？在他的印象里，皇帝的权力不是最大吗？这个世界上所有的人都应该听皇帝的话啊。

可以说，朱厚熜以后的一生都在为皇帝说话最算话这个很有前途的理想而奋斗。

所以，朱厚熜马上开始使用恐吓术：你们再不让路，我当了皇帝立马就收拾你们。

文官马上露出鄙夷的表情。吓唬谁啊，大家又不是吓大的。朱厚熜说了这话后，这些大臣把门堵得更严实了，有刚下班的，有换班的，自发前来参与堵路行动。

朱厚熜第一次领悟到了明朝文官的厉害。这是他接下来四十年要面对的对手。

这是一个开头，是绝不能输的开始，输了就会成为这群文官控制的棋子。

过了一会儿，朱厚熜摆手："行，你不让我进大明门，那好，我不进了，我要回安陆。"

不让我进大明门，我就不干了。你们爱找谁找谁去。

这就开玩笑了，杨大人都发了遗诏了，就是选了你小子。太后的文件也发下来了。你不干，我们再找人，这不是违抗先帝遗诏嘛。

听到这一招，文官们纷纷让开了道路。这位爷惹不起。

朱厚熜成功从大明门进入了皇宫。这让他避免了成为张太后的儿子，以此为开端，拉开了大议礼事件的序幕。通过大议礼事件，朱厚熜将权力从大臣的手里夺了过来，从此可以安心做他想做的事情了，比如修道成仙之类的。

这位仁兄不仅是想着活五百年，还想着羽化成仙，成天在皇宫里搞基础化学实验。当然，这些东西都是要花钱的，嘉靖先生也不仅仅追求未来的幸福，也追求当下的快乐。这些东西也都是需要钱的。

谁来负责钱的事情呢?

明朝最有名的贪官严嵩义不容辞，担起了这个重任。

严嵩，江西袁州府分宜人，此人拥有奸臣的所有技能包，比如脸皮够厚。

有一天，严嵩贪污的事情被领导夏言发现了。

夏言先生在明朝也是一位超级大咖了，人长得帅，普通话好，又会写文章，骂人的功夫也是八级。这一点很关键，在明朝官场，不会对骂，那是分分钟会被唾沫淹死的。

凭着这些技能，夏言斗倒了不少政治对手，举朝上下，夏言可谓一个特立独行的存在，性子暴，敢跟皇帝顶着干，但就是没事。

但最终，夏言还是被后浪拍死在沙滩上，后浪自然是严嵩。

一切都从夏言的一次原谅开始。

夏言早就不爽严嵩了，原因很简单，严嵩这个人太没骨气。大家都拍马屁，但夏言是有底线的，而严嵩是没有底线的。

所以，夏言一点也不含糊，没事就整点严嵩的小报告。

有一次，夏言又抓住了严嵩的小辫子。严嵩贪污，事实清楚，证据充分，就等写结案材料了。

严嵩上门了，还带了他的儿子严世蕃。

夏言很清楚这两位上门是干吗来了，他不想见。他知道这父子俩满肚子都是坏水。

当年刚认识的时候，夏言还想跟严嵩好好做朋友。那时候的严嵩还没有露出奸诈的本性，两人又都是江西老乡，严大人看到夏言就叫前辈，特别诚恳的样子。夏言一下还感动了，什么事情还想跟小严商量一下，自己入阁了，就推荐严嵩顶替自己的位置，也算是他的恩人。结果夏言发现严嵩这个人野心太大，暗地里一直在搞小动作，要取代他的位子。

这就是一条白眼狼啊。

不见，这样的人坚决不能见！

夏言交代下去，说别放这两人进来打扰我睡觉。

结果刚躺下，严嵩父子就跪到了床前。

夏言装没看见，翻个身子继续睡。不理你，总该滚了吧。

夏言还是高估了严家父子的自尊心。看到夏言把屁股对着他们，严家父子突然哀号了起来，哭天抢地，惨不忍睹。

听到这两位已经哭出了唢呐的节奏，夏言只好坐了起来。

“你们爷儿俩这是何苦呢？起来吧。”夏言叹了一口气。

严嵩不起来，抓住夏言的衣袖，泪眼汪汪。

夏言明白，挥了挥手，把严嵩当一个屁给放了。

严嵩父子千恩万谢，点头如啄米般地离开了。

这是一个致命的错误。在历史上，如果你曾经收下过别人的膝盖，就一定要夺走别人的脑袋。因为你拿走了别人的尊严，就永远无法和解。

没过多久，严嵩给夏言下了一个套。夏言先被罢官，严嵩可不客气，穷追猛打，将夏言抓了回来，斩首街头。

对付严嵩这样的人，刚正的夏言是不够的，因为他心太软，他总是会原谅不该原谅的人。

好在夏言之后还有徐阶。

徐阶，上海松江人，这个人的特点就是城府特别深。没办法，年轻的时候当官，热血青年一个，在翰林院当编修，就跟内阁大学士张孚敬硬杠过，直接下乡锻炼了两年，自此知道，事情对错很重要，但方法更重要。

在跟严嵩的较量上，徐阶采用了跟随战术。

严嵩会察言观色，徐阶也会察言观色；严嵩会拍马屁，徐阶也会拍马屁；严嵩会使阴招，徐阶也会使阴招。

小人成功，往往是因为他们从不计较方法，他们的技能包里有很多黑魔法。君子之所以失败，就是因为他们有所为有所不为。

但当一个君子也开始放下一些原则时，小人就慌了。因为他们的技术优势已经没有了。

更重要的是，严嵩心狠手辣，对政敌讲究斩草除根。而徐阶也从不原谅。

嘉靖四十一年（1562 年），在明朝言官持续不断的弹劾下，嘉靖皇帝也终于对严嵩审丑疲劳，下令赶走严嵩。

严嵩再次遭遇危机。

上门求徐阶网开一面？

没有，根本不需要严嵩上门，徐阶自己找上门了。来了之后，徐阶送上真诚的问候，严嵩感动得叩头致谢。

徐阶说，严大人不要担心，这个事情是小事，回头我跟皇上说说，你还是回来工作。

说罢，徐阶回了家。儿子徐番相当不理解，说咱们受了严家这么多年的气，总算出头了，你还替他们说情？

徐阶痛斥：小屁孩懂什么，严大人对咱家有提携之恩，现在落难了，我们恩将仇报，还是人吗？

这些话，当然进了严嵩的耳朵里。

放心了！以前看错了徐大人。

就连一向自认天下奇才的严世蕃也点头：徐老不错，对咱家没坏心思。

呵呵，没坏心思，那是因为还不能一下打死你！

徐阶从来都没有原谅严嵩。

三年后，清算的时候终于到了，严世蕃被关进了牢里，大家群策群力，给严世蕃整材料，最后弄了一个陷害忠良之类的罪行。

徐阶一看，摇摇头，年轻人啊，你们还是太单纯啊，你们这样做是救严家，不是打死严家。老严家陷害忠良，是上面拍了板的。你用这个告严家，是想让皇帝当第二被告？

严家父子坏是坏，但坏的根在皇帝那里，对这样的坏人不能挖根，得玩虚的。

咋办呢？

徐阶拿起笔，在后面添了两个词：谋反、通倭。

年轻人彻底服了，自己格局小了啊，前辈就是前辈，老江湖就是老江湖。

严世蕃弃市，严嵩被抄家。

严嵩看着家里的东西一件件被搬走，心疼之外，还有点幻想，跟抄家的人乞求，求打发一点退休金。

报告打到徐阶这里。

原谅的时候到了，对于老先生，是不是留最后一点活路？

徐阶答：那些被严嵩打倒的人，他们有过活路吗？

严嵩，富可敌国的严嵩，最终流落街头要饭，如果没要到，晚上就到墓地去，运气好，会有一些遗留的供果。靠这个绝活，严嵩又活了两年才去世，生命力也真够顽强的。

徐阶先生完美地呈现了什么叫不说硬话，不做软事。

严嵩之所以混不下去，是因为徐阶给他安了翻船两件套，造反跟通倭。

其中，通倭可是一件大事。

早在明初的时候，就有一些人跟日本的海盗联合到中国来打劫。明朝后来搞了海禁。什么东西一封锁就有利益，有利益就有亡命之徒。海禁一搞，倭寇是一拨接一拨。普通的人民群众以及普通的明朝官兵根本应付不过来。

但中国这么大，治倭的人总会有的。

负责对付倭寇的是直浙总督胡宗宪，后来有人称“俞龙戚虎”的俞大猷、戚继光。

俞大猷是武林高手，学过少林棍法。

倭寇是会功夫的，尤其刀法好，个个都算武林高手。大明朝普通的士兵基本不是对手，没有功夫是打不赢这些倭寇的，而且倭寇都是流窜犯，调大部队动作慢，小分队的单兵作战能力又不如倭寇，跑过去也是送死。

俞大猷针对日本倭寇的特点，组织士兵或者村民学功夫，提高士兵的单兵作战能力，还请来了少林寺的和尚教功夫。

倭寇既然是以武见长，那么少林寺的和尚都出动了，是不是可以消灭倭寇了呢？

事实上，倭寇的问题并没有解决。

少林寺的和尚功夫虽然高，不亚于或者说超过东洋武士，但数量毕竟有限，不过数十上百，没办法批量打造。

这就出来一个问题了。用数量优势，质量得不到保证，凭质量去打，数量又不够。

那怎么解决倭寇问题？戚继光拿出了解决方案。

一开始，戚继光带着一万人去打倭寇，结果被人家一千人追着打，主要原因就是自己的一万兵训练水平不够，也就是功夫不够高，人家可以以一敌十。

那怎么办？

戚继光决定在浙江练兵。当时的总督胡宗宪觉得不可能啊，我们浙江都是读书人，不打架的。戚继光则表示，人不是天生的，都是练出来的。

当然，打群架都是野拳，没有套路，招过来还是要系统练习的。

戚继光要把这三千人打造成武林高手。

怎么打造？请名师，请各地的武术高手，然后实行严酷的考核。练了就对打，打赢了升级。

你说我不打行不行？行，不打的或者打输的，拉下去打板子。

这样就避免了混入想偷懒的人。这么一练，真把浙江子弟兵个个练成了武术高手。

最后还有一个提升，就是练器械、练套路。

器械就是各种长短兵器，尤其让人闻风丧胆的是极长的上面扎满铁刺的狼筅，此外，还有长矛、短刀、盾牌，之后又演化出了鸳鸯阵。

戚家军终于成型了。

效果怎么样？反正是横扫倭寇，见谁灭谁。

在两位的努力下，倭寇总算还在控制范围之内。

嘉靖忙着在修仙，严嵩忙着在搞钱。大明朝实在是乱得不成样子，乱得让一个老实人看不下去了。

这个人叫海瑞。

骂不活的大明朝

海瑞当官，就是清，不要说什么贿赂了，就是灰色收入也没有。因为清所以直，因为直，所以敢骂一切不入法眼的人。

有一年，海瑞给皇帝写了一封信，披露了一个血淋淋的真相。

“今举朝之士皆妇人也，皇上勿听可也。”

文臣武将全是妇人！

检验明朝官员情商的时候到了。

明朝内阁首辅李春芳表态了，他说：“照海瑞这个意思，我应该算是个老太婆吧。”

明朝的这些高官个个都是人精，碰上海瑞这样的主儿，当然不会真跟海瑞抬杠，自嘲一下也就过去了。

除了这种横扫一大片的骂腔，海瑞还进行了点骂，比如骂明朝大臣高拱是老鼠，徐阶是鹦鹉，齐康是鹰犬。

大家都认账，至少不争辩。谁敢跟海瑞骂架？人家海瑞是真清，别的官，多多少少都有问题，就是判几年的差距，没有一身清白，谁敢惹海瑞？

就算是鲁迅见了海瑞，估计也得写一句：真的勇士，敢于直面愤怒的海瑞。

其实，海瑞先生骂嘉靖才叫骂得狠呢。

嘉靖四十五年（1566 年），海瑞由地方调到京城。海瑞先生很兴奋，这一下离天子更近了，虽然只是六品官，但“位卑未敢忘忧国”。

怎么忧国？开骂呗！

海瑞给嘉靖帝写了一封《直言天下第一事疏》，里面细细地把嘉靖帝骂了一遍。

嘉靖快疯了，这哪儿跑出来的愤青，知不知道君臣父子？知不知道尊敬领导？就是骂下属也没有这么狠的。我睡不睡老婆、管不管孩子，关你屁事？

嘉靖把信摔到地上，大吼："快，把这小子抓起来，别让他跑了。"

这时，高情商的人出现了。

这个人叫黄锦，是个太监。

他说："皇帝不用急，听说这是个二愣子，家里早就买了棺材，给家人写了遗嘱，安排好了后事，追悼会都提前彩排了，这个人是不会逃的。"

为啥说老黄情商高呢？因为他没有落井下石嘛。

听了黄锦的话，嘉靖又把那封骂他的上书捡了起来，认真看了一遍。

看了第二遍，嘉靖就感觉不那么难受了。据说，他还读了不止两遍，说明嘉靖也是很拼的。

读完之后，他也不骂海瑞是个二愣子了，而称海瑞是殷朝的忠臣比干，当然，他不承认自己是商纣王。

所以嘉靖是明朝里会当皇帝的，他贪图享乐，他任用贪官，但他心里还是有数的，他是奢而不昏。

这样的皇帝，只是苦了天下百姓，好在嘉靖皇帝的化学事业没有取得什么突破性进展，干了四十五年终于交差了。

继位的是嘉靖的大龄儿子朱载坖，年号隆庆，在位时间不长，只有六年，但成绩显著，在两位大臣张居正跟高拱的辅助下，总算把大明往回拉了拉。

先是倭寇的事情消停了不少，除了戚继光的功劳，还有贸易的功劳。跟嘉靖对海外贸易严防死守不同，隆庆皇帝开始放开海外贸易。可以通过买卖赚钱，谁还拼了命去抢钱？这一疏通起到了比堵截更好的作用。

北方的鞑靼部落也不折腾了，原因同样是开了边市，大家一起做生意，互通有无，别没事拿着刀抢了。

在隆庆皇帝的治理下，天下出现了久违的新气象。六年后，隆庆驾崩，把位子传给了没有成年的儿子万历皇帝。

刚换皇帝，朝臣就开始掐了起来。对掐的是两位托孤大臣张居正跟高拱。

高拱先生的一生是励志的一生。一进官场，先是碰上严嵩这样的大反派。好不容易把严嵩熬过去，又冒出来好人中的坏人徐阶，被摆了一道，其间还下岗待业过。

好在当年做的一笔投资发挥了作用。

他给朱载垕当过老师，朱载垕就是后来的隆庆皇帝。

隆庆皇帝登基后，还是念旧的，把高拱从乡下叫回来。高拱先生这才从社会基层拱到了高层。

隆庆皇帝的那些业绩，有高拱一半的功劳。

过了数年，隆庆皇帝因为专注抓后宫生产，身体不太行了，临死之前，握着高拱的手："以天下累先生。"表示以后这摊子事就交给你了。

可没想到的是，高拱先生只替天下累了个把月，就被退休了。

为啥呢？总的来说，高拱先生抢了人家的台词，当了一回麦霸。

看到皇帝是个童工，他说道："十岁太子，如何治天下！"

这个话真的有道理啊，隆庆的儿子万历皇帝只有十岁，确实没有能力治天下。要治也只是请高拱帮忙治一下。

可这句话确实不应该是高拱的台词，它首先是隆庆的台词，比如隆庆就说了："以天下累先生。"

其实意思就是：我儿子还小，治不了天下，以后天下的事情就靠你了。

然后高拱表示：我一定努力，不负皇帝的重托。

隆庆死了，就是隆庆老婆李贵妃的台词。

李贵妃应该抹着眼泪说："高大人啊，皇帝还这么小，以后怎么办啊，我们孤儿寡母的以后还要多靠你啊。"

然后，高拱拍着胸脯保证一定把小皇帝照顾好。

这才是真正的剧本嘛。

当然，高拱的政治对手张居正也不是善人，他篡改了高拱的台词，把"十岁太子，如何治天下”改为“十岁孩子，如何做人主”。但首先，还是高拱抢了台词。

这个台词，皇帝或李贵妃说，都是一个君臣和谐、皆大欢喜的桥段。高拱说，就不行。

你抢了别人的台词，你让领导无话可说，那只好请您老走人了。

高拱先生到了乡下，脾气还是很大，动不动就坐在门口骂张居正，看那样子，大概是到死也不会反省的。

张居正拱走了高拱，有幸也不幸地成为明朝最有权势的官员，又当小皇帝万历的老师，是大明帝国的掌舵人。

张居正的业绩还是喜人的。张居正先是在大明朝搞起了著名的一条鞭法。所谓的一条鞭法就是把以前乱七八糟的税统一到地税里，而且只收现银。其中的关键就是量土地。帝国运转的周期，初期大家都有地，大家有田种，种着种着，土地就会向大地主手中集中。这些大地主多半还是当过官或者正在当官的。为了少交税，自然就要瞒报土地，导致天下的地在账目上看是越来越少。地越来越少，自然税越来越少，而同时穷人越来越多。国家没钱，老百姓也没钱，那就只有等着亡国了。所以拯救的唯一办法就是多从富人手中搞钱。

张居正这一鞭挥下去，就多丈出了一亿亩的地，但还没到朱元璋时期的数量，也就是说，大明的地是越种越少。

除了替大明多收税，张居正用潘季驯治黄河，用李成梁守辽东，大明朝好像要恢复点气色了。可没想到，张居正自己也干不下去了。官员强烈要求他回去守坟。

干了五年，张居正的爹去世了。按照中国的礼教，如果父母去世，在朝的官员，无论官大官小，一律辞官回乡守丧，这叫“丁忧”。

这一丁忧就要了官员的命，职场竞争这么激烈，三年回来，办公室都未必有你的位置了。

或者正干着紧要事，这甩手一扔也不利于社会和谐。于是，又有一种东西叫“夺情”。就是国家需要你，你这个孝情，国家给夺了。

大明帝国当然不能少了张居正，但张居正父亲去世的消息一出来，大家纷纷上表，要求张大人赶紧回家。张大人不回家守孝，这是贪恋利禄，违背纲常。其中还有张居正的学生。

没办法，张大人太独了，执政后搞了一个考成法。具体来说，以后我们的工作流程改一下。六部各有给事中，都察院有监察御史，合称科道，大大小小一百来人，级别不高，年纪不大，但说话特别冲，谁都敢管，二、三品的大官也不放在眼里。按理说是不错的，但什么事情就怕乱套，这些科道可以风闻奏事，见风就是雨，无风也起浪，搞得大明朝天天跟吵架似的。

张居正说，我们不能这么干了，要这么干下去，谁也办不成事，我们理一下。

以后，地方上的巡抚之类的要是干不好，由六部揭发检举。六部或者都察院要有问题，就由六科给事中揭发。如果六科有问题，就由内阁来揭发。大家按这个套路走，别乱了套。

大家一看，这不是内阁要一门独大嘛，说到底，是张居正一人独大。必须把张大人弄走，张大人不走，我们还怎么混？

于是，大家纷纷要求张居正回家守坟，张居正不回去，就要求让张居正下岗。

最后万历皇帝出面，亲自夺情留下了张大人。

张居正又干了五年，老天爷不夺情，就把他收走了。人走茶凉，大家一起哄，万历皇帝一查，发现平时教自己勤俭节约的张老师捞了一大笔钱，一气之下就把张居正的家给抄了。

万历皇帝的世界观开始崩塌，偏偏大臣们老跟他过不去，比如不让他立自己喜欢的儿子为太子。

中国皇朝的规定，立嫡立长，这个规则在大明得到了最为彻底的执行。

朱元璋写的《皇明祖训》里，就特别有一条：凡朝廷无皇子，必兄终弟及，须立嫡母所生者。庶母所生，虽长不得立。若奸臣弃嫡立庶，庶者必当守分勿动，遣信报嫡之当立者，务以嫡临君位。朝廷即斩奸臣，其三年朝觐，并如前式。

以后的明朝皇帝都遵守朱元璋立下的规矩，只有万历皇帝想挑战一下。

原因之一,万历皇帝没有正宗的嫡长子，因为皇后没生孩子。

皇后没生孩子，就看妃子、宫女的造化了，有一位王姑娘抢跑，生下了长子朱常洛。接着，郑贵妃又生了朱常洵。大家都不算嫡子，只能论年龄，朱常洛要年长一些，但是，万历皇帝更喜欢郑贵妃，而且长子朱常洛的出生是一次例外。

有一天，万历皇帝给自己的母亲请安，太后不在，太后身边的一个宫女王氏端盆水给万历洗手，手洗完后，王氏就怀孕了。

王氏生的儿子就是朱常洛。大概是觉得不好意思，万历一直对这个儿子不感兴趣，太后质问他，他还说，孩子他妈是个宫女。太后大怒，你老娘我当年还是个宫女呢！

太后力挺朱常洛，更关键的是满朝大臣都挺朱常洛，别的原因没有，就是人家年长，太祖说了，咱必须立嫡、立长。

从此发生了长达十五年的争国本事件，无数大臣为保朱常洛太子之位，宁愿被打屁股，其中礼部尚书洪乃春因为挺朱常洛被廷杖六十，削职为民，最终气死。

万历皇帝板子打坏了十几块，最终没有如愿立他喜欢的儿子，他认为贤能的朱常洵被封为福王，万历皇帝特别心疼，给无数的钱，但他命不好，后来还被李自成捉住了。

万历十五年（1587 年），万历皇帝主持殿试，题目是：无为而治。

让你们吵！老子不跟你们玩了！

万历皇帝搞起了罢工，几十年不上班。当然，不上班不代表不办事。

万历皇帝当了四十八年皇帝，任上组织了三次规模比较大的出征，最有名的是抗倭援朝。

统一日本的丰臣秀吉准备先吞朝鲜，再侵中国，把天皇搬到北京，自己住到宁波去。

有了这个伟大理想之后，丰臣秀吉积极备战，准备发三十万大军先把朝鲜拿下。

日本这边都是日本的战国里打出来的，打了一百年，个个都有实战经验。朝鲜这边恰好过了点好日子。在中国的庇护下，不用想打仗的事。

这一下就麻烦了，日本是 1592 年 4 月开战，一个月后朝鲜“三都失守，八道瓦解”，三都是汉城、平壤、开城。

没办法，只好找大哥来帮忙。

朝鲜国王李昖跑到鸭绿江边，向明朝政府发了求援信。

明朝政府接到求援信后，一开始还怀疑朝鲜在跟日本人勾结，引我们明军入朝，然后消灭我们。

后来观察了一下，发现不是，朝鲜来求援的人哭得特别真诚，应该不是假的。

明朝大臣有些不想打，劳民伤财，朝鲜关我们什么事呢？万历皇帝坚持要打。

现在听说日本人打过来了，他破天荒地上班开了个会，讨论怎么抗倭援朝。

结果大臣们都说没钱，国库是空的。当时明朝刚打完宁夏之役，平定蒙古人叛乱，确实没钱。万历皇帝说我有钱。

万历是真有钱，他这一生就攒钱了，私库存了几千万两。万历一掏腰包，钱的问题解决了。

明朝精锐赶赴朝鲜半岛，几番交战，把日本打回了老家，不但打回了老家，还把日本人打老实了，闭关了二百多年。

明朝威风是威风了，但自己的精锐也损失了不少。到了后来，建州大佬努尔哈赤反明。在萨尔浒之战，明朝又损失一批精锐，从此大明朝就开始进入亡朝倒计时。所以有人说，明实亡于万历。

东林大战九千岁

万历去世后，他不喜欢的儿子朱常洛继位。这位仁兄不太争气，刚当上皇帝当家做主，结果跑去吃什么仙丹，还是红色的，看上去特别喜庆的样子。一粒下去，身体飘飘欲仙，两粒下去，就仙逝了。工龄只有短短二十九天，连一个月都没有过。

朱常洛的儿子朱由校只好匆忙上位。这位仁兄有着特别的爱好：做木工，其手艺炉火纯青，放到市场上销售，绝对是家具中的奢侈品。

问题是，你是皇帝啊。

为了干好木工这个工作，朱由校把自己的本职工作交给了两个人。宫里的交给了自己的奶妈客氏，宫外的交给了著名的大太监魏忠贤。

魏忠贤，河北沧州人，颜值很高，长得仪表堂堂，而且在社会上也很会混，但后来因为欠了赌债，被人逼得没办法，就自我阉割了。

因为是自己动的手，所以手艺就糙了点，据说没割干净，进宫时，不幸被淘汰了，还差点被打死。后来，魏忠贤搞了一个曲线进宫的道路，到一位李姓太监家里打杂，经这个老太监引路，他才进了宫。

饭碗是有着落了，但怎么发达呢？

魏忠贤很快发现宫里一位大姐有巨大的能量，这位就是皇帝的奶妈客氏。

一般皇子断奶之后，奶妈就要从哪儿来回哪儿去，可这位客氏就此成了宫里的钉子户，扎根皇宫，绽放青春，哪儿也不去了，甚至连皇后也奈何她不得。

要是跟客氏成为朋友，不是能少奋斗五百年吗？魏忠贤凭借身体上的优势，成了客氏的男朋友。两个联手，宫中无敌。这时候，魏公公积极开拓市场，把业务拓展到了宫外，自然也撞上了最大的竞争对手：读书人。他们都有一个名字：东林党人。

一开始，东林党只是一个座谈会。

万历二十二年（1594 年），一个吏部的官员下岗了。下岗原因很简单，万历皇帝看他不爽。这一年选内阁大学士，这位吏部官员任职文选司郎中，负责这项事宜，等他拟好名单，万历一看火了，都是平时跟他对着干、让他恼火的人。万历一生气，就把这个郎中踢回了老家。

过了十四年，因为大家的推荐，万历又要把他召回来，安排到南京当光禄寺少卿，职位不高，单位也是一天没事干、只管领工资的养老单位。可奇怪的是，这位前郎中不干了。

当年，你让我滚，我就滚了，现在让我回来，对不起，我已经滚远了。而且，我对当官才没有兴趣，我现在过得相当滋润，才不去当什么官呢。

这位骄傲的仁兄叫顾宪成。

顾宪成为什么不去当官呢？因为他找到了人生中更快乐的事情：讲学。

离开京城后，顾宪成回到了老家江苏无锡，因为没事干，只好交朋会友，他本人又很有才华，曾经的乡试第一，又在京城工作过，还负责过重要的吏部工作，所以，很快成为无锡的文化圈名人。不但无锡的人来跟他聊人生、聊理想，外地的人也有前来交流的。

搞得多了，顾宪成意识到，他需要一个正儿八经的地方了。于是，他找到了一个破院子，还是宋朝时杨时讲学的书院，书院的名字叫东林学院。

翻修了一下，东林书院终于开张了，越来越多的人来到了这里，听顾宪成也听其他文艺圈大咖的讲学。渐渐地，顾宪成发现在这里讲学很有成就感。在京城，作为一个官员，辛辛苦苦熬个夜，写篇文章送上去，可能直接就进了黑洞，被留中了。就算皇帝看了，也不一定同意，搞不好还会触犯龙颜，被拖到午门打屁股，下岗丢命也不是没可能的。

而在这里，他没有题材限制，想讲什么就讲什么，想怎么讲就怎么讲，而收获的是无数的认同。

这样的日子不比当官快活？所以顾宪成不愿意当官，就愿意待在他的书院里，跟四面八方的人交流他的学识、他的看法。渐渐地，这里形成了一个学派：东林党。

要入这个党，很简单，不像入阉党一样，要动大手术。要成为东林党的成员，只需要承认东林党的世界观、价值观。

什么样的世界观呢？

东林党号称继承明代儒家大宗师王阳明的心学，但事实上，他们可能并没有继承王大师知行合一的思想，他们顶多做到了知。

知道了，却不能行，似乎也没有行的途径，毕竟是一个民间的机构。那只有一个发泄途径：骂。

于是，东林党的最重要的行动就是骂，说好听点叫批评。批评谁呢？作为一个民间机构，当然批评的是掌权的人士。皇帝他们敢批评，太监他们敢骂，文官更是被骂得狗血淋头。朝政是他们重点的批判对象，民间不公也是他们重点抨击的内容。反正谁红骂谁，谁掌权骂谁，看谁不顺眼就骂谁。

东林党成为明朝最为重要、最成组织的意见组织。

有意思的是，东林书院这一批评，不但产生了东林党，还附加产生了很多其他机构，比如齐党、楚党、浙党。

为什么会冒出这么多党呢？很简单，都是东林党逼的，因为东林党无差别的攻击模式，朝中的官员混得很狼狈，想回个嘴吧，对方组团来的，自己刚出声，就被对方的声音压下去了。没有办法，只好组团回应，而乡党就是最天然的组织。于是，依靠籍贯，大家分别组成了以山东人为主的齐党，以湖北人为主的楚党，以浙江人为主的浙党。当然，东林党大有三英战吕布的气势，一党斗多党，虽然没在朝中掌握权力，但在民间的呼声很高，绝不落下风。

可以说，顾宪成就是民间的帝王，意见的党魁。自己一个好好的民间皇帝不当，跑去给你当一个闲官？不去，无论如何也不去。

东林党一开始是没有权力的文化组织。因为他们的首领顾宪成就是一个下岗员工，在野意见领袖。但聚集在东林党旗下的毕竟都是文人，是文人自然会走上科举的道路。平心而论，这些人还是有才华的，论考试，他们总有机会金榜题名，渐渐地，一些东林党人也进入官场。东林党人开骂的对象，当然就发生了变化。变化是只要是东林党的官员就夸，不是东林党人就骂，绝对不会错。

有东林党在，魏忠贤想唯我独尊，显然不现实。

为了实现斗争领域的突破，魏忠贤决定对东林党下手。可是稍一出击，魏忠贤就感到困难重重，因为东林党是一个内部极其团结的集体，一人被攻击，群起而反击。魏忠贤就算掌控东厂跟司礼监，也无法打倒东林党。魏忠贤掌握了内廷，文臣掌握了外廷，这是明朝官制的一个独特设计，其目标就是让内外廷相互制衡，内廷无法压倒外廷，外廷也无法压倒内廷。

要想胜利，关键不仅仅是让自己强大，还需要瓦解对方。也就是说，魏忠贤要想战胜东林党，还需要得到一些外廷的帮助。

这个帮助马上就有了，可以说是自动送上门的，甚至还是东林党送上门的。

这些人是楚党、浙党、齐党。说起来，也是东林党下手过分了，自从掌握权力之后，就开始搞起了东林承包制，不是东林党的人一律打跑，无奈之下，这些人只好倒向魏忠贤。

内阁首辅、昆党领袖顾秉谦带着自己的儿子登门拜访魏忠贤："我希望能做您的儿子，可怕您嫌我年纪大，这样好了，不如让我的儿子给您当孙子吧！"

内阁大学士魏广微被东林党弹劾，走投无路，跑到魏忠贤家里求保护伞，因为同姓，先是自称老弟，后来干脆自称贤侄；御史崔呈秀，曾经投奔东林党，因为名气太差被谢绝，后转投魏忠贤；兵部尚书霍维华，据他研究家谱，发现自己家的一个小老婆是魏忠贤外甥的孙女，霍维华马上宣布自己是魏忠贤的外孙女婿……

在东林党人的帮助下，魏忠贤很快集齐了魏家阁老团队（宰相），五虎（九卿团队），十狗（武将团队），还有十孩儿，四十孙。

魏忠贤终于有了可以跟东林党一较高下的资本。而这些文人的投靠，最重要的是帮他厘清了东林党人的关系。

要知道，东林党人也没有登记造籍，关系又错综复杂，甚至有脱离又入会的，所以搞清楚他们很不容易。而这些文臣跟东林党人打了数十年交道，自然了解得一清二楚。他们投奔到魏忠贤名下，很快给魏忠贤列了东林黑名单。其中有按重要性排名的，有按籍贯排列的，有按师座门生排列的，这些名单标明了东林党人的职位、师门、关系、主场，甚至还提供了陷害、处理、除根等一条龙服务。

而这里面，最有名的一本是《东林点将录》。这本书是一位叫王绍徽的都御史搞的。我们知道这种黑名单都是人名，关系错综复杂，看起来很枯燥，为了不让九千岁大人看到犯困，王大人创造性地发明了用水浒一百零八将来套这些政敌。于是就有了这一本《东林点将录》。这里随便抄录一下：开山元帅托塔天王南京户部尚书李三才；总兵都头领二员；天魁星及时雨大学士叶向高；天罡星玉麒麟吏部尚书赵南星；等等。

顾宪成是东林党开山祖师爷，按理说，他才是托塔天王，但幸运的是，顾宪成去世得比较早。魏忠贤虽有打倒一切的决心，但他对死人毕竟还是放心的，顾宪成就没有被记录进去。

可以说，这个榜单将东林党人一网打尽了，你要是没进这个大名单，你都不好意思说自己是反魏人士。

魏忠贤得到这本天书，兴冲冲地拿给朱由校看，结果朱由校一个人也不认识，没办法，从小教育没抓紧，《水浒传》没读过，魏忠贤只好耐心给他解释这些人都是干吗的，都干了什么事情。

朱由校听得十分兴奋，一拍桌子：真是一群好汉也！

敢情梁山反的是大宋，不是他大明江山，所以他不着急啊。

魏忠贤一看，得，不能再讲下去了，再讲下去，皇帝都要上梁山入伙了。赶紧把这个本子收起来，以后想听水浒故事，自个儿翻书去吧，反正你也看不懂。

有了这些黑名单，魏忠贤才搞清楚了东林党的关系网，这才调整目标，精准打击。

在魏忠贤的指认下，杨涟收了两万金，左光斗收了两万金，魏大中收了三千金，周朝瑞收了一万金，袁化中收了六千金，顾大章收了四万金……

这些人其实已经被削职，全部从老家被押过来，三个月后，六人全部遇害，是为明末六君子。

六君子案后，魏忠贤照方抓药，又炮制七君子案。

东林党彻底被魏忠贤的阉党击败。

平心而论，东林党是一群有理想的人，他们宁死不屈，对社会不公充满愤怒，但他们是一群方法不多的人。成百上千的东林党人都败在了魏忠贤的手下，对魏忠贤束手无策。他们没想到，最后能够击败魏忠贤的，是一个妇道人家。

这个人是皇帝朱由校的皇后张皇后。

张皇后是河南人，据说她有点胖，当年入宫，一眼被朱由校看中，也算是一见钟情，就此封为皇后。

后宫斗争，无非是妃子之间的你来我往，可让张皇后没想到的是，后宫最危险的敌人不是其他嫔妃，而是自己老公的奶娘客氏。

碰到这样的事情，张皇后也是无语了，她也曾经攻击过客氏，结果发现，她这个皇后名义上母仪天下，可就是摆不平这个奶妈，而这个奶妈不但稳如泰山，还主动找起了她的麻烦。

朱见深当皇帝时，宫里有个万贵妃搞鬼，可她的工作毕竟有漏洞，还是让人生下了朱祐樘。这位客氏工作就到位多了，只要嫔妃有怀孕的，将会采取按摩、幽禁等各种手段将胎打下来，甚至连张皇后的胎都给按摩流产了。

张皇后明白，自己事实上是后宫之主，但依然斗不过这个号称“奉圣夫人”的奶妈。

要斗争，只能悄悄地来。有一天，朱由校来看张皇后，发现张皇后在看书，就奇怪地问：“你在看什么？”

张皇后答：“《赵高传》。”

朱由校沉默了，虽然他是一位木匠皇帝，但他其实并不笨，他很明白张皇后在暗示他。

这个赵高的比喻很快传到了魏忠贤的耳里。

魏忠贤愤怒了，自己搞掂了群臣，难道还收拾不了一个妇道人家？为了避免形成外戚集团，明朝的妃子都是从平民百姓家里选的，所以明朝皇后的地位在所有朝代中是最低的。

魏忠贤一生气，第二天就派了几个人进宫，准备刺杀张皇后。这个手法就太简单粗暴了，宫城好坏也是高级保护单位，哪儿这么容易？这些刺客马上被搜了出来，当下就被送到锦衣卫诏狱，没过两天就被打死了。

直接来硬的不行，魏忠贤就准备用对付文臣的方法对付张皇后，跑去跟司礼监掌印太监王体乾商量。想了一下，王体乾说了一句："皇上什么事情都不管，但只有对兄弟、皇后感情很深。要是这件事情上把他逼急了，恐怕最后没命的是我们。"

魏忠贤沉默了，他知道对方是正确的。

这两个人是绝对不能动的，而最终打倒他的，也将是这两个人。

朱由校的妻子张皇后、兄弟朱由检。

机会终于来了，朱由校驾崩了。

天启七年（1627 年），朱由校掉到水里，经抢救保住了一条命，不过却因此生病。皇帝生病，魏忠贤还是很关心的，搜集天下名方，献了一个仙药。据说吃下去清甜可口，事实上只不过是竹筒熬的米汤，吃了一段时间，朱由校全身水肿，最终一命呜呼。

皇帝死前，因为客氏跟魏忠贤的大力合作，一个儿子都没有。

那怎么办？

客氏曾经脑洞大开，把一些宫女带到自己家，然后让自己的儿子、侄子跟她们睡觉，怀孕率很高。客氏准备等孩子生下来后，就抱一个进宫，宣称是张皇后的儿子。客氏想得很清楚，这是一个对张皇后也有利的事情，毕竟张皇后可以顺理成章成为张太后，搞不好还能玩一把垂帘听政。

张皇后断然拒绝了。

张皇后以前一直以为客氏这些人是坏，但没想到他们精神上还有重大问题。

没办法，客氏跟魏忠贤又跑去做朱由校的工作，朱由校当时长期服用米汤，脑子已经不太清楚，竟然点头同意了。关键时刻，张皇后杀到，经过细致耐心的工作，告诉他，对大明朝最好的选择，是让他的弟弟朱由检接班。

朱由校点了点头，叫来了弟弟朱由检，表示我不行了，大明朝就交给你了。

朱由检一点心理准备都没有，第一反应是讲客套话，表示不要。这时，一个人从后面走了出来，告诉他："王爷不要再客气了，现在不是客气的时候！马上谢恩，事情再迟，就可能有变！"

于是，朱由检下跪谢恩，接班人定下了。就在这一天，朱由校驾崩。

朱由检还没有渡过危险期。就在早上，张皇后用她丰富的后宫斗争经验告诉他：不要吃宫里的东西。

于是，朱由检只好饿着肚子完成了登基仪式，实在饿得不行了，就啃两口自己带来的干粮，提心吊胆，好不容易完成了整个仪式，成了真正的皇帝。他也是明朝最后一位皇帝，崇祯皇帝。

朱由检一上位，就搞出了新气象。

客氏第一个被踢了出去。

数个月后，弹劾像潮水一般涌来，魏忠贤终于顶不住了，要求辞职回家，毕竟这么多年也捞够了。这说明魏忠贤还是比较幼稚啊，下岗的权臣或者权阉不是不如鸡，而纯粹就是火鸡，什么时候上桌就看领导的心情了。

离职后，魏忠贤开始打包，搞了四十大车的行李，当手下提醒他不要太高调时，魏忠贤表示自己是学秦朝王翦。当年王翦带兵，经常跟秦始皇要钱，是为了让秦始皇放心。现在自己打包钱财，也是为了让皇帝放心。

历史告诉我们，照搬经验，砸的可是自己的脚，王翦是有兵才能玩，魏忠贤连人都不全，怎么有资格玩这样的游戏?

走到半路，锦衣卫的缇骑到了，老江湖魏忠贤终于开窍。他也不想麻烦朝廷了，系个腰带，在客栈自个儿吊死了。而客氏就没有这么积极主动了，最终被拉出去打死了。

魏忠贤、客氏这一对乱国组合终于倒台了。明朝迎来了崇祯时代，曾经被逐的东林党人也回到了朝中。

劳模皇帝亡国记

通常来说，末代皇帝都是背黑锅的，但崇祯不是。

崇祯上台时，谁也没想到大明就要亡了，但就是亡了。

通常来说，亡国皇帝都是因为贪图享乐、不好好工作亡的国，崇祯可不是。崇祯是“上鸡鸣而起，夜分不寐，往往焦劳成疾，宫从无宴乐事”。

高考的孩子也没有他努力。

但坏就坏在这个努力上。打倒了魏忠贤，崇祯皇帝并没有停下来的意思，在他看来，大明朝之所以变成这个样子，都是这些大臣不给力，必须得换下来。于是，从内阁到地方，开始了官场大换血。

陈旧的血液出去，新鲜的血液进来，原本是个好事，但崇祯医生不走寻常路，新鲜血液刚熟悉一下大明这具老躯体，又被换了下去，再换一批新的来试。

再好的身体也经不起这样的折腾，何况又是一具老旧残躯。

崇祯的童年相当不幸，母亲刘氏因为受到老公朱常洛斥责，自己就吓死了。娘死爹不疼，宫里还有客氏、魏忠贤刁难，崇祯皇帝是在不安全的感觉中长大的。

小时候的不幸让他养成了多疑的毛病，看谁都像奸臣，总认为这些大臣拉出去一个个砍头，没有一个冤枉的。

那就砍吧。

刚当皇帝两年，女真部落的皇太极打到了北京城下。侍郎周延儒说：“当年世宗皇帝斩了一个丁汝夔，将士震悚，强敌宵遁。”

于是，兵部尚书王洽被送到大牢判了死牢。王洽先生原本在地方成绩出色，被提拔到兵部尚书这个岗位，工作还没有一年，就替大明背了黑锅，这上哪儿说理去？

在对付强敌上，崇祯坚持你要打我，我就打我更狠的原则。

皇太极再一次攻到北京，这一次死的是名将袁崇焕。

要了解袁崇焕，就必须先说说努尔哈赤。

努尔哈赤，全名爱新觉罗・努尔哈赤。1559 年出生，那时还是明嘉靖年间。努尔哈赤特别能活，活了六十八岁，一生历经明朝嘉靖、隆庆、万历、泰昌、天启朝。

努尔哈赤的父亲是建州左卫指挥使。这是什么官呢？当时明朝在建州这个地方设立了三个卫所，建州卫、建州左卫、建州右卫。老大称指挥使。左卫指挥使就是一个卫所里的高级军官了。努尔哈赤的外公官更大，是建州右卫指挥使。一个卫所的老大。

不过努尔哈赤比较惨，母亲死得早，父亲又娶了后妈。后妈比较偏心，努尔哈赤成人后也没分到什么财产，成天就是上山弄点人参、打个猎过日子。

在他二十多岁的时候，发生了一件重要的事，一件努尔哈赤动不动就说的事情。

他的爷爷跟父亲死了。

这个死还跟他外公有关。他外公叫王杲，作为建州右卫指挥使，有兵有权，这个人特别横，动不动就抢东西。明朝对他也是哄着，有什么要求都满足。东北那块虽然也是明朝国土，但一直搞半自治，明朝的管理方法就是你们别闹事，也不指望你们纳税什么的了。结果这个王杲闲着没事造反。

你反，明朝肯定就要弄你啊，负责收拾他的是明朝名将李成梁。

李成梁镇守辽东三十年，报捷十余次，儿子李如松也是名将。老爷子活了九十岁，八十岁还能上场打仗。

李成梁收拾王杲那太轻松了，一打就把王杲打成了王呆。不过他儿子阿台溜出城跑到一个小城继续造反。

这一看还不服啊，继续打。这个时候，李成梁派了两个人去劝降，谁呢？觉昌安跟塔克世。名字很怪是不是？没关系，不用记，因为这两位都是配角。但要记住他们分别是努尔哈赤的爷爷跟爸爸。

这两人到城内劝降，亲家说话总要听的。可是形势变化很快，两人刚进城，明军这边就用诱降计赚开了城门。

杀进去当然兵荒马乱，也不知道谁是谁。这两位也没有什么暗号证明是自己人，所以顺便就被砍死了。

这个是比较冤的。李成梁也觉得不好意思，给这两位发了抚恤金，“并给努尔哈赤敕书三十道，马三十匹，封龙虎将军，复给都督敕书”。

这个事情就这么过去了，友军误伤，在所难免。不过，努尔哈赤很生气，对政府意见很大。

据说努尔哈赤还被李成梁控制住了。李成梁可能觉得这小子不是寻常人物，留在外面是个祸害，所以就把他弄到军中，当个侍卫。这对努尔哈赤的影响应该很大，读书十年，不如跟着大神混一年。

努尔哈赤跟在名将李成梁身边学了很多东西，这个人也比较好学，没事翻翻《三国演义》这种小说。

后来，努尔哈赤觉得可以出师了，就想开溜。据说李成梁的妻子看努尔哈赤是个不错的青年，私自把他放跑了。

出来后，努尔哈赤就开始报复社会。史书里讲他用祖父留下的十三副铠甲起兵，特别英明伟大，这都是夸大。说白了，就是一反政府武装嘛。成功了，是“承天广运圣德神功肇纪立极仁孝睿武端毅钦安弘文定业高皇帝”，不成功，建奴流寇。

努尔哈赤一开始没有跟明朝作对，而是拿女真开刀。

因为努尔哈赤学了《三国演义》，在女真那一块，算是高级知识分子。别人打仗都是一窝蜂，他打仗，兵不多，但总是集结成一块，所以屡屡创造以少胜多的奇迹。

打着打着，东北那一块就基本被他统一了。努尔哈赤搞了分裂小朝廷金国。因为前面有个金国了，所以他的算山寨产品，历史上一般称为后金。

这个时候，努尔哈赤开始把目光放到中原，准备起兵。起兵之前，搞了一个誓师大会，说自己有七大恨。

哪七大恨呢？

第一条，我爹、我爷爷这种连花花草草都不伤害的人，被你们弄死了，我恨！

这个其实就是翻陈年旧账了，这都过去四十多年了，当年也定了性，补偿金你都花光了，现在你说这事？这气性也太大了点。

第二条，当年说好的，我们画一条线，互不干涉，结果，你们跑过来帮助叶赫，我恨！

当年明朝官员跟努尔哈赤谈了一些条件，画了一条线，大家互不越线。后来，努尔哈赤去攻打叶赫。这个叶赫是女真族人，慈禧她们这一族的，早些年比他们建州女真还阔。努尔哈赤把叶赫一拿下，那真的是没人能管他了。所以明朝就去帮了忙，当然忙也没帮上，叶赫还是被收服了，还让努尔哈赤找到了借口。

主要就是这两条，后面数条都是重复，反复说明朝帮叶赫、拉偏架。反正要开战，别说七大恨了，七七四十九条都能找出来。

这么多恨没把努尔哈赤给气死，反而越气越来劲，一口气冲过来，拿下七十余座城，最后山海关外只剩一个宁远城。

驻守宁远城的就是袁崇焕。

袁崇焕，广东东莞人，万历年间考上进士，自我推荐不当文官，要当武将，去辽东前线任职，驻守宁远。跟努尔哈赤比，这就是个毛小子。

努尔哈赤一路打过来，抓住百姓就放了，让他们去宁远城招降。袁崇焕来一个收一个。正好我这里修城墙需要劳动力。

等努尔哈赤打到宁远城下时，袁崇焕已经把城墙全部翻修了一遍。

当时努尔哈赤派了一支兵马绕过宁远城，抄后路，断了宁远城的后路。

其实这多此一举，一来，袁崇焕根本没想退，当时上面让他退，袁崇焕就是不退。袁崇焕还是很有战略眼光的，他知道要对付金国，不能退到山海关内去，在前线就得有一根钉子扎在这里。

二来，也根本没有援军。

努尔哈赤打到宁远之后，就开始忽悠袁崇焕，说我有二十万大军，你这点儿兵不够我塞牙缝的，赶紧投降得了。

袁崇焕有多少兵呢？不足一万，九千多一点。

但袁崇焕识数，说我数清楚了，你就十三万兵。

十三万对比一万，这个也够悬殊的，而且满人的兵有个说法叫满万不可敌，就是说有一万骑兵，就能形成一个铁甲兵团，没有对手。

但好在袁崇焕是守城。要是出城单挑，别说九千了，就是十九万，可能也打不过。但守城就不同了，袁崇焕把这个宁远城修得特别结实，高三丈，宽三丈，你打吧，骑兵磕得满头包，也打不下来。

努尔哈赤不信，指挥大军进攻，什么冲车、云梯，挖地洞都使上了。

攻了两天，终于有进展，挖开了一个大洞。努尔哈赤挺高兴，过来看看施工进度。结果被城上的袁崇焕盯上了。

当时也不知道那就是努尔哈赤，反正看着排场挺大，两边护卫特别多，旁边竖一大黄旗。

袁崇焕下令：给我轰。

介绍一下，宁远城有大规模杀伤武器：红夷大炮。

大炮是葡萄牙进口的，十一门，口径大，射程远。

一炮过去，也不知道打中没打中，反正只见旁边的金兵扑上去，哇哇大哭，而且马上就撤兵了。眼见宁远城就要拿下，突然撤兵，这是什么情况？据说是努尔哈赤被炮打了。

努尔哈赤打了四十年仗，从来都没输过。宁远这一仗是他唯一的败仗，而且败在名不见经传的书生手里，这气往哪儿出啊？

七大恨没气死他，这下死了。宁远之战七个月后，努尔哈赤去世。

清朝一直不承认努尔哈赤是被炮击或者气死的，史书里说是病死的。

不管怎样，这七大恨就变成八大恨了。

袁崇焕一个原本这么牛的将领，却被崇祯给咔嚓了，这种操作有个标准术语叫自毁长城。

崇祯二年（1629 年），皇太极进攻北京。听到消息的袁崇焕带着兵马勤王。出来后，他跟崇祯提了一个要求，说兵马长途奔波，疲惫不已，进京休息一下行不行？

这是大忌，兵马入城，远有董卓入京，近的就是你袁崇焕。

进就别进了，在外面好好打。

打退敌军后，袁崇焕就被关了起来，第二年被凌迟处死。原因就是崇祯看他不像好人。

就这种操作风格，就是大唐盛世也给你折腾没了，何况大明这条破船。

皇朝就跟人一样，如果一个人有健康的肌肉，就算有点小病小灾，也能够自我痊愈。而一个久病缠身的人，任何一个导火索都能导致灭亡。

说了你也不信，大明朝其实亡于吃鸡。

那是崇祯四年（1631 年）八月，皇太极带着五万兵马进攻大凌河城。

皇太极挖壕沟、筑高墙，将大凌河城围成了铁桶。

守城的祖大寿赶紧发了求救信。

两个月后，一支八百人的援军从海上挺进大凌河。

率领这支部队的人叫孔有德。

孔有德来自著名大城市铁岭，早年挖煤，干过海盗，后投奔明朝大将毛文龙，成为一名伟大的大明边防战士。可没想到，毛文龙被袁崇焕砍死了。

于是，孔有德投奔了登莱巡抚孙元化。

这一次奉命救兄弟，走到辽河口的时候，突然碰上飓风，直接被吹了回来。

海路走不通，怎么办？

脑筋不会急转弯啊，朝廷下令，海路不通走陆路！

于是，这八百人再次出发，走到半路出事了。

这群人饿坏了。

俗话说皇帝不差饿兵，但崇祯皇帝显然不是一般的皇帝。他调了这一支兵马，竟然没有安排差旅费。一切费用自行解决。怎么自行解决？只有依靠人民群众了。

山东最烦这伙辽东兵。辽东兵一出现，乡亲们平地一声喊，顿时家家闭户，市市罢工。

就是想化个斋，都找不到施主。

时值寒冬，大雪纷飞，辽东兵饥肠辘辘，比杨白劳还惨。这些人走到沧州吴桥的时候，实在受不了，一个士兵跑到一个院子里偷了一只鸡。据说是芦花鸡，还是下蛋的鸡，那就是鸡中的战斗鸡。

因为业务不娴熟，被主人发现了，院里冲出一个仆人，死活不让士兵吃鸡。

老子去前线打敌人，吃你一只鸡还不行！

士兵改偷为抢，强行吃鸡。经验告诉我们，强行吃鸡是不行的，尤其是这户人家的鸡。

这家的主人叫王象春。王象春，万历三十八年（1610 年）榜眼，官至吏部郎中，眼下离职在家。

都是体制内的，吃个鸡不算事吧？

这事大了，王象春除了当过官，还有一个身份：官场愤青。

就是他自我感觉良好，尤其喜欢批评人物，自认江湖大哥。吃我家的鸡，这还有王法吗？

王象春没有亲自出面，仆人冲到了军营，一状告到孔有德的面前。

孔有德火冒三丈，你偷谁家的鸡不行，非要偷官员的鸡？老百姓家不养鸡吗？

一怒之下，孔有德下令，将这个士兵插箭游行。

八百辽兵不干了，一窝蜂冲到王家，把王家给砸了，誓死保护芦花鸡的仆人死了……

这下事情闹大了。

王象春的儿子找到了孔有德，一定要他交出闹事士兵，士兵是不可能交的，都是自己带出来的，打死也不会交的。

可不交，隔壁老王也惹不起。

这时候，另一个人来了，这个人叫李九成。虽然叫九成，但其实十次九次不成。比如这一次，登莱巡抚孙元化叫他去买马。钱没了，马没看到。他正想着怎么交差，听到孔老兄的吃鸡事件，眼睛一亮，自己凭本事拿的钱，凭什么还啊？

这两位一合计，干脆领兵攻向登州。

这时候，两位还没想彻底走上革命的道路。

他们的打算是这样的，孔有德做个样子，然后让孙元化出面招抚。孙元化也是这样想的。

听到消息后，孙元化派了一个人出城招抚。这个人叫耿仲明。孔有德跟耿仲明都是毛文龙的旧属，两人是拜把子兄弟，合称孔耿。

耿仲明提了一个方案，用城外校场安置士兵。可城外校场还住着辽东兵的家眷。为了腾地方，就需要把这些家眷搬到城内去。

登州士绅不干了，要是辽东兵借此混进来怎么办？

谈判陷入僵局，耿仲明打破了这个僵局，他干脆回去，纠集辽东人一起献城。

登州城破。

没有了援军，祖大寿只好开城投降。但重点不在大凌河，而在登州。登州在所有的大明州府里，有一个重要的功能：火炮基地！

登州的巡抚是孙元化，孙元化的老师叫徐光启，徐光启是明朝大炮的总工程师。

通过跟西方传教士的接触，徐光启掌握了最先进的造炮术。袁崇焕守边，第一个要的就是徐光启跟他的大炮。

徐光启还提出一个炮推理论，制造大炮堡垒层层推进，把后金推到不毛之地去……

孙元化就是徐光启一手调教出来的高徒，西洋火炮专家，明臣大炮党党首。

登州城内有他聘请的葡萄牙火炮专家，以及顶尖的制炮工匠。

这一切全落到了孔有德的手里。

孙元化被关进了牢里，他发现，孔有德还有挽救一下的可能，于是他说服孔有德再次接受招安。

朝廷收到消息，决定大事化小，下发了戴罪招抚书。可诏书出了北京城，突然不见了。

哪儿去了？被巡按王道纯扣住了。

王道纯认为，对于这种叛兵，必须从肉体上消灭，没有谈判的余地。

孙元化说服孔有德放他出城，自己上京陈明真相。

孔有德还真信了。

孙元化一出城，还没到北京，王道纯就发起了攻击，而孙元化一到北京城，就被关了起来。

走投无路的孔有德只好投靠外敌，带着他的辽东兵以及火炮匠师投奔了皇太极。

被吃鸡的王象春被天下人责难，第二年病死。孔有德被封为清恭顺王，要不是后来被明将李定国围在桂林自尽，大清国就有四藩了。耿仲明被封靖南王，清朝三藩之一，因为私藏汉人，畏罪自杀。王道纯被李自成绑票，死在一面倒塌的危墙下。孙元化被崇祯处斩。

一年后，孙元化的老师徐光启郁郁辞世。他原本给了大明最后一个机会。

如果皇朝是个健康的机体，任何坏的事情都有可能变好，但大明这样的体质，任何事情都会朝着坏的方向发展。

后金在关外叫阵，关内也不安宁。陕西的李自成起义了。

大明覆灭记

李自成，陕西米脂人，年轻的时候放过羊，长大后去驿站当驿卒，负责照看马匹。职务虽低，也算是公务员了，不过干着干着就接到通知，说他被辞了。

好好的铁饭碗为什么也砸了呢？这就是孩子没娘，说来话长。

明朝有位叫毛羽健的御史，湖北公安人，当年九千岁魏忠贤在的时候，他跟魏公公斗争，被魏公公赶回了老家湖北。

到了崇祯皇帝上任，他的用人准则，是只要被魏公公打击过的就是好人。

于是，在家待岗的毛御史官复原职。毛御史兴高采烈地回北京上班，去的时候把老婆留在了老家。毕竟朝中局势变化快，得先看看情况。

到了北京，谁想毛御史也挡不住花花世界的诱惑，纳了一个小妾。

原本想着天高地远，北京离湖北这么远，自己的老婆不至于知道，谁知道没多少天，老婆就杀到了北京。

是谁走漏了风声？经过调查，毛御史发现，问题出在明朝的通信系统上。他的老婆动用了明朝的驿站系统，从而得到消息。

这太有违官员和谐了。

明朝的驿站确实问题不少，不但官员可以用，亲戚也可以用，你要是有关系也可以用。著名的驴友徐霞客在旅游时就动用关系，用过驿站的交通系统。

毛羽健找到了自己的同党刘懋，一同向崇祯汇报。崇祯别的没注意，只听到裁减驿站可以节省银子。

裁！

于是，李自成下岗了。

你看明朝的皇帝，个个都是聪明人，但经常办的都是糊涂事。

被裁员的李自成倒霉事不断，先是欠了一屁股债，被他的债主举人艾诏告到衙门，打了屁股，游了街，还准备弄死他。没想到李自成越狱成功，出来就把债主艾诏给杀了。

事情还没算完，他的老婆在他坐牢期间，耐不住寂寞出了墙，一怒之下，李自成干脆把老婆也杀了。

背着两条人命，李自成亡命天涯，先是当了兵，还升了官。结果因为工资问题，把领导给杀了。

没办法，只好走上造反的道路。

此时可谓大明多事之秋，清兵在北方闹事，各地闹粮荒。崇祯又将袁崇焕割了一千多刀。李自成算是赶上了造反的黄金时代。

怕后金进不了关，崇祯把袁崇焕杀了。怕李自成进不了京，崇祯把孙传庭给逼死了。

孙传庭，山西人，祖上从河南迁到山西。孙传庭是万历四十七年（1619 年）的进士，当过知县，天启年间，魏忠贤擅权，他干脆罢工，辞官回家。

到了崇祯八年（1635 年），同一年的进士甘学阔已经当了陕西巡抚，而孙传庭的机会也来了。当时农民起义，甘学阔搞不掂，陕西的乡绅都不干了，要求上面换人。这时候，孙传庭主动请缨代表甘学阔当陕西巡抚。

孙传庭去之后，先是练兵，以乡党为基础组建了一支秦兵，这是一种行之有效的练兵法，后来的曾国藩、李鸿章都是这样干的。这样的好处，是将知兵、兵知将，容易拧成一股绳。

接下来，立功的时候到了。

崇祯九年（1636 年）时，农民起义军的带头大哥高闯王想了一个奇计，从子午谷奇袭西安，这是当年魏延给诸葛亮提的建议。

原本是一个密计，可没想到，高闯王的一举一动都在孙传庭的掌握之下，孙传庭在谷口早早埋下伏兵，等着翻山越岭而来的高闯王。

以逸待劳之下，高闯王的五万兵马被孙传庭的两万秦兵打得丢盔弃甲，高闯王本人被活捉，送到北京凌迟。

孙传庭一战成名。

崇祯十一年（1638 年），孙传庭又在潼关伏击高闯王的继任者李闯王李自成，逼得李自成只带着十七骑逃到了陕西的商洛山中。困扰大明的农民起义好像一夜之间就要平定了。

崇祯大喜，把孙传庭叫到了北京，让他去防守清兵，守卫边疆。

这时候，孙传庭发现有个大麻烦，当时的兵部尚书杨嗣昌要求他把自己的秦兵调到蓟、辽一线。

杨嗣昌这个人很有才华，有战略眼光，他一直认为大明的最大问题在内部，而非清兵，只要大明守住了内部，清兵迟早会有自己瓦解的一天，所以应该以精锐骑兵对付农民军，跟大清言和。

事实证明，大明最后就是亡于农民军。

杨嗣昌也是平乱总指挥，李自成兵败、张献忠投降这些事情，杨嗣昌的作用很大，但是他跟孙传庭的关系不太好。

根源在于两年前。当时杨嗣昌搞了一个"四正六隅，十面张网"，限制农民军的活动范围，要实施这个计划，就要调动各省的军队，但孙传庭唱反调，表示"无益，且非特此也。部卒屡经溃蹶，民力竭矣，恐不堪命。必欲行之，贼不必尽，而害中于国家"。

杨嗣昌就很反感，认为他的秦兵不听调，差点还要以辞职来威胁崇祯拿下孙传庭。

两人到底谁对呢？其实一个问题不一定只有一个答案，可能两个人的做法都对，但关键是力往一处使，不要内部各搞各的。

杨嗣昌到崇祯面前报告，让皇帝去调孙传庭的兵。

孙传庭调不调呢？

不调，孙传庭表示自己的秦兵是乡土兵，他们的家属亲人都在秦地，如果调到河北辽东一带，那等于让他们背井离乡，不但起不了守疆的作用，反而会使他们逃亡为乱。

这个是有道理的，中国人重乡土，换一个地方，雄兵可能就熊兵。

杨嗣昌非要调，最后，孙传庭起家的秦兵被折腾光了，而孙传庭怒气攻心，耳朵聋了。

杨嗣昌马上告了一状，说孙传庭托疾罢工。

崇祯表示，好，那我派个人去查查看。

崇祯叫巡抚杨一俊去看看孙传庭是不是真的聋了。

杨一俊回来报告：真的聋了。

知道了，孙传庭去牢里待着吧，还有杨一俊，你也去牢里待着吧。

杨一俊可能把牢底坐穿也想不通，自己只是按指示去验明真假，怎么也被关了起来？

原因就是杨一俊没猜透崇祯的心思，崇祯要的不是真相，而是一个借口，一个对付孙传庭的借口。

这一关就是三年。三年后，牢门打开，孙传庭重获自由，任职兵部右侍郎，皇上还要亲自见他。

这是怎么回事呢？

原来，天下又乱了，李自成、张献忠再度雄起，兵围开封，而崇祯信任的杨嗣昌在张献忠攻破襄阳后自杀了。

没办法，只好把孙传庭请出山。孙传庭再次回到陕西练兵，当年他起家的秦兵早就折腾没了，要重新练一支并非没有可能，但需要时间，可崇祯等不及了，屡屡催促孙传庭出关迎敌。

孙传庭上言：兵新募，不堪用。

崇祯非得逼孙传庭出战，他忘了孙传庭能够取得胜利，是因为能够根据战局的变化采取相应的变化，如果战场的行动要听从千里之外、高墙之内皇帝的调动，安能不败？所以才有将在外，君命有所不受。

被催促急了，孙传庭不得不再次出兵，带着新兵跟李自成的大军交战，初战告捷，但李自成抓住秦兵打扫战利品的时机杀了一个回马枪。秦兵逃回了陕西，一路上没有军粮，只能采食没熟的青柿。这场战役称为“柿园之役”。

回到陕西的孙传庭再度练兵，训练出一种战车，上面装载火炮，进可以攻击骑兵，退可以组阵，但工期太紧，引起秦人不满。与此同时，崇祯还嫌慢，送把剑过来，让他赶紧再出潼关。

当年哥舒翰被逼出关迎敌的一幕再次出现了。结果并没有不同，孙传庭顿足叹道：奈何乎！吾固知往而不返也。然大丈夫岂能再对狱吏乎！

仓促出战的秦兵中了李自成的诱兵之计，劳师远征，粮草匮乏，先是杀马吃，后来连敌军的尸体也开始吃起来。最终的大决战，李自成用前三阵的饥民、步兵、骑兵消耗孙传庭的主力，最终用第四阵的精锐骑兵击败秦兵。

秦兵大溃，李自成一日追杀四百里，官兵死伤四万余，明朝最后的家当败光了。

孙传庭战死沙场。有意思的是，崇祯认为孙传庭是诈死潜逃，所以没有赠荫。

他大概是担心自己万一赠荫，又传出孙传庭还活着的消息，自己的面子上不好看吧。

崇祯，究竟是一个爱面子的人。

1644 年 4 月 25 日，李自成攻陷北京，崇祯上吊自杀。明朝灭亡。

最后的问题，生命是宝贵的，除了自杀，还可以跑路，或者投降，或者被俘。可为什么堂堂的大明皇帝最终选择自杀呢?

事实上，崇祯确实想过跑路。在这一年的年初，崇祯知道大势已去。他的心中构思着一个方案：南迁，把都城迁到南京。南方远离李自成跟后金，从战略上来说，这是一个非常好的办法。让出北京，李自成势必与后金发生直接冲突，明朝就可以从以前的夹心饼、腹背受敌转变为坐山观虎斗。这样至少可以像南宋一样再延续一百来年。

但是，崇祯又不好自己提出这个方案，抛弃祖宗的地盘，这总是没面子的。

于是，他想了一个办法，找一个代言人。这个代言人是官员李明睿。

李明睿一开始就是迁都的倡议人。崇祯把李明睿找来，谈了一个通宵。最终决定让李明睿在朝中发个言，然后大臣议一议，最后皇帝一拍板，事情就定了。

以前的工作就是这么开展的。

可在朝上，李明睿把迁都的事情一说出来，马上遭到了众大臣的反对。

为什么大臣们要反对呢？这其实跟另一件事情有关。有一回崇祯想跟后金谈判，派了兵部尚书陈新甲跟后金谈，结果这个陈新甲走漏了风声，搞得舆论哗然。

咱们大明朝的风骨就是不和谈，你崇祯怎么就敢和谈了！

最后，崇祯只好杀了陈新甲了事。

这个事情出来后，搞得大家都猜不透崇祯的底，谁知道崇祯是不是又挖了个坑。不管了，打死也不能上当。迁都，不可能的！

最后的路被自己堵住了，崇祯只好身心俱疲地爬上煤山，把生命交给了一棵歪脖树。

第七章

清朝：自我感觉太好，结果被打脸

东北大哥闯关记

清朝的历史，就是一个早期猥琐发育，中期自我感觉太好，结果后期被无情打脸的故事。

在中国的历史上，游牧民族入主中原不是稀罕事，但女真人创造了一个纪录，在中国历史上两次住进皇宫。

第一次是完颜家族趁着辽国跟宋朝讨论保护费的比例时，一下冲进来拳打大宋，脚踢辽国，把大宋的皇帝都绑走了。完颜家族收了南宋一百年的保护费，撞上了蒙古帝国，就此光荣下线。

第二次是爱新觉罗家族做的。完颜家族被蒙古砸了锅，中原的女真人基本就地汉化。而东北还有一批留守的女真老铁。

在大明的统治下，这些女真人基本过着散装的日子。住在松花江附近的叫海西女真，因为松花江也叫海西江。住在黑龙江以北的，叫野人女真。住在抚顺的，因为这一块属于建州卫，所以叫建州女真。

在东北，都督、都指挥、指挥、千百户、镇抚满地走，只要有点人，就能拿编制，只要这些人千万别弄到一块就行了。

直到有一位仁兄感觉散装没优势，决定把女真部落组个团。这位仁兄叫努尔哈赤，意思是像野猪一样的猛男，编制建州卫。

前面已经提过努尔哈赤的爷爷跟爸爸的事。当时李成梁表示很遗憾，这友军误伤，给了特别抚恤金，马三十匹。除此之外，李将军还做出了一个决定：给出敕书三十道。

所谓的敕书就是经商许可证，拿着这个可以进京做生意。

一道可以解决温饱，两道可以发家致富，五道可以号令群雄，你竟然给他三十道，你是要给他插上天使的翅膀吗？

一位叫佟登的商人看这小伙子挺有前途，就把自家当铺里没人赎的十三副铠甲送给努尔哈赤当启动资金，不过也有说，这铠甲是努尔哈赤祖上传下来的。

不管怎么说，努尔哈赤就此发达了，拉起了一支达百人，装备达十三副的武装。

借着替父报仇，努尔哈赤统一了建州女真，然后自然盯上了其他两大女真。

这时候，努尔哈赤发现自己被一个美女通缉了。美女表示，谁能杀死努尔哈赤，自己就嫁给他。

这位美女叫东哥，叶赫那拉氏，人称女真第一美女，属于海西女真。

散装女真三大部：海西女真、建州女真、野人女真。每大部又有好多小分部。其中海西女真又分为四大部落：叶赫部落、哈达部、乌拉部、辉发部。

东哥就是叶赫部落的姑娘。

努尔哈赤这些年在东北搞兼并，引起了大家的注意，为了消灭这个不讲武德的年轻人，东哥家里人搞了一个比武招亲，谁能消灭努尔哈赤，东哥就嫁给谁。

美女一吆喝，英雄就激动，不仅女真部落的人，连蒙古部落的人也跑过来凑热闹，一共凑齐了九大部落，一起进攻努尔哈赤。

九部之战下来，九个部落全被努尔哈赤给收拾了。

倒是借着东哥这位大妹子，努尔哈赤找准了兼并的方向，谁跟东哥相亲就打谁，打着打着，海西女真各大部落全被努尔哈赤打趴下了。

努尔哈赤为什么打仗这么猛呢？

努尔哈赤将自己的部属进行分组，十人一组，从里面选一个组长出来，也就是统领，统领会有一把箭，称为十人长，满语称为牛录额真。

牛录是箭的意思，额真就是老大的意思。

一开始，努尔哈赤的手下也就是牛录额真这个级别。在史书上经常可以看到这样一些记录。比如万历十三年（1585 年）二月，努尔哈赤带着披甲兵二十五个、士卒五十个攻打哲陈部的界凡城。四月，带着绵甲兵五十、铁甲兵三十又去征哲陈部。

渐渐地，努尔哈赤手下的兵马多了起来，就把手下的牛录额真进行扩编，一个人可以管三百人。又在上面增加旗的编制，根据颜色不同建了四旗：黄旗、白旗、红旗、蓝旗。

这是 1601 年，一开始只有四旗。又过了十三年，到了 1614 年，再次扩编，增加了镶黄、镶白、镶红、镶蓝。这时努尔哈赤有多少人呢?

当时的编制是这样的，三百人为一个牛录，五个牛录为一个甲喇，五个甲喇为一个固山。

固山就是旗的意思，一旗是七千五百人，八旗是六万人。

在女真的传说中，有满万不可敌的说法，明朝的管理核心思想，就是你们尽管散装，千万别满万。现在努尔哈赤已经有了六万人，当然可以跟大明叫下板了。

1608 年，努尔哈赤停止给大明交保护费，1616 年，努尔哈赤自己组团，建立大金，称后金。1618 年，努尔哈赤把这些年受的委屈梳理了一遍，宣布了“七大恨”，向大明宣战。

第二年，努尔哈赤在萨尔浒一举击败明朝大军，走上人生的巅峰。

人生太顺利，总要挨点捶，到了 1626 年，努尔哈赤在宁远城遭遇炮击，几个月后病死了。

接下来，真正的大清奠基者出场了。

大家以前看清宫剧，对康熙皇帝有很多了解，认为康熙皇帝是挺牛的一个皇帝，小小年纪斗鳌拜。

电视还演过乾隆皇帝，让观众认为乾隆很潇洒，还有大明湖畔的夏雨荷。

后来，又演了《甄嬛传》，大家感觉雍正真牛，老婆这么斗法，他也没气死。

其实，清朝皇帝里最牛的应该是皇太极，他才是权谋大家。夺权的招数是一套一套的。别的皇帝都没他牛。

因为皇太极是真的靠自己，年轻的时候他跟着努尔哈赤东征西战，到了快接班的时候，同样面临着夺嫡的剧情。

那么，皇太极是第一人选吗？当然不是，不但不是，连第二第三都不是，顶多是个老四。

第一人选是太子褚英。

这算是大清国第一位太子爷了，打仗也很厉害。可是，当努尔哈赤把军权交给他之后，他就开始自大起来，不但不注意统战一切力量，还飞扬跋扈地恐吓他的兄弟以及他父亲的战友们，逼着皇太极还有代善、莽古尔泰这些人向他发誓，以后得听他的，而且还不能打小报告。不然的话，他以后上了位，一定弄死他们。

这就是赤裸裸的威胁了。这种威胁不但没起作用，这些兄弟、大臣反而纷纷举报。努尔哈赤一看，这小子完全不是当领导的料，所以就把他撸了。

下一个人选是努尔哈赤嫡次子代善。

代善是能打仗的，情商也很高，完全是有戏的。可是，他有些小细节没做好。比如他跟父亲努尔哈赤的小老婆玩暧昧。

这位小老婆叫阿巴亥，是海西女真部落的格格。因为打了败仗，叔叔把她送给了大她三十一岁的努尔哈赤当小老婆。那时，她只有十二岁，两年后被努尔哈赤册封为大福晋，可见，她还是比较受宠的。她先后生了三个儿子：阿济格、多尔衮和多铎。三个儿子各掌一旗。

因为跟老公年纪相差太大，这位阿巴亥就搞出了一件大妃事件，有人告发她跟努尔哈赤的儿子代善来往密切。阿巴亥曾经夜入代善府上，给代善送吃的。

夜宵事件一出来，代善也就一边站了，同时，阿巴亥的三个儿子也暂时凉凉了。

第三位人选是莽古尔泰。莽古尔泰也是努尔哈赤的儿子，按顺序，莽古尔泰是努尔哈赤定的第三贝勒。前面代善吃了多尔衮妈妈送的夜宵，但传说，跟代善有暧昧的其实是莽古尔泰的母亲衮代。不管是不是，衮代确实因为失宠被打发回家。这个时候，莽古尔泰做了一个举动，他为了讨努尔哈赤的欢心，把自己的亲妈给杀了。这样一来，他不但没得到皇位，还失去了人心。

前面三位都凉了，自然轮到了皇太极。但上面有好大哥，下面有小老弟，这个位子不好坐啊。

比如阿巴亥的三个儿子，阿济格已经成年，可以带兵，下面有一个旗，多尔衮只有十四五岁，虽然没领旗，但也有兵马，多铎是半大小子了。这三大势力要是抱团，皇太极也当不了皇帝。

皇太极采取了分化的办法。

有一天，皇太极收到一个消息，阿济格要让自己的弟弟多铎娶舅父的女儿。这是一种政治策略，通过婚姻把三个兄弟聚在一起。

皇太极一听，马上不同意，而且还抓住把柄，说这次婚姻没有到他这里备案。这些王公娶老婆，都是需要审批的，他们没报批就直接洞房，不但法律不承认，还要追究非法同居的问题。

皇太极对此大做文章，惩罚主婚的阿济格，然后把阿济格的旗给了多尔衮。

这样一来，多尔衮这个年轻的吃瓜少年就被皇太极给收买了。三兄弟就此拆伙，到了皇太极去世，这三兄弟也没有能力去争当皇帝，只能为他人做嫁衣裳。

后金是四大贝勒共同执政。四大贝勒是大贝勒代善、二贝勒阿敏、三贝勒莽古尔泰、四贝勒皇太极。

二贝勒阿敏是皇太极的堂兄，打仗厉害，可有一条，人比较鲁莽，平时又有点不服皇太极。皇太极早就想弄他了。

有一年打仗，阿敏被明将孙承宗反击，一看打不过，阿敏竟然杀了降兵弃城逃跑，丢掉了后金一块重要的地盘。

皇太极一看，得，这不能怪我了，马上议罪把阿敏打了下去。

接下来，自然轮到莽古尔泰了。

1631 年，莽古尔泰去打仗，攻打明朝的大凌河城。大凌河城是明朝一个重要据点，大炮很多。这些人一去就吃了明朝的炮灰。莽古尔泰的部队伤亡惨重，他跑去要皇太极调皇帝的护卫兵出战。

皇太极当然不理他，调了护卫走，安全谁来保障？但在莽古尔泰看来，这是皇太极为难他。一是让他的兵当炮灰，削弱他的实力；二是现在拿不下来，又不增兵，明摆着是让他顶攻城不下的罪。莽古尔泰一冲动，把刀拔了出来。

这个动作太二愣子了，你在皇帝面前拔刀是什么意思？

回来后，皇太极追究他的责任，把他的大贝勒名号也革了。

莽古尔泰找了自己的亲姐姐莽古济公主以及一些亲信，准备刺杀皇太极，定了一个方案，准备在酒宴上杀死皇太极。这其中有一个人叫琐诺木，是蒙古部的贝勒。他娶的老婆就是莽古济公主，换句话说，他是莽古尔泰的姐夫。

商议时，莽古尔泰说了一句话："我现在准备除掉皇太极，成功了，我就是大汗，失败了，我就退到开原，开原这个地方很坚固，我搞个割据自立为王也是可以的。"

琐诺木呆了，因为这个开原城是他的，琐诺木投靠清朝之后，皇太极把开原城封给了他。

你莽古尔泰搞革命，成功了好说，不成功，莽古尔泰要占我的开原城。

这是拿我的老本去搞你的风险投资啊。想了一下，琐诺木趁跟皇太极喝酒的时候，给皇太极透了一下口风："皇上不当惟兄弟是倚，行将害上，宜慎防之……"

大哥，防火防盗防兄弟啊。

这样一来，皇太极加强了警备，莽古尔泰还没有动手就得病暴亡。这里面皇太极的嫌疑想来是很大的。

这就是莽古尔泰的悲剧故事，本想杀母当皇帝，结果机关算尽，反误了卿卿性命。而他的姐姐莽古济公主更惨，事发后是被凌迟处死的。

代善的结局还是可以的，一是他比较识趣，知道自己没戏后，主动拥戴了皇太极，后来皇太极去世，他又拥戴了顺治皇帝，所以他被封了和硕礼亲王，世袭罔替。在顺治五年（1648 年）死于北京，也算赚到了。

经过皇太极的努力，四大贝勒主政就彻底变成了他一个人说了算。

论起打天下，皇太极比他爹更有水平。努尔哈赤在东北，还经常欺负汉民，把汉民当奴隶。皇太极上台后，把汉人奴隶恢复为民户，分了田地。这样一来，东北的汉官被收服了。

征服了人心，皇太极不但把蒙古军扩充为八旗，还组建起了汉八旗。这时候的后金已经不仅仅是女真的政权，而形成了以女真为核心、蒙汉为两翼的政权。

皇太极连国号也换了，崇祯八年（1635 年）的时候，皇太极废女真称号，定名为满洲，第二年，改大金为大清。

这是为了入主中原做思想准备。努尔哈赤叫金国是想继承前金国的政治遗产。但要入主中原就不行了。你叫金国？那不好意思了，中原人民对金这个称呼可是有相当不美好的回忆。宋朝时本来是同盟，结果你金国不仗义，打到中原，把北宋皇帝宋徽宗抓了去，丧尽天良的事干了一大堆。

你又打着金的旗号进来，中原指不定又出来一个岳武穆王要还我河山，打到黄龙府。

皇太极决定将国号改为清，这一改国号为清，那可太麻烦了。“清”是常用字，还是诗词常用字。一写诗用到“清”字，就触动了爱新觉罗家族那敏感脆弱的小心灵。

比如后来有位翰林徐骏写了一首诗，里面有两句：“清风不识字，无故乱翻书。”

得，你这是恶毒攻击统治阶级，说我们不识字，斩。

又如翰林学士胡中藻的诗里有一句：“一把心肠论浊清”。

乾隆一看，嘿，了不得了你，把“浊”字加在我国号清上面，你几个意思？想给我们泼污水啊。腰斩，满门斩！这就是传说中的文字狱。

改了国号，皇太极自然要中原游的，但在中原，总是有一个检查站卡着不动。这位卡位很准的人就是袁崇焕。

皇太极冲了几次，被袁崇焕照着脑门儿砸了大包之后，才突然开窍。这里过不去，我转个弯不行吗？

皇太极带着大军借了蒙古部落的路，绕了一圈杀到了北京城下。

袁崇焕一看这不按套路出牌，赶紧带着兵马过来勤王。

眼见又要白跑一趟，皇太极发挥其善于阴人的特长，施了一个反间计，故意在明朝的俘虏面前透露袁崇焕准备投诚。

崇祯皇帝一听，难怪皇太极杀了过来，全是因为有内鬼啊。一激动，脑子就不够用，直接把袁崇焕下到大狱给杀了。

皇太极最想办的事，崇祯替他办了。

皇太极这一打，也打出了感觉，开始玩起了游击战，时不时出门右转到中原打个劫，讲究的是短平快，抢完就走。这么一折腾，让原本就不富裕的大明雪上加霜。

骚扰明朝的时候，皇太极也是左右开弓，左打朝鲜，右打蒙古，从此朝鲜成为皇太极的运粮大队长，蒙古成为皇太极的冲锋敢死队，眼见就可以挥师南下、入主中原时，皇太极突然去世了。皇太极死时五十四岁，办公时突然死了。

清朝的宣传是工作操劳过度，“端坐而崩”，坐着坐着，人就没了，你说奇怪不奇怪？也许是因为上夜班，但从官方文件推测，可能是胖死的，因为太胖了，患上心血管病，加上夜里加班，所以猝死。

创业未半而中道崩殂，只好人生豪迈，后代再来。

接着带领满洲闯关的人，是被乾隆评定为闯关第一人的多尔衮，他得到的评价是“定国开基，成一统之业，厥功最著”。

盛世是怎么练成的

多尔衮是努尔哈赤的小儿子，努尔哈赤死的时候，多尔衮只有十五岁。

皇太极经常带着多尔衮出去打仗。很快，多尔衮就从众兄弟中脱颖而出，成为一位战将。这个人打仗很善于用脑子，经常在明朝稻熟的时候进攻大明，搞得大明相当头疼。而且多尔衮跟其他兄弟不同，他不是单纯的武夫，还会搞管理。他管着后金最重要的吏部，所以多尔衮有拉帮结派的机会。

到了 1643 年，皇太极“端坐而崩”。

历史的选择到了多尔衮手上。

这时候的多尔衮掌控着八旗中的正白旗跟镶白旗。这两旗是清军的主力。

除了他，还有一位更有希望的主儿，这位是拥有正黄旗跟镶黄旗支持的豪格。

按理说，豪格是最有希望的，因为他是皇太极的长子。

但是，清朝不同于中原的嫡长子继承制。它是旗主推举制，不是投胎决定的。各旗主认同你，你才能继位。就是清兵入了关，也没有实行中原的嫡长制，清朝十二帝，只有道光帝旻宁是嫡长子。

这样一来就麻烦啦，豪格有两张牌，多尔衮也有两张牌。

选举大会一开始，豪格就占了上风，低调了很久的代善抛出一个言论，必须是皇太极的儿子接着干。

豪格，你要皇位不要？要，我给你送过来。

考验性格的时候到了，这时候，只要豪格一点头，人生就可以豪迈了。但不知道这位豪格是不是受了儒家文化的熏陶，染上了明明身体很诚实，但嘴上一定说不要的毛病，表示自己“福少德薄，非所堪当”。

原本感觉没戏的多尔衮立马站了出来，他知道自己干已经没戏了，但换谁干还是要争取的。成年的豪格干，多尔衮用不了多久，人可能就要滚了。

于是，皇太极还没有成年的小儿子福临中奖了，成了大清的新皇帝。福临名字取得好，也给大清带来了好运。刚当皇帝第二年，清朝就捡了中国历史上的一个大漏儿。

李自成进了北京，驻守山海关的明将吴三桂算了一笔账，给清朝当导游远比给李自成当家臣更划算，就此打开山海关，引清兵入了关。

李自成的大军上上下下都分了钱，多则千两，少则数百两，都准备回家当地主，远比不上创业心切的清兵。在北京待了一个月，李自成哪儿来的退哪儿去了。

福临成为清朝入关后第一个皇帝，啥也没干，这就是运气，年号顺治。

其中当然多亏了多尔衮这位摄政王。原本清朝可以轻松平定天下，这时候，多尔衮有点飘了，暴发户有了钱，一下不知道怎么花，整出了五大弊政。

一是圈地，进了中原，划个圈圈就说地是自己的。

二是投充，把失去土地的农民强行拉去做壮丁，划归到旗下进行劳动。

三是逃人，那些不愿意在旗下的人三十六计，走为上计，为了防止这些人逃跑，清朝搞起了严厉的逃人法。

还有最为臭名昭著的剃发、易服。

中原人受儒家思想影响，身体发肤受之父母，岂是说剃就剃的？多尔衮一冲动，画了条发际线：留头不留发，留发不留头。

反抗者则表示：“宁为束发鬼，不做剃头人。”

顺治七年（1650 年），执着于发际线的多尔衮出去打猎，从马上摔下来，重伤而死。

多尔衮一死，皇帝福临松了一口气。因为这位大清入关的第一功臣实在有点飘。光是摄政王就升了三次级。从叔父摄政王升级到皇叔父摄政王，又再升级到皇父摄政王，简直就是大清的太上皇，按清朝的说法，那是阿玛王。

多尔衮刚死，福临就剥夺了多尔衮的封号，还把他的墓挖开，砍头、鞭尸，大大出了一口恶气。

而福临这位躺赢的皇帝似乎也无福消受这个天下，杀死多尔衮后，福临也去世了，年仅二十四岁。有人说，他并没有死，而是出家当了和尚。也有人说，他是死于天花。

感觉这位福临是福星高照，什么也不用干就进了京，进了京什么也没来得及干，就把治理天下的任务交给了儿子康熙。

事实上，福临还是做了不少贡献的，比如他将明朝的制度沿袭了下来，尤其推崇朱元璋的治理方式。临死的时候，还给大清留下了一笔遗产，废除了八旗王公议立新君的老规则，改用中原的托孤模式。

福临为了自己的接班人康熙精挑细选了四位辅政大臣：索尼、苏克萨哈、遏必隆、鳌拜。

索尼年纪最大、辈分最高，斗不过鳌拜这样的生猛后浪，康熙六年（1667年），索尼自己病死了。

另一位辅政大臣苏克萨哈虽然喜欢跟鳌拜对着干，但他以前是多尔衮的人，底气不足、成分不佳，还有案底，被鳌拜穷追猛打，最终被列罪状二十四条后绞死了。

剩下的遏必隆是鳌拜的跟班儿，于是二人转变成了独角戏，这时候的鳌拜想低调实力也不允许了。

不出意外的话，鳌拜将成为大清孟德公了，没想到康熙却不是汉献帝。

有一天鳌拜生病，康熙去慰问，结果发现鳌拜的床席之下竟然有把刀。这就是图谋不轨，但要真翻脸，康熙还不一定打得过鳌拜。

拼演技的时候到了，康熙轻轻一笑："刀不离身，满洲故俗，不足异也。"

掀桌子的时候还不到。康熙在宫里找了一群少年，天天练习摔跤，在鳌拜的眼里，这跟现在组织玩网络游戏一样属于玩物丧志，但没想到康熙玩着玩着来真的，趁着鳌拜只身上朝，来了一个突然袭击，将鳌拜直接拿下。

当了八年皇帝，康熙这才正式上线。康熙皇帝干了六十年，大事小事一大堆。首先制造矛盾的圈地被禁止了，圈地没有了，无地农民挂靠八旗的投充自然也停止了，没有投充，自然也没有逃户，没有逃户，逃人法自然也废除了。至于剃发易服，虽然没有废除，但大部分人也习惯了。

这个世界的主要矛盾还是吃饭矛盾。有饭吃，谁当皇帝都没问题。没饭吃，亲爹当皇帝也是要掀桌子的。

康熙年间，饭总是有的吃的。

中国古代社会，一个乡经常是一个地主负责管理，一个县经常是一群地主负责管理。

地主们管着田地，这是中国社会最重要的经济来源，乡绅对当地事务有极大的发言权。

他们一边收田租，一边让后代读书考科举，耕读之家，就是那个时代很多家庭的梦想。

清朝入主中原后，没有打破这个梦想，反而还强化了这个梦想，比如顺治年间就开科取士，所有制度全部按明朝的来。地主们一看，得了，皇帝变了，天没有变，咱们的梦想还在，那继续种田读书。

书照读、田照种、官照当，人生三样大事一样没落下，也就没多少人认真去想皇帝是长方形还是正方形、操的哪里口音了。

后来，八旗子弟摆不平的事，还是请汉族地主们出来主持大局。曾国藩等人拼了老命为的是什么？就是希望自己的生活现状不要被破坏。

到了康熙时，康熙皇帝又放下一句话：盛世滋丁，永不加赋。

咱现在是盛世，盛世里生了小孩，不加你的赋税。生孩子不上税，你们愿意生就生吧。

再到康熙的儿子雍正时，又摊丁入亩，直接取消了人头税。新增人口的政策负担没有了，大家就猛生，生育解放的威力是惊人的。明末，中国人口三千万人，到乾隆末期，人口已经变成了四亿。当然，明末因为征收人头税有隐瞒户口的情况，但此时人口的暴增是事实。

人口一多，大家就着急了。为什么呢？养不活。

土地的产量是有限的，有限的土地怎么养活越来越多的人口？

一个人平均需要五亩地才能生活，而能勉强达到这个标准的仅仅有四川等少数省份。江浙一带完全不够，而地少的福建、广东等地更是远远达不到这个标准。

吃饭矛盾是人类社会生活中的终极矛盾，吃不饱饭就会造成社会动荡，到了乾隆末年，流民开始多起来，再到清末，各种袍哥组织流行，义和团也到处闹，就是因为流民多、农村闲散人员多。没有足够的田地种，也没办法进城当个打工人，便只能当个流浪者。

自此，清末的基层社会自我失控，乡绅控制不住流民，各种族群因为人口增长而引发资源争夺，土客大械斗就发生在清末，后来的太平天国运动也跟这一社会现象有关。

康熙用永不加赋稳定了清朝的统治，但同时又为清亡埋了一个大雷。

当然，这些事情不用康熙操心。他要做的只是将眼下的江山进行加固，为了做到这一点，康熙皇帝搞了一个四面出击。

西南方向，平三藩。

清朝入关时，有三位投降的明将封了藩王，云南平西王吴三桂、广东平南王尚可喜、福建靖南王耿精忠，称三藩。

这三大藩王为清朝统一中原做出了巨大的贡献，但随着南明流亡政权、李自成和四川张献忠的下线，他们的存在就显得有些多余了。而且这三位要兵有兵，要财有财，清朝还得给他们发巨额补助，在当地又称霸一方，怎么看都不利于大清的和谐。

到了康熙十二年（1674 年），镇守广东的平南王尚可喜打报告要求回辽东养老，让自己的儿子尚之信接着干。康熙也不客气，表示他儿子也不用再在广东待了，一起回辽东吧。

吴三桂一看这形势有点不对劲，是不是要对叔叔们下手啊？于是，吴三桂打了一个报告，表示自己也要撤藩。

在吴三桂看来，这也就是自己意思意思，上面挽留挽留，自己就勉为其难再为大清发挥余热五百年。但没想到康熙这个年轻人不讲武德。

要退休？好啊，你们三位老铁一起回辽东去吧。

吴三桂没想到年轻人火气这么大，但他也没忍住，掀了桌子造了反，打出了反清复明的旗号，很快，靖南王耿精忠、尚可喜之子尚之信也跑出来共襄盛举。

康熙不慌不乱，擒贼先擒王，擒王就先擒三王中的大王。吴三桂一反，康熙一刀把吴三桂在北京当人质的儿子吴应熊给咔嚓了。

耿精忠先顶不住了，清兵一进福建，耿精忠就举了白旗，投降也没耽误自己被凌迟。

尚可喜本来不想反，活到这地步对他来说已经不错了，可架不住儿子有理想。尚之信一看父亲有点颐养天年的意思，只好自己追求进步了，炮轰清兵大营，兵围父亲府第，把尚可喜气得病好了一大半，竟然能够挣扎起来自己上吊。

尚之信赶上了造反的末班车，可刚上车就发现要到站了，只好又重新换了站位，帮助清兵打世叔吴三桂。如此的走位是不受欢迎的。大局已定时，康熙给他定了一个谋反的罪，赐他自尽。

真正的主角吴三桂最后也挂了。

打了几年，吴三桂认清了自己，作为一个导游，他还是合格的，做一个开创天下的帝王，他实在没有这个能力，甚至也没这个想法，他不过是想坐断东南，关起门来过小日子。

搞割据是没前途的，打了几年，吴三桂不要说打到山海关，连长江都过不了。发现没戏后，吴三桂抱着过把瘾就死的态度称了帝，国号为周，混了五个月的皇帝身份后去世。

东南方向的是台湾。

明朝的时候，有一个叫颜思齐的人。这个人胆子很大，年轻的时候杀了人，混不下去后跑到日本。一开始颜思齐当裁缝，后来又搞海洋贸易。如果有人告诉你，他在明朝搞海洋贸易，那八九不离十就是海盗。

不过颜思齐这个海盗很有理想，他找了二十八个兄弟，插香为盟，要推翻日本的幕府统治，在日本称王，然后向中国称臣。

计划很宏伟，可惜还没有实施就被发现了，只好开溜。这么多兄弟去哪里混口饭呢？一看，台湾这个地方不错，就这里了。

颜思齐于是把兄弟带到了小岛，准备以这里为基地征服日本。结果一次出去打猎得病死了。

虽然死了，但路已经铺好了，好多人都被颜思齐带到小岛，所以颜思齐被称为开台王。

死了之后，另一个兄弟被奉为盟主，这个人是郑芝龙，教名尼古拉斯・加斯巴德，儿子更有名，叫郑成功。

郑芝龙的理想就是当个土豪，很快就接受了明朝的招安，准备安心当一员地方大吏，还把在日本生的孩子郑成功也接回国，可没想到，刚拿到大明的编制，单位倒闭了。

郑芝龙跟原单位的人一起努力了一把，结果发现没有希望，只好降了清，原本想着只要保住家业就可以了，可没想到，儿子郑成功更有骨气，拒绝投清，还毁家复明，一把火烧了父亲辛苦在大陆置的产业，带着船队重新回到台湾，打跑了侵占中国台湾的荷兰人。可是，郑成功的儿子郑经不是一个正经人，反清复明又没有希望，郑成功怒气攻心，直接病死了。

接任的郑经在三藩之乱时也起过哄，三藩失败了，他想着把台湾整成小藩国，这当然是想多了。

康熙派出父亲被郑成功杀害、从而跟老郑家有不共戴天之仇的施琅，成功拿下台湾，中国的东南这一点终于回归大家庭。

在东北是两打沙俄。

入关的清朝赶上了崛起中的沙俄。沙俄这个半大小子，跟波兰、瑞典和土耳其叫板没占到什么便宜，一群沙俄探险队倒托了清兵入关不管老家的福把东北的雅克萨城给占了。

这算是把清朝的老家给端了，康熙打了好几次招呼，沙俄也不听，那只好动武了。

为了保住龙兴之地，康熙调动了自己的特种部队，包括黑龙江的神秘战斗民族索伦劲旅，还有暂时没学会提笼架鸟的关外八旗，甚至调去了福建的藤牌兵，汉八旗的炮兵部队，组建了清朝军队的全明星阵容，一共三千人，对上了俄罗斯远征探险队，这当然是专业队欺负业余队。

两战下来，沙俄叫了停，表示大家谈一谈，一谈就谈出了《尼布楚条约》，双方草草划了一个边界，康熙让了不少地方，主要是西北边的事情显然更要紧一些。

在西北打的是噶尔丹。

在西边有个瓦剌，跟大明纠缠了很多年，土木堡之变抓走皇帝朱祁镇的就是他们。这个瓦剌后来成为准噶尔汗国。老大叫噶尔丹，噶尔丹是一个有理想的青年，理想是成为成吉思汗第二。噶尔丹拿了俄国的资源，胳膊开始粗起来。

在蒙古高原有一片大漠，将巨大的草原一分为二，游牧部落自然而然就依着这个地形形成割据。

在明末的时候，这里还只是南北之分，南方的称为漠南蒙古，北边的称漠北蒙古。

蒙古有很多部落，比如科尔沁、察哈尔、土默特、喀尔喀等部落。科尔沁、察哈尔、土默特属于今天的内蒙古，喀尔喀属于今天的蒙古。

清初的时候，漠南蒙古因为跟东北的女真近，所以两者先开打了。

察哈尔部的大汗林丹汗开始做成吉思汗梦，准备统一蒙古，重建蒙古帝国的霸业，但这时，他主要的对手不是明朝而是女真。

林丹汗拉了科尔沁部入伙，打着打着，回头一看，科尔沁部反水了。

林丹汗只好跑路，最后死在了青海的外围。

征战当中，土默特部还有鄂尔多斯部也向后金投降，最终察哈尔部也服了。后金征服了漠南蒙古，把这些地方称为内蒙古。

当时漠北蒙古，也就是喀尔喀还没有被征服。入主中原之后，大清也没空理漠北蒙古，南方的事情还很多，而且土地更肥沃。当时的喀尔喀等部落跟清朝也建立了联系，每年来进贡一次，送白骆驼一匹、白马八匹，即所谓的“九白之贡”，等于已经建立了藩属关系，只是没有直接管辖。

噶尔丹觉得自己金丹大成，一上来就盯上了漠北蒙古，也就是喀尔喀部落。

喀尔喀的部落天天你打我、我打你的，散装的自然没有凝聚力，噶尔丹一去就势如破竹。

此时是康熙二十七年（1688 年），喀尔喀挡不住了，挡不住怎么办？

有两条路，一是投靠俄国，二是投靠大清国。

大家开会一商议，拍板决定：相信大清国。因为大清国跟我们穿的衣服也差不多，至少我们还跟漠南的蒙古同宗同祖，跟中原的文化也接近。

于是漠北蒙古回归大清国。

收了小弟，自然要替小弟出头，康熙亲征，打噶尔丹，三次。重要的话说三遍，重要的人当然要打三次。

噶尔丹又找上了科尔沁部落当内应……噶尔丹全军覆没，自杀了事。

经过康熙这一套四面八方拳，清朝的国势达到了前所未有的鼎盛，历史上把康熙开创的时代称为“康乾盛世”，康是康熙，乾是乾隆，其实中间还夹着一个皇帝：雍正。

雍正的上线过程就是群众喜闻乐见的九子夺嫡。

九子夺嫡

康熙皇帝在生儿育女上相当有作为，一共生了三十五个儿子二十个女儿。康熙的儿子里面有二十多个活了下来，其中有九个具备实力或者有心参与夺嫡大赛。

哪九位呢?

大阿哥胤禔、二阿哥胤礽、三阿哥胤祉、四阿哥胤禛、八阿哥胤禩、九阿哥胤禟、十阿哥胤䄉、十三阿哥胤祥、十四阿哥胤禵。

这么多人，名字又这么相近，确实难记住，但没关系，我们慢慢来。首先这九位呢，起跑线不同、资质不同，比赛策略也不同。这才促成了这场夺嫡大战的精彩。

最先起跑的是谁呢?

二阿哥胤礽。他凭啥抢跑?凭他妈是皇后!

胤礽的妈是康熙的正妻，孝诚仁皇后赫舍里氏，同时也是明朝大臣索尼的孙女，索额图的侄女。

大家可能也知道，康熙是少年天子，一登基就碰上了特别跋扈的鳌拜。

小说讲是韦小宝帮康熙干掉了鳌拜，其实康熙依靠的是一些还算忠心的大臣。这里面出力最多的就是索额图。

因为这些，康熙就对这个赫舍里氏有感恩之心。史书说，两人的感情很深。赫舍里氏十二岁入宫，跟康熙年纪差不多，可谓共患难。

在赫舍里氏十七岁的时候，康熙跟她生了一个儿子，可是四岁就夭折了。后来又生了一个，就是二阿哥胤礽。可是在生育的时候，赫舍里氏难产死了。

大家以前那么困难，都一起熬过来了，现在事情也摆平得差不多了，赫舍里氏却去世了，只留下这么一个儿子。所以康熙对这个儿子特别疼爱，把他留在身边亲自教导，两岁就被立为皇太子，这就相当于宣布胜出者了，你们其他人不要多想了。

胤礽带着胜利者的光环慢慢长大，其实他还是一个不错的人，也挺有学问，能力也不错，会蒙、汉、满语，能骑马射箭，几次监国表现得也不错。后来有说他比较骄纵、比较好色的，这也正常，他爸是康熙！不骄不纵就不正常了。

可折腾久了，胤礽就被康熙废了。好好的，干吗废了呢？

首先康熙感觉这个太子有威胁了。小时候是怎么看怎么可爱，可长大了，就很难说可爱了，而且还有点可怕。

太子嘛，有转正的冲动，要转正康熙就要下岗。

康熙是不愿意下岗的，偏偏这个太子身边也有一帮人。康熙就琢磨，太子会不会跟这帮人搞到一起，逼他提前退休呢？

跟在太子身边最紧密的就是太子的叔公索额图。索额图是清朝名臣，除了鳌拜，还跟沙俄签《尼布楚条约》、从征准噶尔，等等，也是功劳苦劳一大堆的。

康熙就是怕这样劳苦功高的。出过力就会有声望，而且这个索额图跟太子关系这么近，天天鼓捣在一起，没事还要求提高一下太子的政治待遇。这是什么意思？这是要另起炉灶了？

索额图跟另一位大臣明珠天天斗得不可开交。明珠是大阿哥胤禔这一派的。康熙一看这两人不巴结我，天天给我儿子唱戏，我一锅烩算了。

康熙先把明珠搞倒，索额图刚高兴两天，康熙又把他也抓起来，关到宗人府给弄死了。

杀了索额图，就等于把太子的靠山给推倒了。这是康熙给太子的一个警告，就是你别着急，老子是要让位给你，但什么时候退，你不能抢，只能等。

胤礽等不及了，他经常跟人埋怨，自己做了三十年的太子了，这世界上哪有这样的老太子？

这确实是破了纪录，以前的唐顺宗不过做了二十年的太子。胤礽这个纪录以后也没有人能破了。事实上，胤礽是中国最后一位太子。

不过，胤礽太子的工龄长，除了因为他爹能活，还因为他上岗时间早。两岁就被立为太子了，三十年不过三十来岁，急什么啊？

不久后，胤礽又干了一件蠢事。

有一次出巡，康熙带着儿子们出去见见世面。

半道上，十八阿哥胤祄得急病去世了。康熙很伤心，可是他发现太子一点也不伤心。

胤礽这个人确实比较冷血，小时候被惯坏了，一直都是他爹疼他，只知道接受爱，没有付出过爱。

康熙又想起以前的一件事。康熙有次生病了，胤礽去接他，结果见了面，也不像寻常人家，问一声“老爸你身体怎么样啦，有没有好一点”，有感情的，可能还要哭两声，说“爹你辛苦了，为了我们出去挣钱”。这个胤礽完全没啥表情。

那一年胤礽已经十六了，多少也该懂点事了。康熙一看，这儿子不行，没有半点情分。想到当年那件事，再把它跟现在这件事联系起来，康熙就火了，把胤礽骂得狗血喷头。

可胤礽不但不承认错误，还顶嘴。要是普通家庭，顶多拿棒子打出去就算了，但在皇家可不是这么简单的事情。

康熙气得够呛。可接下来这件事情，就让康熙感到汗毛直立了。

胤礽偷窥他的营帐。

大晚上的，这位胤礽不睡觉，跑到康熙的营帐外面，偷偷地扒开一条缝向里看。

以前朝臣、阿哥告状，说这个太子举动乖张，我还不信，现在你看这熊孩子，这个时间点，探着乌贼脑袋，瞪着乌贼眼珠子瞅什么瞅？看到什么少儿不宜的，咋整？

康熙得到汇报后，第一个反应是吓出冷汗了。这儿子想干吗，是不是要造反啊？！

康熙一气之下就将太子胤礽关起来，宣布废掉。

那么太子胤礽真的要反吗？

其实是没有的事，再借胤礽一百个胆，他也不敢反啊。他反也没资本。他就是吓坏了，不知道他爹心里想的啥，所以去偷看一下，听个过墙话。可没想到后果这么严重。

在中国的历史上，被废掉的太子基本上都是被打入十八层地狱，还要踩两脚，根本没有翻身的希望，秦朝太子扶苏，隋朝太子杨勇都是这样。但不代表没有例外，胤礽就是一个例外！

就在第二年，康熙竟然又宣布胤礽重新被立为太子，并表示只要你好好的，还是好孩子。

胤礽被废期间，很多人感觉机会来了。

最先冲出来的人是大阿哥胤禔。

老百姓的儿子拼爹，皇帝的儿子是拼妈的。这位胤禔的妈地位平平，所以太子之位就没他的份儿了，但又因为生得早，很早就参加工作，经常陪着康熙到地方考察，甚至还数次出去打仗，曾经跟康熙征过噶尔丹。

这让胤禔心里很不爽，生得早，不如生得巧。太子胤礽啥也不用干，太子当着，京里养着，自己累得半死，现在给父亲打工，以后还得给弟弟打工。这上哪儿说理去？

胤禔表面不说，心里对太子胤礽羡慕嫉妒恨。

正好这个胤礽不作不会死，跑去偷看他爹，被康熙给废了，而且康熙指定老大胤禔监视被废的胤礽。

这是什么意思？皇阿玛到底是想让他干什么呢？

经过仔细分析，胤禔得出结论，这是他爹让他代劳，除掉太子。

想到这一点后，胤禔相当兴奋，马上宣称将替父分忧，弄死废太子。

那么，康熙是不是真的要杀死太子呢？

当然不是！康熙跟太子的感情是很深的。在所有的儿子当中，康熙对这个废太子的精力投入最多，何况，康熙跟废太子的妈妈感情最深。所以胤禔的报告一打上去，康熙气得暴跳如雷。

你们这些兄弟真下得了手啊！

从这一点看，大阿哥胤禔的智商还是比较令人着急的。而在这个时候，一位老百姓冒了出来，向上级举报了一个重要情报。

谁呢？另一个儿子三阿哥胤祉。

康熙的儿子个个都有绝活。比如太子有个好妈，大阿哥年纪大，四阿哥也就是以后的雍正特别能装。三阿哥胤祉特别有文化，文艺青年，文武双全，骑马射箭很厉害。康熙特别喜欢他，只要出去打猎，就把他带在身边。

这让胤祉感觉，自己也有戏。

可是胤祉犯了一个错误，他爸的小老婆敏妃死了，未满百日，胤祉跑去剃头发。这个事情出来后，胤祉就被降职了。

胤祉跟太子关系不错，太子一倒，他也差点被搞倒。大阿哥又一直叫着清算太子党，这让胤祉很紧张，正在这个时候，他打听到一个消息，大阿哥请了一个蒙古喇嘛巴汉格隆给太子胤礽下了魇胜，就是传说中扎人偶、打小人这些歪门邪道的东西。

胤祉马上汇报给康熙，康熙一听，这是胡扯的吧，我大儿子还干这种事情？去大阿哥府上一搜，还真搜出了证物。

这夺嫡手段确实太简单、太粗暴、太原始。

皇阿玛很生气，平时看你忠厚老实，原来都是装的啊。

大阿哥马上被抓起来，像关小猪一样被圈禁了。

这个时候，胤祉高兴了，他化身正义群众举报大阿哥，表面上是想帮太子，其实是想为自己争取机会。

大阿哥完蛋了，太子胤礽已经被废，等于扔到了垃圾桶，再好的也不能捡回来吧。那不就轮到他这个老三了吗？

哪知道，康熙还是把垃圾桶里的胤礽给捡了回来。

发现是大阿哥玩扎小人，害他的心肝太子之后，康熙突然觉得，自己的宝贝儿子还是纯真善良的，只是被人下了咒语。于是，康熙又把太子扶了起来。

胤祉忙了半天，结果还是跟他没啥关系。

另外介绍一下大阿哥胤禔的结局，这位仁兄后来一直被幽禁，共达二十六年。康熙还特别不放心他，每次到外地出差，都要多安排点人把这个老大看住了，别跑出来。

三阿哥胤祉也很悲惨，雍正继位之后，把这个文艺青年关了十年，直到胤祉去世。

话说太子满血复活，应该好好反省，可是这位太子爷吃过两天牢饭，不但没有改造好，反而认为自己太子之位不保，就是平时底子太薄了，群众基础没打牢，所以更加拉帮结派，太子党不但马上重新组建起来，而且声势浩大。

过了两年，太子胤礽搞不清自己几斤几两，开始玩逼宫的游戏。

这就是班门弄斧了，你老子八岁就搞政治斗争了，你跟他玩？！

太子一冒头，就被康熙一拳打下去了。康熙再次废掉胤礽。第一次废胤礽，康熙气得跳脚，第二次康熙面无表情，毫不生气。正所谓哀莫大于心死，这一次，胤礽算是死透了。此后，这位爷一直被关着，直到雍正二年（1724 年）去世。

太子完了，老大、老三也完了。康熙也烦了，再也不立太子。最后剩下两位选手进入最终的环节。

八阿哥胤禩跟四阿哥胤禛。

老八出身一般，但品学兼优、德高望重，拥有“粉丝”一大票。

老四胤禛则低调得多，支持者没几个。但事实证明，低调是王道，胤禛抓住一点要领，别人说好不是真的好，皇阿玛说好才是真的好。别人的评价，胤禛一概不当真，康熙交代的事，打死也要办妥。因此，胤禛成功上位，成为清朝的雍正皇帝。

因为夺嫡这些事，有关雍正皇帝的传闻特别多，比如有个文人叫曾静，是个反清复明分子，听说雍正继位不正，清朝内斗严重，认为机会来了，跑到陕西找川陕总督岳钟琪一起起事。这位岳钟琪是岳飞的二十一世孙，过了这么多代，岳家也不想到黄龙府喝酒了。岳钟琪直接把曾静抓起来送给了雍正。

雍正就问曾静，你为什么造我的反啊？曾静答，你得位不正，民间传说你有十大罪。

雍正一听这十大罪，受不了。他说：朕览逆书，惊讶堕泪览之，梦中亦未料天下有人如此论朕也。

宝宝心里委屈，没想到天下人竟这么看本宝宝。

于是，雍正觉得有必要编一本书来解释一下，就有了《大义觉迷录》。

这里面讲：朕到底是不是谋父、逼母、弑兄、屠弟、贪财、好杀、酗酒、淫色、诛忠、好谀、奸佞的皇帝？

我们知道，解释就是掩饰，说自己没有，那说明有这十种传言。

我们来看看，雍正是不是犯了这十大罪呢？

第一罪：谋父，就是弑杀康熙皇帝。曾静说：圣祖皇帝畅春园病重，皇上进一碗人参汤，圣祖就驾崩了。

康熙的确是暴亡，没有什么迹象，当时宫里的一个意大利人也写道：驾崩之夕，号呼之声，不安之状，即无鸩毒之事，亦必突然大变，可断言也。

说明确实事发突然，也有鸩毒的传闻。

康熙原来是被雍正一碗人参汤给毒死的？其实不太可能，毕竟皇帝吃东西可是有太监去试的，而且康熙年纪大，去世之前还跑去打猎，应该是被自己折腾死的。

第二罪：逼母。曾静说：随将允禵调回监禁，太后要见允禵，皇上大怒，太后于铁柱之上撞死。

允禵是十四阿哥，雍正的同母弟，雍正登基之后，就把允禵给圈禁了。雍正的老娘乌雅氏要见十四阿哥，雍正不允许，乌雅氏就自个儿撞死了。这个当然也是猜想。

不过，乌雅氏应该是被气死的，因为雍正当皇帝的那年，乌雅氏就病了，第二年就死了。

第三、第四罪：弑兄、屠弟。说是弑兄屠弟有点过，但雍正的兄弟确实大多很惨。大阿哥允禔一辈子被关，直到雍正十二年（1734 年）去世；废太子允礽雍正二年（1724 年）就死在禁室里；老三允祉因为跟太子走得近，也被关了起来，一直到雍正十年（1732 年）去世；老五允祺没参与争斗，雍正也送人家小鞋穿；

老七有残疾，没参与争储，还算善终；老八最惨，因为是直接竞争者，失败后被雍正圈禁，还改了一个名字叫阿其那，就是猪的意思，雍正四年（1726 年）去世；老九允禟，八哥同党，也获得称号塞思黑（狗），被圈禁而死，死时腹痛，可能是被下了毒；十阿哥允䄉也是八哥同党，被抓回北京圈禁，但活到了乾隆朝；十二弟允祹没参与争储，但依然被降职；十四弟允禵就是雍正同母弟，被禁锢在景山；十五弟允禑，被派去守陵。

可见，雍正对兄弟确实有点黑，但唯一可能是他杀的，只有老九允禟。

第五罪：贪财。雍正喜欢抄家，当时有“抄家胡”的说法，发现贪官，别的不说，先把你家抄了，曹雪芹家就是被雍正给抄的。当然，准确地说，也不能说雍正是奔着财去的，人家是奔着贪官去的，雍正一朝，官员还是相对清廉的，跟他这个抄家大法有点关系。

第六罪：酗酒。雍正确实爱喝酒，有一回还给年羹尧写信，要他进贡一种宁夏羊羔酒。雍正大概还是孤单啊，身边没有一个真正可以说话的人，只好借酒浇愁了。

第七罪：淫色。对于这一条，雍正可能要喊冤了，因为他自认为清心寡欲，自幼性情不好声色。即位以后，宫人甚少。

据记载，他只有七位妃子，这在皇帝当中确实算少的了。但是，又有人说他是吃特殊药而死的。朝鲜人曾经记录：雍正晚年贪图女色，病入膏肓，自腰以下，不能运动者久矣。

这就是所谓的下半身不能自理。到底他好不好色呢？我想，这不是什么紧要的问题，皇帝好色有什么错呢？

第八罪：好杀。这个有点不准确，雍正是杀人多，年羹尧、隆科多这些大功臣最后也被杀了，但这些人可不能简单用忠奸来评定。

第九、十罪：好谀、奸佞。这个更是欲加之罪了，雍正一朝还是比较清明的，没有什么拍马屁的，至少没有乾隆朝的和珅嘛。

可见，这个民间传言的十大罪，有的是真，有的是假，但总的来说，雍正皇帝还是清朝不错的皇帝，上承康熙，下启乾隆，没有他，康乾盛世就连不起来。

盛世接力器

雍正堪称盛世接力器，没有它，康乾盛世可能就撑不起来。

第一个要说的，就是雍正反腐相当成功。雍正反起腐来手脚特别快。康熙帝死了还没埋呢，雍正就组织一大帮职业会计师搞了一个会考府，查大家的水表。谁欠钱都得补上，尤其是以前跟他唱对台戏的兄弟。比如他的十二弟允裪竟然也欠了钱，最后被逼得上街摆地摊卖宝贝才把窟窿补上。

对于地方上的贪官，雍正也有绝活。在派巡视组的同时派一个陪审团，这些陪审团大多数由候补官员组成。

清朝的官员编制都是确定的，但年年都有人考上公务员，一时安排不了工作，这些人就成了候补官员，得等退休的退休，撤职的撤职，回去守坟的守坟等，有缺了才能顶上，这叫补缺。

让这些人去查贪官，那是倍儿有精神，因为查出一个，可以火线上岗，迅速就业。

用待岗员工对待上岗员工，别说贪官了，就是一只苍蝇也得从石头缝里抓出来。

抓住贪官，好戏开场了。风萧萧兮易水寒，欠了钱你要还啊。

雍正可能是有史以来最有效率的追债党。一抓住贪官，存款啥的肯定冻结了。雍正还火速跑到你的老家，先把你老家的宅子封起来，家属控制起来，什么时候还上算数。老家不够，就抄你兄弟姐妹的，反正拿了我的给我送回来、吃了我的给我吐出来、欠了我的给我补回来、偷了我的给我交出来。

有的官员实在受不了，直接上吊自杀了。以为死了就不管了吗？想得美！接着抄！加紧加严抄！雍正早就发朋友圈了，宣布“丝毫看不得向日情面、众人请托，务必严加议处。追到水尽山穷处，毕竟叫他子孙做个穷人，方符朕意”。

凭着这些绝活，雍正获得了一个“抄家皇帝”的光荣称号。

雍正反腐还搭着一个“火耗归公”，所谓火耗，就是收税银得重新铸造，铸造有损耗，官员就把这个损耗摊到老百姓头上，趁机捞钱。雍正大笔一挥，火耗全归公了。

其实雍正看上去严厉，但还是比较懂人情世故的，知道你们当官的不容易，日夜操劳，小老婆又多，开支大。所以雍正不但管抓，还管放，给官员猛涨岗位津贴，美其名曰：养廉银子。双管齐下，效果是相当好的。清朝虽然贪官多，但在雍正朝，清廉指数相当高。

第二个是摊丁入亩。以前税是按人头算，老百姓活不起，只好把地卖给士大夫，自己去当佃户，土地就聚集到了少数人手里。雍正推行摊丁入亩，丁税摊到土地里，地多多收，地少少收。至少人是活得起了。

第三个是改土归流。以前一些偏远山区是有土司的，土司世袭，流水的皇朝，铁打的土司。现在不行了，土司改流官，这样对地方的控制力就加强了。

第四个是废除贱民。以前有各种低人一等的户籍，比如乐户、惰民、丐户、世仆、伴当、疍户。乐户的后代还是乐户。这种制度被雍正给废除了。

第五个是搞军机处。清朝一开始的管理方法，是有事大家好商量，各位旗主贝勒一起商议国事。

入了关以后，开始向明朝学习，搞了一个内阁，就在午门，里面有大学士，一开始只是给皇帝当当秘书，地位远不及明朝内阁。

到了康熙皇帝，这位连鳌拜都收拾了，自然不想跟众旗主贝勒去商量什么，有什么事自己拿主意多爽快。

于是，康熙就在自己读书的地方，乾清宫西南角的书房搞了一个办公室，称为南书房，调一批翰林到书房来帮忙，这些人称为南书房行走。有什么事，他们跟皇帝商量着办，议政王大臣会议就自然不怎么用了。

雍正觉得这也不方便，虽然有内阁，但内阁就在午门附近，来来往往的人多，有什么机密总是不保险，于是专门在自己的住处附近搞了一个办公室，一开始专门处理军务机密，所以叫军机处，这里可是宫里的禁区，就算是王公贵族也不能进去，在旁边看看都不行。

军机处的人选由皇帝自己定，不满意就送回原单位，完全就成了皇帝的私人管理班子。军机处的文件，也不用通过什么内阁，直接送到各地的督抚，这样一来，清朝的皇帝成为中国历史上控制力最强的皇帝。

第六个，雍正完美解决了皇帝选太子的问题，这个方法是密匣建储。

雍正自己亲历了皇子夺嫡的战斗，虽说他获得了最后的胜利，但是他深深知道，这样的争夺实在是太伤兄弟之情了，他不愿自己的孩子也面临这样的情况。

那么到了他该立太子的时候，立还是不立？不立皇位后继无人，一不小心自己挂了，天下无主就会大乱，但要是立太子，估计这风声一传出去，说要立太子，当年的夺嫡大戏肯定会重演。怎么办？

雍正苦思了几日后，或许是从特务工作那里得到了灵感，他福至心灵地想到了一个妙招：密匣立储。

密匣立储就是把接班人的名字写好，放到一个箱子里，现在不打开，谁也不清楚是谁，等到雍正去世后，再打开匣子揭开谜底。那新皇帝就可以直接上任了。

这个方法确实挺不错。一来是接班人已确认，不用担心皇帝哪天突然不行了，没有人接班。二来也不用担心那些大臣提前巴结太子，形成党派，影响政府正常运转。三嘛，也解决了夺嫡的问题，谁也别争、谁也别抢了，是谁早有定数，抢也没有用。

这个密匣放哪里呢？大臣们几经讨论，认为最危险的地方就是最安全的地方，就放在乾清宫的匾额后面，这个匾额上有四个字：正大光明。

这个地方，谁都可以看得到，这就不用担心谁起坏心思调包了。据说冬至那天，太阳就会照到这个匾额上。

这样，雍正就把这个盒子放到了“正大光明”匾之后。当然这还有个双保险，就是雍正还有备份的匣子，里面也有传位遗嘱，这个必须跟“正大光明”匾那个对照得上才可以，这样哪怕你把匾额上的换了，也是没有用的，这就杜绝了作假的可能性。从这点可以看出雍正能从当年夺嫡中胜出，绝非偶然。

这么好的方法，立马得到推广，乾隆之后，嘉庆、道光、咸丰也是按照这个匣子大法传的位。

这个方法好是好，杜绝了夺嫡之争，但是出现了一个非常不好的现象。大清朝到后来，很少有婴儿出生了，后宫佳丽三千竟然都生不出孩子来吗?

这可能跟密匣建储也有关系。

有了密匣，这个皇位传承就没有了竞争性，都是内定好了的。没有了竞争性就失去了活力。

清朝争皇位最凶的时候，却是大清朝最有生机、最有活力的时候。因为争，所以清兵才会入关打下江山；因为争，清朝社会空前发展，才有了康乾盛世；因为争，清皇室才会开枝散叶、人口兴旺。

一个事情总是有两面的。

总的来说，雍正还是一个合格的皇帝，但为什么大家对他的评价相对不高呢?

这可能跟他寡恩的性格有关。比如他收拾年羹尧，年羹尧是清朝的封疆大吏，军政大员，一等公，他的妹子就是雍正的妃子年妃。年羹尧是个官三代，爷爷、父亲都是大官，父亲官至工部侍郎、湖北巡抚。所以他们家是“三世受恩”。在雍正当皇帝之前，年羹尧就很牛了。

因为会打仗，年羹尧很受康熙皇帝的器重，官当到了川陕总督，也是坐镇一方的重臣。

雍正继位时，时任川陕总督的年羹尧手握重兵，给十四阿哥胤禵极大震慑，让雍正稳稳当当地坐上了皇位。雍正继位之后，年羹尧又干了一件大事：平定青海叛乱。这是大功一件，给了雍正继位很大的军事政治支持，要知道，青海的事情康熙都没办妥当，现在雍正刚上位就摆平了，能向天下表明雍正登基顺应天意。

所以，雍正对这个大舅子特别欣赏甚至感激，他甚至称年羹尧为“恩人”。看看雍正给年羹尧的信，就知道这两个人的关系有多密切。

雍正登基第一年，就重用年羹尧，特意授令："若有调遣军兵、动用粮饷之处，着边防办饷大臣及川陕、云南督抚提镇等，俱照年羹尧办理。"

大家都听年大将军的。

青海平定，雍正高兴得不得了："尔之真情朕实鉴之，朕亦甚想你，亦有些朝事和你商量。"

想你已经无法表达雍正的感情了，雍正又对年羹尧倾情诉说："你此番心行，朕实不知如何疼你，方有颜对天地神明也。"

两人互为知己，"朕不为出色的皇帝，不能酬赏尔之待朕；尔不为超群之大臣，不能答应朕之知遇"。

为了让这样的感情永驻，雍正广而告之："不但朕心倚眷嘉奖，朕世世子孙及天下臣民当共倾心感悦。若稍有负心，便非朕之子孙也；稍有异心，便非我朝臣民也。"可谓是发动群众，一起爱戴年大将军。

另外，雍正还曾经让人快马加鞭，从北京赶到西安，给年羹尧送一筐荔枝。这是当年唐玄宗对杨玉环干过的事情。

可以说，雍正对年羹尧比对年羹尧的妹子还要好。

因为得到皇帝重用，年老板开始骄横跋扈起来。在西安当都督，年老板搞得跟小朝廷一样，叫文武官员逢五逢十坐班，办公室也用四角龙来做装饰，赏下属东西叫"赐"，还要人家北向叩头谢恩，吃饭叫"用膳"，请客叫"排宴"。这就是务虚名了。

年羹尧回京，下令直隶总督李维钧等跪接跪送，到了京城，王公大臣下马向他问候，他竟然只是坐在马上点点头。

雍正派过来的御前侍卫，按理说是皇帝身边人，是皇帝的代表，可是年羹尧竟然把这些御前侍卫当自己的保镖。

年羹尧推举的人还一律优先录用，当时号称"年选"，这个"年选"比皇帝选还管用，他不让用的人，那是削尖脑袋也别想得到提拔。

更重要的是，年羹尧的站位太暧昧。

雍正是击败许多兄弟才成功上位的。雍正的两个主要竞争对手中，一个是十四阿哥允禵，另一位竞争对手是八王爷允禩，这个人名声很好，势力也很大。

雍正刚上台，对八王爷允禩还比较顾忌，不敢动他，反而把他封为廉亲王，主抓工部事务。

当皇帝四年后，雍正觉得一切都定下来了，就将八王爷、九王爷削去王爵，软禁起来。

在这个过程中，雍正是付出了心血的，他十分需要自己亲信的支持。但是，让他失望的是，他的心腹之一年羹尧的态度非常暧昧，经常帮雍正的兄弟说好话，也不和他们断绝来往，还建议雍正对兄弟下手不要太狠了。

雍正起了疑心。我信任你，交给你军权，你要是被他们拉拢了咋办？

到了这一步，也不管你是“恩人”还是“疼你想你了”，雍正最终下定决心，打倒年羹尧。

雍正二年（1724 年）年底，年羹尧从西安回京述职。京中开始传开一个谣言，说雍正给军队发福利，是听了年羹尧的请求。

雍正当场发火：“朕又不是三岁小孩，难道还要年羹尧的指点！难道因为年羹尧强为陈奏，朕才赏兵的吗？”

而且，这个话很阴险啊，大家知道皇恩浩荡，钱是皇帝掏的，人情当然是皇帝的，现在说是年羹尧的请求，那大家以后不就只感谢年大将军了吗？这已经影响到了雍正的权威。可以说，雍正在这个时候已经起了打倒年羹尧的心。

但是怎么打倒呢？

第一大法宝：放口风。

年羹尧这一次进京，收到了雍正的谕旨，上面写了一段话：“凡人臣，图功易，成功难；成功易，守功难；守功易，终功难。为君者，施恩易，当恩难；当恩易，保恩难；保恩易，全恩难……若倚功造过，必致反恩为仇，此从来人情常有者。”

这个绕口令是什么意思呢？说白了，就是你年羹尧要注意保全自己的功名。这个话是相当阴阳怪气的。叫人家保全，自然是暗示对方你可能保不全了，所以你仗着功劳犯错误（倚功造过），我对你下手（必致反恩为仇），那是很正常的事情（此从来人情常有者）。

这是相当反常的，因为以前雍正给年羹尧写谕旨，还情真意切。但现在这个石头一甩，年羹尧估计就蒙了。

另外，大臣也开始知道风向已经变了。

第二大法宝：挖墙脚。什么意思呢？就是把对方的人挖过来为自己所用。

雍正第一个挖的人是直隶总督李维钧，这个人就是前面跪迎年羹尧的。此人跟年羹尧是朋友，当初李维钧上位，就是年羹尧大力举荐的。但是雍正看得出来，李维钧对年羹尧还是有不满的，毕竟人家也是官，竟然还要跪你！

所以雍正跟李维钧打招呼，告诉他离年羹尧远一点。像李维钧这样常年在官场摸爬滚打的人，当然知道是什么意思。接下来，雍正又给高其倬等封疆大吏发秘密文件，让他们尽早与年羹尧划清界限，马上站到自己这一边！

第三大法宝：掺沙子。这是什么意思呢？就是在对方的阵营里安排自己人，使对方的墙根基不稳，达到破坏对方根基的目的。

在这一方面，雍正起用了一个叫蔡珽的人。这个人跟年羹尧是死敌，年羹尧参劾蔡珽，准备定他一个死罪。雍正驳回了这个请求，反而提拔蔡珽当左都御史，并指示他搜集年羹尧的罪状，等时机成熟就公布。

这三大法宝一出来，年羹尧就有些摇摇欲坠，只等一个机会了。而年羹尧还完全不知情，接二连三地犯错。

第一个大错，是指使亲信胡期恒弹劾陕西道员金南瑛。这个金南瑛本身倒没啥，不过人家后台硬，他的后台就是雍正的心腹兄弟怡亲王胤祥。这等于是年羹尧朝胤祥开炮，结果雍正马上大做文章，不但驳回了弹劾，还扣了年羹尧一个大帽子：大搞朋党。

这是很严重的指责！可接下来，年羹尧又出错了。

雍正三年（1725 年）三月，天空突然出现“日月合璧，五星连珠”，当时大家都认为是祥瑞，所以纷纷上表拍马屁，年羹尧也上了一表。但不知道为什么把其中一个词“朝乾夕惕”写成了“夕惕朝乾”。

朝乾夕惕是什么意思呢？是说一天到晚勤奋谨慎，没有一点疏忽懈怠。颠倒一下是什么意思呢？还是这个意思，没啥区别，汉语倒装是常用的，所以年羹尧也没在意。可就是这个错误被雍正抓住了小辫子，雍正说年羹尧“不欲以朝乾夕惕四字归之于朕耳……年羹尧青海之功，朕亦在许与不许之间而未定也”。

什么意思呢？就是说你年羹尧就是故意的，就是不想说朕“朝乾夕惕”，那好，那你青海的功劳，也不一定就是你的，全在我一张嘴上。

借着这个题目发挥，雍正一下就把年羹尧的亲信撤职的撤职，更换的更换，等于给年羹尧来了一个釜底抽薪。

到了雍正三年（1725 年）四月，正式罢去年羹尧抚远将军一职，调为杭州将军。这一下，当年布下的棋子得到了信号，比如蔡珽、李维钧等人纷纷跳出来指证年羹尧犯了错误。

这时候，年羹尧还是很天真，以为雍正跟他闹着玩呢，去杭州上任途中拖拖拉拉，希望雍正把他叫回去。

那好，不到岗就不用回了，还是回京吧。

回京受审！

雍正还很开明，给各地军政大员发文件，请他们“各秉公心，各抒己见，平情酌议，应否作何处分”。

大家纷纷揭发检举，经过诸位大臣的热心举报，一共发现年羹尧犯了九十二条大罪，其中够杀头的就有三十多条。

取得了舆论优势，站到了道德制高点，雍正开始演戏了，他表示年大将军还是有功的，所以法外开恩，允许他自杀，家族子弟全部充军，家产抄没。

于是，威震朝廷的年大将军就此了结在一根绳子上。

所以，论人情世故，雍正可能比较寡恩。

当了十三年皇帝后，雍正把皇位传给了自己的儿子乾隆。

中国历史上的锦鲤皇帝出场了。

锦鲤皇帝乾隆

雍正当皇帝的第一年，就把乾隆的名字写进密匣，放到乾清宫“正大光明”匾后，定为帝国接班人。

估计雍正这么做的时候，都有点羡慕自己的儿子吧，都是皇帝生的，怎么差别这么大呢？

雍正奋斗了四十四年，才当上皇帝。其间，苦等太子胤礽被废，战胜大阿哥胤褆，又击退了最受宠的八阿哥胤禩，还要跟自己同母的十四阿哥胤禵竞争，一路过关斩将，最后的胜利还有些不清不楚，民间一大堆风言风语，搞得雍正提心吊胆，工作丝毫不敢出错，总算把大清的盛世传了下去。

可就是这样，人家提起清朝的盛世，脱口就是康乾盛世。

雍正朝哪儿去了？他熬的十三年夜班呢？被谁吃了吗？

在乾隆的前面，不是没有候选人。

乾隆的长兄弘晖，生母孝敬宪皇后乌拉那拉氏，所以他是正儿八经的嫡长子。乾隆反倒是妾室所生，据说他的母亲还是侍女。

可是，弘晖八岁的时候就夭折了。死的时候，乾隆还没生。大哥都不用叫一声。

二哥弘昐，两岁时挂掉。

三哥弘昀，在乾隆出生的前一年去世。

老天爷帮助乾隆去掉了三位竞争者。活着的竞争者倒有一位，叫弘时，可是他本人不争气啊。

雍正五年（1727 年），乾隆娶老婆，跟生平最爱的女人富察氏春宵一刻时，弘时这位唯一对他有挑战的老哥因为行为不端，被雍正从户口本上删除了（削宗籍）。

还有一位老弟弘昼，著名的荒唐王爷，没事喜欢办丧事，就为吃一口祭品，据说他这么做，就是不想让乾隆产生他要争皇位的误会。

毫无悬念、毫无斗争，乾隆甚至被康熙隔代指为接班人，运气好到清宫剧都没法就此编故事。

雍正十三年（1735 年），雍正去世，乾隆接班，这时乾隆二十五岁。最好的年纪碰上了最好的工作。要早一点，少不得要搞个顾命大臣，太后垂帘，指指点点，容易让少年形成逆反心理，比如万历皇帝。

要是晚一点，太子当得久，抑郁少不了，详情参考康熙的废太子胤礽。

一上位，免丁免赋，财大气粗，还不是因为他爷爷跟父亲给他存够了银子。

宗人府关着的人，该放的放，该复爵的复爵，轻轻松松拉拢了人心，可这还不是因为他老爹狠下心肠圈禁了一大批政敌？别的作用没有，倒留给他做人情了。

这么一干就是六十年。干腻了，还可以提前退休，把工作服往嘉庆身上一扔，自己当太上皇，还是有实权的太上皇，跟李渊、李隆基这些太上皇不同。乾隆是人退权不退，一切大事还得跟他商量着办。

这六十多年，风调雨顺，政通人和。

还不能完全没啥事，不然以后说起来，啥事没干、啥功没有怎么办？

所以，上天还很贴心地安排了一些难度小、奖励高、掉宝概率大的副本给他。

雍正改土归流，留了点收尾工作，让他完成了两平金川的业绩。

康熙打残的准噶尔部，最后由他来收尾，变成了两平准部、一平回部的光辉战绩。

两进缅甸，损兵折将，但不胜而胜，缅甸主动投诚，成为清朝属国。

平定台湾地区林爽文起义。属于典型的难度小、业绩大、回报高的副本，林爽文大概是写爽文起家的，手下三千兵就敢起兵造反，你真不是上天派来给乾隆攒业绩的吗？

进攻安南，又是丢盔弃甲，但锦鲤光环再次发功，乾隆八十大寿那年，越南主动请和，前来祝寿，再度给锦鲤帝送业绩入京。

后来，尼泊尔没事瞎折腾，终于让乾隆集齐了十颗龙珠。

十功者，平准噶尔为二，定回部为一，扫金川为二，靖台湾为一，降缅甸、安南各一，即今二次受廓尔喀降，合为十。

这样的业绩量，日夜加班的雍正没干成，苦干六十年的康熙也没完成，乾隆皇帝下着江南就完成了，他不是锦鲤，谁是锦鲤？

嘉庆四年（1799 年），乾隆在养心殿寿终正寝，终年八十九岁，在位六十年，执政六十四年，在位期间，库里有银子（常年六千万两），后宫有姑娘，宫外有情人，常常起驾游，偶尔揍揍人，一天三首打油诗，国宝上面到此游，这样的人生，不可模仿。

如果关起门来，乾隆的时代是一个盛世，但如果打开门，就会发现这个盛世只是一个虚弱的胖子。

在江宁织造府替乾隆皇帝织龙袍时，英国人已经发明了珍妮纺织机。乾隆举办千叟宴时，瓦特改良了蒸汽机。

乾隆的时代，美国人签署了《独立宣言》，法国搞起了大革命，俄国建立了莫斯科大学，英国在海洋上跟西班牙争海上霸主的位置。世界正在发生巨变，而东方巨龙沉醉在自己的繁华假象里无法自拔。

乾隆五十七年（1792 年），英国使者马戛尔尼访问中国，在热河觐见了乾隆。

在乾隆看来，这些人无非是盯上了中华帝国的巨额财富，于是，他像一个合格的主家翁一般，客气又冷漠地拒绝了对方通商的请求。而在英国人眼中，他们看到的是一幅盛世的图卷，它有着华丽的外表，但似乎一切都静止在画面上，丝毫看不到变化的可能。

“这个帝国是一具木乃伊，它周身涂有防腐香料、描画有象形文字，并且以丝绸包裹起来；它体内的血液循环已经停止，就如冬眠的动物一般。”

这是世界对清帝国的印象。对于乾隆来说，他幸运地停留在这个华丽的时刻，也无须为以后的种种发愁，但在世界发生巨变时，不进则退的苦果自然需要他的后代以及他曾统治的国度来承担。

第一个感受到盛世不再的是乾隆的接班者嘉庆皇帝。

提起嘉庆，不熟悉历史的人也能来一句："和珅跌倒，嘉庆吃饱。"

嘉庆为什么要打倒和珅呢？

我们的第一印象，是和珅太有钱了。其实这是一个误会，嘉庆吃饱只是打倒和珅的副产品，不是打倒和珅的动机。

嘉庆打倒和大人，当然是为权！

乾隆六十年（1736 年），乾隆帝在圆明园勤政殿当众开启密封二十二年的密匣，开奖！

皇子颙琰为皇太子！也就是后来的嘉庆皇帝。

和珅明白乾隆是身退心不退，对权力更加敏感了，所以，他依然采取紧跟乾隆，以及压制嘉庆的策略。

有一回，和珅发现嘉庆去军机处查看了奏折。这本来是正常的，但和珅马上猜到这可能会引起乾隆的不满。毕竟太上皇在呢，你看奏折也得打声招呼。和珅马上汇报，乾隆果然批评了嘉庆，表示："你若下诏，须奏朕知晓，不得擅专。"

又有一次，嘉庆突然发个军队头号令，要求冬季举办大阅兵。这要动用军队，这么大的事情，也不跟太上皇商量？和珅第一时间汇报，太上皇乾隆果然很不爽，立马叫停："今川东、川北教匪虽将次剿灭完竣，但健锐营、火器营官兵尚未撤回，本年大阅兵暂行停止。"

在和珅的打压下，嘉庆果然老实了很多。这时的和珅感觉还很好，完全没有意识到自己已经完全得罪了嘉庆，他的地位已经跟乾隆的生命一样在倒计时。

不知不觉，嘉庆已经下定决心，等自己掌权后，第一件事情就是打倒和珅。

和珅经营这么多年，已经成了乾隆朝的不倒翁了。多少人想打倒他，结果倒霉的都是别人。

嘉庆是个聪明人，他很清楚自己跟和珅的实力对比，尤其是乾隆还在的情况下。

乾隆虽然当了太上皇，但老人家其实对权力看得很紧。乾隆定了规矩，平常事由嘉庆去办，但牵涉到重要的事情，比如军队调动、官员任免都要由乾隆说了算。所以嘉庆其实是个实习生，能不能转正还不一定。

搞清楚这一点后，嘉庆马上摆正了自己的位置。他对乾隆特别小心，尽量不去触动这位大爷敏感的权力神经。

曾经有朝鲜的使臣到中国来见太上皇乾隆。当时的朝鲜使臣后来记录说：在朝堂上，这个嘉庆大气不敢出，眼睛一直盯着乾隆看，只要乾隆开心，那嘉庆马上露出笑容。如果乾隆老爷子皱眉头呢？嘉庆马上阴沉着脸。

可以说是快乐着你的快乐，悲伤着你的悲伤。察言观色，揣测乾隆的心意，可以说是和珅的看家本领、立命之本。现在嘉庆也学会了。但是和大人完全没有察觉到，因为他觉得这个嘉庆很好对付。

有一次，和珅拿着文件去请嘉庆批。嘉庆连忙摆手说：这怎么能让我管，应该请皇爷处分！

啥事不管，那还有啥担心的？

乾隆也在观察着这个嘉庆到底工作认不认真。嘉庆的老婆去世了，嘉庆要求丧事办得简单点。为什么呢？因为不吉利。上了年纪的人最见不得丧事。现在宫中就有一个最老的老人家乾隆。

丧事办得很简朴，而且嘉庆办丧事头几天都不去见乾隆，怕把晦气带给他老爹。就这样，乾隆也不放心，派人去看一下儿子到底在干吗，是不是思念老婆不上班啊？结果探子一看，嘉庆正加班加点地看文件呢。

孺子可教。乾隆总算放下心了。

嘉庆通过了乾隆的考验，顺利度过了实习期。

但是，也不要忘了，乾隆点了头也不一定管用，还要防着和大人。

怎么防着和珅？五个字：低调再低调！

和珅送嘉庆的玉如意，嘉庆当场收下，其实心里是很恶心的。嘉庆正式掌权后，专门发通知告诉大家，今年过年不收礼，收礼也不收玉如意。

另外，对和珅采取吹捧术。别的大臣向他反映和珅的问题时，嘉庆总是坚定地替和大人说好话。你们不要乱讲，和珅是好同志，我以后还要重用他呢。

嘉庆有什么文件上报给乾隆，他不自己交，而是请和大人代交，表示信任和珅。

和珅为了监控嘉庆，安排了自己的老师吴省兰给嘉庆当秘书，想看看嘉庆有没有写反动诗句，有没有对社会、对太上皇不满。

经过考察，和珅放心了。

嘉庆不过是一个毛头小子。

迷惑住和珅，没有让和珅把自己从实习期搞下去，等乾隆皇帝一崩，嘉庆就可以翻身，当家做主了。

为了掌握住局势，嘉庆马上把自己的老师朱珪请了回来，一起商议打和计划。嘉庆让朱珪悄悄地回京，打枪的不要。

接下来，嘉庆采用困虎术，把和珅孤立起来，不让他跟外人接触。可怎么实现呢？腿长在和珅身上，没定罪也不能抓他啊。

好办，有现成的理由。嘉庆任命和珅为乾隆治丧委员会主席，专门负责给乾隆守灵。

“你不是我爹的心腹吗，他老人家死了，你不该多尽尽心吗？”

和珅只有老老实实给乾隆烧纸钱、添油灯、当孝子。而真正该当孝子的嘉庆却开始磨刀子了。

接下来，清理外围。嘉庆突然提起白莲教起义的事情。白莲教起义很多年了，一直是和珅在管。和珅利用平白莲教的事情在军中安排亲信，比如将自己的死党福长安安排为军机处大臣。嘉庆调出一个将领冒功的老案子。这个事情不查呢，也就过去了。要查呢，那肯定有人过不去了。福长安因为领导无方，被撤职。

撤职后干吗去呢？

和大人不是在守灵吗，你陪着一起去，两人也做个伴，给我昼夜守，二十四小时值班！

这等于又送去一个软禁起来。和大人看到福大人，心都凉了半截。

如果这时候大清的官员还没闻到什么味，那就太傻了。下面的言官马上发起了对和珅的弹劾。反正这么多年，弹劾和珅的事情太多，罪名都不用现拟，把以前的文件翻出来，改个日期就可以用。以前别人弹和珅，嘉庆不理，现在马上隔离审查，正式逮捕入狱。就是想守灵也没机会了。

接下来，就该发动群众以及各级官吏了。嘉庆下令让各级官员就和珅事件发表自己的看法，大胆谈，言者无罪。这个文件发下去，各级官员非常踊跃。

直隶总督胡季堂表示，这个和大人是旷古未见的小人，是害国蠹虫，这样的人杀了也太便宜他了，应该凌迟处死！

这也太狠了。

嘉庆马上把胡季堂的这个文件提出来，要在京的高级官员进行讨论，并拿出最终意见。这是什么意思？这就是定基调了。

按胡季堂提的为蓝本，你们看着办吧。

结果大家都同意对和大人来个上千刀的。

当然，嘉庆见好就收。表示和珅虽然罪大恶极，但毕竟是老臣，就开个恩，赐死吧。

最后经过审定，给和珅定了二十条大罪，总结起来，其实就是你管得太多了，你知道得太多了，你平时走路太嘚瑟了，你钱太多了，等等。

乾隆死后十五天，还没有埋，嘉庆就让父亲的老朋友和大人上吊了。嘉庆打倒一个大活人比埋一个死人还要快。

嘉庆为自己执政开了个好头，但开了好头的嘉庆最后却落了个虎头蛇尾的结局。

在当皇帝之前，嘉庆好像还挺幸运的。毕竟乾隆那么多儿子，论条件他不是最好的。他不是皇后生的，但前任皇后生的两个都夭折了。后来这个皇后自己作，把头发剪了诅咒大清，又干掉一批，其他的也是死的死、废的废，最终皇位落到了他的头上。

但他自打当了皇帝，就开始倒霉了，比如他一登基就赶上了白莲教起义。

嘉庆元年（1796 年），白莲教起义，好像就等着嘉庆上台似的。你要闹早闹啊，给乾隆的千叟宴添添堵也好，干吗非要盯着嘉庆呢？你们那些事也不是嘉庆祸害的，那都是乾隆好大喜功留下的破事。

没办法，只好给乾隆擦屁股。一擦就是九年，白莲教总算慢慢消停了。

可一波未平，一波又起。

嘉庆八年（1803 年），一位下岗的内务府厨子因为生活困难，要报复社会，拿着一把杀猪刀出了门。这厨子还是讲究的，没跑到街上祸害群众，而是出门左转到了左神武门，蹲点准备刺杀嘉庆皇帝，菜刀一亮，神武门的侍卫都吓呆了，好在有大臣冲了上去，把刺客给制服了。

虽然有惊无险，但没面子啊。

更没面子的还在后头。嘉庆十八年（1813 年），天理教带头大哥林清带着数百人冲进紫禁城，当时嘉庆不在宫里，他的儿子旻宁拿着把鸟枪射杀两人，这才稳住了局面，这位就是后来的道光皇帝。

天理教的事虽然平了，但这事没法说，堂堂大清的中枢，数百农民就突破了。嘉庆只好下了罪己诏：当今大弊，在因循怠玩四字……朕虽再三告诫，舌干唇焦，诸臣仍未能领会……唯返躬修省，改过正心，上答天慈，下释民怨……切勿尸禄保位，益增朕罪。

从这个罪己诏也可以看到嘉庆有多倒霉，一年到头，天天给大臣讲政策、说方针、指方向，讲得都舌干唇裂了，这群大臣还是理解不了，嘉庆只好自己去干。

天理教这件事情基本上让嘉庆皇帝死心了。早些年，嘉庆还想干点大事，振兴祖业，可越干越倒霉，最后沦落到数百农民打故宫的局面，他的雄心壮志就此歇菜，不再提振兴大清，只求无过。

可是，他的霉运还没有结束。在位的最后一年，他在承德避暑山庄休息时暴亡。死后朝廷还封锁消息，只一个病亡就交代了。据说，嘉庆其实是被雷劈死的，他跑去打猎，途遇暴雨雷电，一个闪电打下来，就把骑马的嘉庆给打死了。

这也是有可能的，在野外容易受雷击，皇帝还骑着高头大马，让太监们步行，确实更容易遭受雷击。

这就是嘉庆令人悲叹的一生，我们说有的皇帝比他还惨，但论倒霉，嘉庆实排第一，因为嘉庆本人还是有作为、有想法的，他上任之初，整顿吏治，反腐抓贪官，也是干了不少好事。但是，乾隆留给他的江山已经是永固，固化到很难再去做什么改变，没有给他腾挪治理的空间。所以，他就像陷身于泥塘的人一样，越努力越麻烦。

还不如老老实实躺下，爱咋咋地呢。

嘉庆皇帝崩了之后，继任的是道光皇帝。

老佛爷的时代

道光皇帝比普通的老百姓还抠，比如穿衣服，一个月才换一套，平时不吃肉，一定要过节才吃，这不是旧社会老百姓过日子的模式嘛。下面的嫔妃没有化妆品特供，锦绣的衣服也没有配给，宫里面素衣一片，大清皇宫活出了三线村庄的感觉。

有一回，道光皇帝宣布要为皇后摆寿宴。

大家一听很高兴，因为道光皇帝原本说不祝寿了，这下突然要办，当然是好事一件，宫里也热闹起来。于是，这些贵族马上备了重礼，进宫祝贺。

过了一会儿，到了吃饭时间，把菜端上来一看，竟然只有一碗打卤面。你还别不高兴，道光皇帝为此还格外开恩，杀了两头猪。这已经是破天荒了。

但仔细想想，道光皇帝怕是来骗大家的份子钱的吧。

在吃上抠虽然能省钱，可宫里面嫔妃这么多，每月的例钱总是要给的啊，这也是一笔大开支，怎么办呢？

道光皇帝有绝招：降低嫔妃等级。

不同级别的嫔妃月钱不同。比如最高的皇后，一年的银子是一千两，配十名宫女，而最低的答应只要五十两就打发了，只要配一名宫女。降一级就能省不少钱。

所以，道光皇帝天赋异禀，没事就给嫔妃们降降级。

比如有一位珍妃，镶黄旗人，父亲是广东的按察使。入了宫之后，一开始是贵人，两年后提了一级，升为了嫔，嫔一年的工资就是贵人的两倍了。道光皇帝心头肉紧了一下，一个月又要多花五十两银子。

过了一年，大概是得到了皇太后的宠爱，皇太后下懿旨，晋珍嫔为珍妃。

从嫔升到了妃，这一下工资又要涨上去，道光皇帝心头在滴血。

说一下这个皇太后，皇太后是孝和睿太后，不是道光的亲妈。道光是嫡长子，但他妈去世早，孝和睿太后是之后提拔起来的，但道光跟这个后妈感情很好。

当年嘉庆在承德猝死，就没有传下立储密旨，一时之间，大家不知道怎么办，是孝和睿太后从北京传了一道懿旨，说你们别琢磨了，你们也知道，先皇早就定了旻宁（道光）了，你们赶紧让他继位吧。

这一来，道光才顺利当了皇帝，所以道光对这个后妈是很好的。后妈说要提拔一个媳妇，那是要给面子的。

但毕竟是计划外提拔，财务预算里没有这一项。所以，过一年找了一个理由，把这个珍妃降回了珍嫔，当年册妃的金册、金印收了回来，交到造办处，说你们赶紧给我熔了，我要金子！

过了三年，这位珍嫔就死了，大概也是郁闷死的。

当然了，道光皇帝这么节约，用处是有的，但你要说节约能够强国，那就未必了。因为管理一个国家有很多的大事要处理，一个皇帝把精力浪费在怎么省钱上，恐怕就没办法对大的事情做出好的决策了。

如果道光皇帝活在一个封闭的帝国里，说不定还能混上一个“中兴之主”的名号，毕竟不乱花钱已经是评价古代皇帝的美德之一，但不幸的是，道光生活的时代，是千古未遇之变局，是一个封闭区域被强迫打开的时代。

英国人老想跑到中国来做生意，尤其是中国人用茶叶、瓷器把银子都赚回了家，再想往中国销售点啥，发现中国啥都不缺。最后，英国人想到了一个敲开中国大门的东西：鸦片。

谁都知道鸦片不是好东西。林则徐在虎门一销烟，英国人就趁机打了过来。清朝这好多年没练过，自然打不过有洋枪洋炮的英国。道光二十二年（1842年），清朝在南京跟英国签订了中国近代第一个不平等条约《南京条约》，英国开的条件几乎全部照付：香港岛割给英国，开放五个口岸，赔款二千一百万银圆，等等。

过了十八年，英国人觉得还不够，要求清朝全境开放。这时候的皇帝已经是道光皇帝的儿子咸丰皇帝。大清朝正忙着消灭太平天国。

这一次，英国拉上了法国，两个强盗冲进中国，火烧了圆明园，抢走了无数的珍宝，逼迫清政府签下了《天津条约》《北京条约》，又狠狠捞了一票。旁边的沙俄趁火打劫，割走了中国一大片土地。

咸丰皇帝没啥感觉，该吃吃，该玩玩，终于把自己玩崩了，三十一岁的时候死在了行宫。

大清朝迎来了帝国的回光返照期。

开启这段时期的是著名的慈禧太后。

临死之前，咸丰交代了后事，搞了一个两位皇后跟八位大臣共同辅政的架构。

两位皇后是慈禧、慈安。慈安是正宗大老婆，慈禧因为生了儿子同治皇帝，所以也提拔上来当皇后。咸丰就把自己的两个章“御赏”与“同道堂”分别给了这两个老婆，规定文件的开头盖“御赏”，结尾盖“同道堂”，这样文件才算有效。当然啦，慈安这个人没什么野心，基本上都听慈禧的。

难搞的是咸丰留下的八个顾命大臣。

临死之前，咸丰凑齐了八个小伙伴：载垣、端华、景寿、肃顺、穆荫、匡源、杜翰、焦佑瀛。

这里面，最难搞的就是肃顺。

肃顺出身比较低，镶蓝旗人，属于下五旗。以前没什么事干，穿个旧羊皮褂牵个狗到处逛，结果碰上了老同学墨裕。

墨裕一看，怎么混成这样了？就说你长点心吧，你这样像什么啊？

肃顺答，我是流氓（亡赖耳）！

同学更火了，说你咋没脸没皮的呢？

肃顺答：我是流氓我怕谁（因亡所赖，斯亡赖耳）！

最后同学没办法，介绍他去当官，结果肃顺很会当官，官做得比他同学大得多。

肃顺确实有能力，是当时清朝不可多得的人才。能治腐败，还能重用汉人。

他有个口头禅：旗人里浑蛋多，不能得罪汉人。

肃顺很清楚，旗人中很难出人才了。所以他重用了很多汉人，曾国藩就曾受肃顺的关照。

那肃顺是不是就完美呢？不是的。这个人比较苛刻，骂手下的旗人跟骂狗似的，而且办案很严苛，对同僚也不注意搞好团结，最重要的一点，就是他有点独断专横。

咸丰一死，肃顺就专横到慈禧头上去了。

咸丰死了三天，肃顺给慈禧提了一个建议，说以后我们怎么开展合作呢？我起草文件，你们盖章，但文件内容你们别看，更不要改（谕旨由大臣拟订，太后但钤印，弗得改易，章疏不呈内览）。

慈禧这一年二十六岁，虽然年轻，但后宫斗争出来的，哪有吃干饭的？慈禧很早就跟在咸丰身边搞政治了，一听就明白了，肃顺这是把她当成了印泥，文件从她这里过一下，没她什么事。

怎么办？

慈禧情急之下，马上翻出了咸丰的遗诏。

慈禧说，按先帝的遗嘱，你们八个小伙伴是"赞襄一切政务"。什么是赞襄？就是打下手，帮帮忙。这倒不是慈禧乱说，这八位是赞襄政务王大臣，跟前面的多尔衮不同，多尔衮是皇父摄政王，是摄政，你这个赞襄就想把政务承包了？

肃顺无话可说，只好老老实实同意让两位太后看文件。

这样一搞，不但没成功逼宫，肃顺还过早地暴露了自己的火力，让慈禧下定决心要弄倒肃顺这八个人。

慈禧不是一个人在战斗，很快，她就找到了一个最佳政治盟友。

恭亲王奕䜣，行六，人称小六子。

这个人来头就大了，奕䜣是咸丰皇帝的弟弟，甚至道光皇帝原本要传位给奕䜣的。只是考虑咸丰这个人比较老实，最后才选择了咸丰。

咸丰对这个弟弟十分顾忌，不安排他重要岗位，八个顾命大臣也没他的份儿。

知道自己被排除在未来的辅政班子后，奕䜣很不满。很快，他就收到一封密信：两宫太后让他赶紧去热河，有重要事情商量。

这个信是怎么送到的呢？说来也是慈禧聪明。慈禧先让自己的亲信太监安德海跟慈安的宫女吵架，然后贬安德海到北京去扫地。安德海借机回到北京，传递了这一封密信。

奕䜣马上赶到热河，要见慈禧，但不是说见就能见的，因为清朝规定，亲王不能见嫔妃，原因大家都懂的，何况是刚成了寡妇的嫂嫂。肃顺就拿这个当借口，阻止他们见面。慈禧不管，说一定要见。最后，肃顺磨不过，还酸酸地说，你们实在要见就见吧。

本来奕䜣说，要不行，你们八个人也一起来见吧，结果肃顺摆高姿态，说我们不去。

于是，奕䜣就跟慈禧密谈了四个小时，就是商量怎么收拾这八个大臣。

很快，奕䜣回京安排一切。

接下来就要回宫。在回宫的时候，本来皇帝需要扶棺的，但慈禧说皇帝年幼，身体不好，让辅政大臣先走。肃顺也没多想，就让同治先回京，这样一来，最后的把柄也没有了。

回京之后，这八位大臣就被抓了起来。

为什么肃顺这么容易就被抓了起来呢？主要也是肃顺的人品太差，在朝中没啥朋友，大家都盼着他倒台。

肃顺还想拉拢曾国藩。可曾国藩是什么人精？他连皇帝都不想当，怎么会插手清朝的家务事。据说，曾国藩收到请求后，用茶在桌子上写了一个字：妄。

这个事情太不靠谱，我不管。

当抓这八个大臣，宣布他们的罪诏时，八个大臣还莫名其妙地说，我们都没写诏，哪儿来的罪诏？

这就太天真了。诏书是有笔就能写的，只有印章才是无法复制的。当然，真要复制，一个萝卜就搞得出来。

肃顺在被窝里被抓，被抓时保持了爱骂人的本色，痛斥慈禧是贱婢，最终被押到菜市场斩首。

唉，怪谁呢？谁让你们轻敌，最后败在一个女人身上呢？

慈禧开启了垂帘听政。

这位大姐抓到手里的，可不是什么好牌。外面太平天国闹得不太平。

广东一位叫洪秀全的哥们儿，几次考秀才考不上，对人生产生了怀疑，大病一场，大病之中，他好像看到了上帝。

活过来后，洪秀全搞起了拜上帝教，从事发展下线的活动，很快就拉起了一支队伍，其中还包括一些鸦片战争后失业的士兵，有人又有枪，不搞革命就对不起上帝了。

洪秀全揭竿而起，自号天王，国号太平天国，手下王爷一大堆，比如会上帝附体的东王杨秀清，会耶稣附体的西王萧朝贵，还有南王冯云山、北王韦昌辉、翼王石达开。

原本只想自保一下，没想到清兵太不经打。洪秀全一不小心就打到南京，有点坐断东南的意思了。

这时候八旗子弟全是街溜子，早就忘了打仗是怎么回事了。八旗打不过，只好请民团出手。

练民团最成功的是一位叫曾国藩的牛人。

曾国藩，湖南人，湘军的创立者和统帅。曾国藩是如何成功的呢？

只有一条，把自己当笨人。

曾国藩笨不笨？其实真的笨。有一个小偷摸到了曾国藩家潜伏，准备等曾国藩睡觉之后出来偷东西。可曾国藩在读书，一篇文章翻来覆去地背不熟。小偷实在太着急了，冲出来，说你怎么这么蠢，我在旁边听都听熟了，你还记不住。

说完，小偷给老曾背了一遍，然后扬长而去。

曾国藩是不是因为笨，所以把自己当笨人呢？其实不是的，曾国藩并不认为自己笨，相反，他的自我感觉还不错。毕竟他爹考了十八回才考上秀才，他一考就中了，会试考了五次，但最后也中了。当官之后，年年升迁，大事没干，竟然当到了二品官兵部侍郎。

所以他感觉自己还不错，写文章说自己“自负本领甚大，每见人家不是”。

四十一岁的时候，曾国藩给咸丰皇帝上了一封《敬陈圣德三端预防流弊疏》，这就是挑皇帝的不是了。刚好这一年洪秀全造反。皇帝一看，气啊，老曾，你这是什么意思？这是要追责吗？咸丰皇帝当场把奏折丢到地上，差点要弄死曾国藩。

接下来，曾国藩下岗了，不是皇帝要收拾他，是道德下岗：丁忧。他的母亲去世了，他必须回家待着。这一待，他可能领悟了什么。他以前一直在官场，官场太热闹，很难静下心来思考人生。这次下岗，他静了静，从而领悟到了成功的秘密。

机会也来了，太平天国搞得很大，大清搞不掂，就想发动地主。曾国藩拉起了团练，组建了一支湘军。

这个时候，曾国藩已经知道自己是个笨人了，他也把自己当个笨人看了。下的全是死功夫，用的也全是笨人，比如他招兵，只招老实巴交的农民，鬼头鬼脑的不要，各种事务曾国藩都按笨人的方法去处理。

箭垛子要怎么修、怎么防护，这些东西曾国藩都要亲自去问。一般聪明人是不可能去找这种笨活干的。

湘兵有了，拉出来练练，一练就碰上了太平天国猛将石达开，一下被打得丧失信心，跳到河里自杀，好在被捞了起来。

看来，下的笨功夫还不够，没事跑出去跟石达开练什么啊？从此以后，曾国藩把自己的智商认知再挂低一挡，再也不跟太平天国野战，而是搞了一个“结硬寨、打呆仗”。就是说，你们智商高，在战场上妙计连连，我玩不过你们，那我就不玩这种，我把你的智商拉到我这个档次，我再用我丰富的经验打败你。

怎么打呢？就是打死也不出去，打死也不应战，就守个城，你愿意来攻就攻，不来攻就拉倒。

曾国藩专门下令，就算几个月不打仗也没关系，只要保本。

这样一来，太平天国受不了了。他们是搞革命的，搞革命就讲究一个短平快。

迅速灭亡旧社会，建立新社会。搞久了，事情就可能黄。时间在曾国藩这边。

这是曾国藩的防守，那进攻呢？

进攻也是打呆仗。怎么呆呢？也不劫粮草，也不诱敌，也不围魏救赵，反正兵法三十六计中的一计也不用。就靠一个死功夫：挖坑。在对方的城外挖一圈又一圈的坑道把城围起来。而且曾国藩说了，不要着急，我们攻城不是一两个月的事，我们是准备围个两三年的。

这样一来，慢是慢了点。但基本没有曾国藩拿不下的城。

最终，湘军攻克南京。

要想成功，就学曾国藩。学曾国藩，不用买厚厚的一本书，只要学一点，把自己当个笨蛋，然后用笨蛋的方法去努力就够了。

这样，说不定什么时候，当聪明人还在算计的时候，你已经成功了。

平定了太平天国，大清朝也被两次鸦片战争打得脑子清醒了一点。

通过鸦片战争，林则徐明白了，胜利不一定站在正义一方，而是站在力量强大的一方。中国的武器不如西方，那就要进行改变，买西洋的炮，买西洋的船，组建西洋式的军队。

林则徐把在广东收集的资料给了魏源，这些资料汇入魏源的《海国图志》，最终提炼出一个思想：以夷制夷。

于是，清朝开始学习西方的军事，买外国的武器，请外国的教官，造外国的大船，学外国的知识。这个过程被称为洋务运动。

这一时期也被称为同治中兴，但跟同治皇帝没有半毛钱的关系，因为慈禧太后在垂帘听政。

应该说，慈禧太后这段时间的工作还是合格的。

慈禧的工作以同治为分水岭：同治时期，活得像武则天第二；同治死后，那是一天不如一天。

同治去世时只有十八岁，儿子还没生出来，只好把醇郡王的儿子载湉翻出来当皇帝，这位就是苦哈哈的光绪皇帝。

从这时候起，慈禧太后的工作就开始走下坡路了。原因很简单，以前是替自己的儿子管天下，天下管好了，受益的是自己的儿子。现在是替自己的侄子管天下，就没必要这么拼命了，自己多享受一下才是重要的。

清朝也开始进入了多事之秋。

巨浪破船上的水手们

1865 年，浩罕国的阿古柏匪帮在沙俄和英国的帮助下侵入新疆，把天山以南的地区给占了，沙俄又占了伊犁。

怎么保卫疆土，清朝发生了争执。大臣李鸿章认为，新疆这些地方不是太重要，我们可以退一步，让他们成为我们的羁縻区域，甚至可以成为属国，也就是朝鲜这样的级别。重点是海防，要防住沿海一带。因为列强都是从海上来的。

另一方的左宗棠认为，新疆很重要，因为新疆一丢，整个西北都不稳，西北不稳，那北京就不稳。八国联军打进来，老佛爷慈禧还可以朝西安方向跑，要是新疆没保住，那只能往珍妃井里跑了。是谓“保京师必保蒙古，保蒙古必保新疆”。

最后左宗棠入疆，打了胜仗。曾纪泽出使俄国，让俄国吐出了吞并的土地。清朝又重新夺回了新疆地区。

打完后，左宗棠力主在天山南北建一个省直接管辖，他的奏折中称新疆是“他族逼处，故土新归”。

1884 年新疆建省，定名为新疆省，取故土新归之意。

南边也出事了，打过来的是法国。

第二次鸦片战争，法国对越南下手了，占了几块地盘，等于有了根据地。到了 1873 年，法国准备吞并越南。

当时越南是中国的藩属国，虽然也是独立的王国，但年年还要给清国交贡品。拿了人家的贡品，当然要负责保护人家。

法国人把越南河内一占，越南国王就发求救信了，可他发的对象不是清兵，而是越南边境上的一支农民起义军。

刘永福的黑旗军！

刘永福是广西钦州人，出身贫寒，八岁家里破产，十三岁就当水手。十七岁，父母以及叔父先后病故，反正就是苦到没法说了。把这些老人安葬完，那几乎就是赤贫了。

穷则思变，二十岁时，刘永福加入了天地会。为啥加入天地会呢？据说，刘永福有一天上山砍柴，太累了就在山上的石板上睡着了，梦里有个老头告诉他：你是陈近南的后人，你的使命就是反清复明。

好吧，听神仙的总没有错。

加入天地会之后刘永福慢慢拉起了一支队伍，还模仿关公庙中旁边跑腿的周仓手中的“北斗七星旗”，做了一面狗牙白边的黑色三角旗。从此他的队伍就叫黑旗军。那时候搞革命工作不太容易了，因为前些年太平天国刚失败，清朝的军队打仗打出了经验，刘永福的黑旗军也被打得节节后退。

打他的是谁呢？当时的广西提督冯子材，记住这个名字。

刘永福只好带着队伍转移，因为广西的军队，出门左转就转到越南，搞得越南国王也知道附近有这么一支黑旗军。一想清朝也不太管藩国了，越南国王干脆找了清国的反政府武装。

这一找还真找对了。

刘永福正愁没地方去，一听打法国人，特别有动力，马上带着三千黑旗军杀向河内，在郊外跟法国打了一仗，一不留神就把法国主将安邺打死了，还干掉了一百多法国人。带头的倒了，法国军队也混不下去了，直接从河内撤了兵。越南国王很高兴，封刘永福为三宣副督，让他帮着防守。

刘永福在越南打出了名气，惊动了北京，慈禧派人过来收编了。

接受收编，清政府就把刘永福调回了国内。黑旗军被裁减得七零八落。

清朝把刘永福调走，算是帮了法国一个大忙。越南没有能打仗的人了，派来越南支援的人也不熟悉情况，指挥又不力，再加上法国是铁了心要吃掉越南，一下增兵二万人向越南进攻，最终不但拿下了河内，还打到谅山，冲到镇南关。

镇南关是我们的关口了。

法国人把关门给炸了，然后在关前竖一个木牌："广西的门户已经不再存在了"。留下这句话，法国人退了出去，准备把越南的事情理一理，然后再来攻击我们的广西。

从越南陆陆续续撤回来的中国士兵，到了镇南关，一看法国人的涂鸦，也在旁边竖一个木桩，上面写："我们将用法国人的头颅重建我们的门户！"

谁来带领军民砍法国侵略者脑袋当门户用呢？

民族英雄冯子材！

冯子材比刘永福还苦，四岁丧母，十岁丧父，上了两个月学，没成年就跟着大人贩盐，做木工，后来还学点功夫给人当保镖、放木排。

冯子材没有选择造反，反而去当了兵吃了皇粮，为啥呢？

有一次，冯子材跟人做生意，结果被天地会的人劫了。大家懂的，天地会除了反清复明，也干点劫道的事。

冯子材逃出来后就跟天地会这帮人斗上了，专门投入军队干剿匪工作。

这一来算是赶上好时候了，当时起事的除了天地会，还有更大的太平天国，朝廷正需要人手。冯子材凭着战功一路升迁，后来还把刘永福打到越南去了。

法军打到镇南关，冯子材却已经下岗在家。

听说法国人打到了镇南关，冯子材觉得不能再躲在家里了。马上组织团练，在自己家里操练兵马，部队就叫萃家军，因为冯子材号萃亭。

冯子材拉出了九千兵马来到镇南关救急。冯子材还把两个儿子带上，意思是万一我死了，这两个儿子帮我收尸！

法国军队卷土重来，镇南关很快失守。大家一看国门保不住了，把军机大权交给了前来帮忙的冯子材，等于交给他一个烂摊子。

冯子材没有着急，接过指挥大权后，先下令挖壕沟、起土墙。冯子材是打太平天国起家的，挖壕沟、起土墙是基本套路，很笨、很简单，但很管用。

布置完工事之后，冯子材主动出击，将对方吸引到工事里面来。法军以为自已武器先进，一个劲儿地往前冲。谁知道火枪再猛也怕坑。

冯子材率领大军以逸待劳，有枪的放枪，没枪的拿砍刀，将法军打得落花流水，丢下三百具尸体之后，仓皇逃跑。

冯子材乘胜追击，一直追了十多公里，打到谅山要地，又消灭一千多人，把法国带兵的尼格里打成重伤。

当时的法国内阁总理茹费理还想增兵，接着打，结果议会不干了，说你想干什么啊，把我们纳税人的钱拿去打仗，结果还打不赢，别丢人了！

于是，茹费理直接辞职了。

冯子材准备一直打到河内，直至将法军全部赶出越南，恢复中国对越南的宗主国地位。这个时候，有个人叫了暂停：不要打了。

叫暂停的是李鸿章。

李鸿章是主和派，听到镇南关大捷，觉得正好乘胜谈和。最后中法签了一个协议《中法新约》，这个协议中，中国正式放弃了对越南的宗主国地位。

法国不胜而胜，中国不败而败。

而对中国近代影响巨大的国家是日本。

中国搞洋务运动时，日本人搞起了明治维新。相比清朝，日本的担子要轻不少，转型更快。而历史上，一个国家的异军突起，往往要踩着另一个国家甚至一群国家上位。

不幸的是，这一次中国成为日本崛起的垫脚石。

1894 年，中国跟日本在黄海爆发甲午海战，纸面实力占优的清朝海军败给了日本海军，这是一场互赌国运的战争。日本人赌赢了。甲午战争后，日本拿到了相当于四年财政收入的赔款。用这些钱，日本搞军工、搞教育。甲午海战之后，日本办起了京都帝国大学、第二高等师范学校、高等工业学校、第二高等学校……

更多的钱用于军事。有了这些钱，日本的工业基础打下了，现代化改造起步了。日本之后五年的工业化成绩，相当于之前三十年的总和。

为什么清朝已经搞了洋务运动，拥有了坚船利炮，却连日本也打不过呢？

看来，单纯学西方的技术还不足以强大。

读书人康有为与梁启超公车上书，在光绪的支持下，搞起了戊戌变法，结果一百零三天就宣告结束。光绪被慈禧关了起来，一直到死。

社会大哥们搞起了义和团，慈禧老太后一看这些大哥很天真很勇敢，民心可用，于是发动义和团对付洋人。一时间杀洋人、砸教堂，搞得不亦乐乎，等于向全世界宣战。

洋人一吃亏，组了一个八国联军来要说法。慈禧打不过，只好化装成老太太跑到了西安。

接下来，慈禧就把李鸿章派到北京谈判。一谈就谈出了巨额的赔款。为什么赔这么多呢?

有一个很隐秘的原因，这里面有人叫价。

这不是一个双方谈判的叫价还价，而是西方列强举办的中国权力拍卖会，投标的除了慈禧还有另一方，因为两方的竞标，使得成交价一下飙到了近十亿两。

另一方是谁呢?

李鸿章!

说到这个事情，就不得不说到东南互保。

在北方慈禧老佛爷相信群众、依靠群众，搞义和团运动时，各国就跟清政府南方的大佬们打了一个招呼，主要是两江总督刘坤一、湖广总督张之洞、两广总督李鸿章、邮政大臣盛宣怀这些人。

这些人看出来了，老佛爷是在作大死，怎么死得快怎么作。但是，中国要不要保?还是要保的。

这些人的想法是，就算北方闹完了，也要保住我们南方不乱，南方不乱，中国就不会亡国。

列强也害怕义和团闹到南方，把南方的洋人也打了。所以，列强跟南方这些大佬签了一个协议，就是北方怎么闹，咱们别学。我们南方还是要好好的。

到了慈禧大妈向英国、美国、法国等十一国宣战时，清政府要求全国总动员，各地召集团民跟十一国开战。邮传部大臣盛宣怀却下令这个诏令只发到督抚一级，而且还打招呼，这是老佛爷更年期，你们看看就好了。

南方就真的是看看而已，李鸿章直接回电：此乱命也，粤不奉诏。

李鸿章认为，如果听慈禧的："若不量力而轻于一试，恐数千年文物之邦，从此已矣！"

要死死老佛爷，别死中国。

李大哥一带头，南方全部有样学样。湖广总督张之洞更是提出一个方案，万一北京保不住了，大清不行了，我们就奉李鸿章当总统，主持大局。

李鸿章的幕僚刘学询给孙中山写信，说北方要是乱了，我们粤省独立，想请你一起干大事，你赶紧过来帮忙。

最后，湖北、湖南、广西、广东、福建、浙江、安徽、山东、陕西等省搞了一个联盟，说光绪皇帝开战是受拳民胁迫，我们不用听。开战后，不管北方怎么样，南方不介入。

东南互保联盟就是谈判第三方。慈禧在谈判的时候，就要考虑东南互保联盟的影响，万一自己开的条件列国不满意，那列强完全有可能找李鸿章、张之洞谈啊。所以谈判变成了竞标。

就是说，只要还让我们爱新觉罗家当皇帝，价格你们随便开。最后，给清政府打工的英国人、清朝海关总税务司赫德说，大清朝一年最多能够结余的钱是两千多万两。就按这个收吧。

要收三十九年，算是一个续命按揭，本息共计九亿八千万两。

慈禧花了九亿八千万两白银为大清续命三十九年，如果熬过了这三十九年，清政府还有可能完成君主立宪。

事实上，十一年后，大清就亡了。

慈禧赔了钱，又回到了北京城。这场动乱是清朝灭亡之前最后一起大的侵略事件了。此后十余年，清朝的外部环境有所改善。

慈禧也知道洋人不好惹，干脆"量中华之物力，结与国之欢心"。

当然，这只是场面话，实际上，清政府还是搞了一些小动作，利用列强之间的矛盾来争取生存空间，比如利用英、美来对付俄、日。

鸦片战争之后，大清国搞了洋务运动，洋枪扛上了，大炮装上了，学生派出国了，工厂办起来了，新式学堂也开了。其中成绩最突出的就是湖广总督张之洞。张之洞在湖北办学校，派留学生、练新军、办报纸、搞实业，成绩十分突出。不过，清朝还没来得及强大，先给革命党人加血蓄能了。

孙中山搞革命没有人才，张之洞给培养。没有枪没有炮，张之洞给孙中山造。

武昌起义能够成功，第一个要感谢的人就是替清朝搞内部改革的张之洞。

给张之洞当过二十年师爷的辜鸿铭就说过一句话："民国成立，系孙中山与张香涛的合作。"

这里面的张香涛就是张之洞。

历史学家费正清有一个评价："为革命铺平道路的主要力量是改革者，而不是革命者。"

清朝的改革从鸦片战争之后就开始了，先是洋务运动，到甲午战争宣告失败。甲午战争失利后，光绪皇帝搞戊戌变法，开始从政治上改良。虽然只搞了一百零三天，但毕竟有了政治改良的意识。

两年后，这个戊戌变法又借尸还魂了。

八国联军打进了北京城，慈禧拔腿就跑，一路上风餐露宿到了西安，结果水土不服，老太婆天天失眠，睡不着。这么些天没睡，倒想明白了一些事情。回京后，慈禧就开始搞改革。

这个改革叫庚子新政，可清朝不改则好，这一改，正式踏上了灭亡的快速车道。用一句来概括，清政府到了这个时候，不改革是等死，改革却是在找死！

为什么这么说呢？

法国思想家托克维尔就有这样一句话："对于一个坏政府来说，最危险的时刻通常就是它开始改革的时刻。"缪荃孙也说过一句话："国家因兵败而图强，因图强而变政，因变政而召乱，因召乱而亡国。"

清亡的导火索就来自新政。

有人点了一支烟

所有人都知道大清要亡，但没有人猜到，大清竟然是这样亡的。

清末新政出来后，各地兴起了一股商办铁路的热潮，咱不用外国人的钱，我们自己修铁路。

四川上马了一个从成都到汉口的川汉铁路。

群众的热情很高，但民办铁路有个毛病，就是各自为政，配合不行。而铁路这种大型基建是需要全国统筹的，商人们自己修，有的铁轨不同，火车在自己地盘上开得飞快，开到别的省就动不了。

所以清廷一直想收回来。

邮传部大臣盛宣怀启动铁路国有计划，在实施过程中，盛宣怀犯了一些错误。他没有做到公开透明，马上公布具体的方案。

这个铁路怎么收？是赎买回来，还是强征回来？盛宣怀没有公布，盛宣怀是个商人，商人办事，总讲究博弈，先不亮底牌，看清形势再说。但这一招用在政治上就不管用了。清朝政府的信用早就破产了，公开了还没人信，何况不公开。

事情到了四川这里，终于出大问题了。

四川铁路的情况最复杂，它是以地方政府主持、商人集资、百姓租股的方式搞的，最麻烦的就是这个租股。所谓租股，就是四川每个纳税户都要交钱。租股总额占所有股本的百分之七十七，所以川汉铁路是全四川人的铁路。牵扯的人数越多，事情就越难办。

很快出事了，负责修路的人拿着集资款跑到上海做生意，结果一下赔了三百多万。

盛宣怀一想，亏掉的钱不能叫政府买单，再穷不能穷政府，所以这个钱，你们四川人自己解决。至于剩下的钱，盛宣怀也没打算退给四川，而是堂而皇之要收回国库，转而给老百姓发国有股票，这等于既要夺路，还要夺财。

这个方案一出来，四川哗然。

百姓发动请愿，四川政府的应对也十分简单粗暴，直接拿枪射杀集会的人。事情越搞越大，一直在搞革命工作的同盟会抓住机会，制作了数百块木板，要求各地保路自救。这个招数比发微博还有效，数天时间，就有二十万人朝成都进军，终于酿成保路运动。四川进入全面战争状态。

事情发展成这样，盛宣怀才意识到麻烦大了，马上表示将剩下的钱还给四川，但现在大家都杀红了眼，谁管你铁路不铁路、钱财不钱财的事情。

为了应对四川的保路运动，清廷将湖北的清军大批调往四川进行镇压。

在这之前，孙中山先生已经搞了很多年革命。武昌起义前，孙中山先生组织了十次起义，每次都失败。失败的原因很简单，实力不济。

孙中山自己就说过："余持革命主义，能相喻者，不过亲友数人而已。士大夫方醉心功名利禄，唯所称下流社会，反有三合会之组织，寓反清复明之思想于其中，虽时代湮远，几于数典忘祖，然苟与之言，犹较缙绅为易入，故余先从联络会党入手。"

他跟社会精英谈革命，社会精英不理他，大家都说朝廷有问题，可以让朝廷改，干吗打打杀杀的。谁听他的呢？也就是下层社会中的一些人，比如三合会的会员们。孙中山美其名曰会党。

这些人胆子大，天生反骨。孙中山跟他们有共同语言，一聊就聊到了一起。孙中山本人就是天地会海外分支洪门的堂口大哥，人称"洪棍"，纯粹的社会大哥。

这些人你说搞个街头斗殴没问题，你说要推翻一个政府，实在有难度。

除了人员上的缺陷，孙中山还缺钱，国内的有钱人基本上不太支持孙中山，最支持孙中山的是一些海外华侨，国内的有钱人怕国内乱，海外华侨不怕，海外华侨只怕中国不强，让他们在外面挺不直腰，抬不起头。所以孙中山当时流亡国外，跟外侨洪门兄弟开会，一开口，就是兄弟，你这次能不能捐点钱，我们去买点枪。攒够了一批武器，我们搞大清一票。

就这么着，孙中山一直搞了十次起义，每次都跟买彩票似的撞大运，次次都失败，头破血流。最惨的就是武昌起义前的一次，黄花岗起义。这是孙中山计划最周密、组织最严密的一次起义，也失败得最彻底、损失最惨重。

孙中山盘算着这一下又不知道要给多少爱国华侨拍电报，才能筹够下一批起义资金时，突然收到消息，武昌的枪响了。

其实刚开始时，大家都以为武昌起义不过是个小乱子。

一开始，是有人点了一支烟。

清兵要调兵去四川，武汉的革命者想，趁机搞一把。

要搞一把，就得弄点炸药什么的。

同盟会会员孙武开始在汉口俄租界装配炸弹，准备做好后甩到湖广总督瑞澄的卧室，给他一个惊喜。

这时，一个小伙子走过来想学习一下先进技术。孙武的炸药技术是留学日本时学来的，可不是普通活儿。

这个小伙子叫刘同，是共进会会长刘公的弟弟，只有十四岁。

刘同为什么在这里呢？

因为这个地方是刘公提供的。刘公是大土豪，骗家里说找到一个关系，可以花五千两买个三品道台做一做，还是实缺。家里一听，还有这好事，族里众筹了五千两。刘公又说五千不够，还要打钱，于是又拿到了三千两。

这八千两就是革命的启动资金。

所以，这个地方，包括制造炸药的火药都是刘公提供的。刘同就住这里，闲着没事来学习一下炸药制造术。

好学是好的，但小伙子进来的时候，嘴里叼了一支烟。

“哎哟，你们在做炸药啊？”说着，刘同弹了一下烟灰，手法娴熟。

轰的一声，炸锅了。八千两全炸没了。

俄租界的巡捕闻风而来，孙武因为受伤，被送去了医院，其他人早就一哄而散。

但巡捕不是毫无收获。他们在这里翻到了一本花名册。

花名册在一个箱子里，箱子上了锁，大家也没有往起义上面想，毕竟这个事情太大，搞不好是有人在制作烟花爆竹。

这时候，刘同被刘公打发回来取花名册。这事你惹来的，你要去摆平。

刘同一回去，就被蹲点的巡捕抓了个现形。一审，十四岁的刘同顶不住，就全招了。

大家这才吓一跳，原来是要造反了。

名单送到了湖广总督瑞澄手上。这位仁兄年轻的时候被称为京城三恶少，靠着关系当上了湖广总督。

选择权到了瑞澄手上，是马上全城大搜捕，还是息事宁人呢？

瑞澄选择了中间路线，把其中的几个关键人物给抓了，至于其他的，他觉得没必要搞太大动静。也许这个操作是对的，但你得表态啊，比如把名单给烧了，让大家安安心。

要知道，当时已经串联了三千人，而且你握着名单，那些没参加的也担心自己是不是被老乡加进了名单。

起义军只有一个选择，提前起义！

电文发给孙中山的时候，孙中山感觉这一次有点仓促，自己妥当准备了十次都不成功，这次仓促发动，肯定也要黄。想发个电报阻止一下，却因为在船上，根本没机会发电报，等孙中山下了船，准备发电文时，收到了新消息：起义成功了！

这个成功连孙中山先生都不敢相信，因为实在没有成功的希望。

要起义，首先要夺取军械库。瑞澄原本想把军械库的汉人士兵全部撤换成旗人。这时候，瑞澄的猪队友出现了。下属黎元洪表示，这时候换人，只怕会让汉人士兵离心，导致满汉士兵矛盾，还是不要换。

于是，起义的士兵赤手空拳跑到军械库，准备拼老命抢几条枪出来搞革命。

结果到了军械库，守军械库的汉人士兵直接就弃暗投明了。

兄弟，别着急，排队，一个个来，人人都有枪有子弹。

这时候其实还不算成功，因为起义的士兵不过数千人，而城内的清兵有一万多，参加起义的士兵很多还是因为那个小花名册才被搞得心慌意乱。本来就是临时起义，也没有孙中山这样的大哥临阵指挥，很可能来得快去得也快。

是去是留，瑞澄左右为难。这时候，他老婆替他拿主意了。小老婆廖克玉告诉他，楚豫轮就停在离督署不远的江面，我们到了兵轮上，不照样可以指挥吗？在这里，有大有小的，怎么指挥，你不害怕，我们也怕啊！

于是，瑞澄在后花园挖了一个狗洞，从狗洞钻了出去。

原本清兵还在抵抗，一看老大都跑了，那还打什么，顿时作鸟兽散。

起义军冲进总督府，这才发现，自己这边没有真正的带头大哥，于是把黎元洪找出来，用枪逼着他当了起义首领。

武昌起义枪一响，清政府派了一个叫荫昌的贵族去湖北平叛。荫昌是喝过洋墨水的，在德国陆军深造过，但就实战水平来看，就是另一个纸上谈兵的赵括。荫昌一路上穿着德国长筒靴，身上披着中式缎袍，嘴里哼着京剧《战太平》，慢悠悠地上了火车，一路上只顾着摆阵势，等到了前线，已经是第十天了。

十天时间，局势已经难以控制。荫昌调度完毕，将大炮对准武昌的头一天，湖南宣布独立。当天，陕西独立，又过两天，江西的枪声又响了……

出发时，盛宣怀来送行，表示只要大军保全汉阳铁厂，就奖励十万大洋。荫昌很高兴，说：盛大人，你放心，只管把大洋准备好。

这个话恰好被外国记者听到，大概这个记者的中文水平没过四级，理解成了朝廷的军饷都没准备好，马上登报纸，广而告之，清政府没钱了。

国家都没钱了，那还玩个啥？老百姓纷纷到银行提钱，终于导致金融危机，给孙中山送出了给力的助攻。

现在，清朝只剩最后一根救命稻草：袁世凯。

袁世凯，河南项城人，北洋军阀领袖。

袁世凯崛起于朝鲜，年轻的时候随军入朝鲜，平定朝鲜内乱，被日本人视为肉中刺，多次行刺而不成功。

从朝鲜回来后，袁世凯负责在天津小站操练新兵。小站新兵是后来北洋六镇的基础，也是袁世凯发家的本钱。

戊戌政变中，变法人士以为袁世凯跟他们好，玩革命搞众筹，非要袁世凯也入伙。老袁最终选择了慈禧，跑去告了密，最后导致变法失败。袁世凯借此扶摇直上，成为继李鸿章之后最有权力的汉人大臣。

那么，武昌起义时，老袁在哪里呢？

老袁正退休在家办宴会。

袁世凯虽然有功，但毕竟不是自己人，清朝皇族对他不放心，宣布他有腿病，应该回家休息，就把袁世凯送回河南老家了。

消息传到河南，袁世凯正在办寿宴，听说武昌出事了，袁世凯舞也不跳了，酒也不喝了，召集一帮师爷开茶话会。

袁世凯知道自己东山再起的机会来了。

果然没两天，已经焦头烂额的清政府派人宣布起用袁世凯为湖广总督。手下来报喜，袁世凯看都没看任命书，说：现在还不是急的时候。

袁世凯报告：当年你们说我有腿病，现在腿病还没好，不但腿没好，还有高血压、糖尿病，反正全身都是病。

清政府再下一道命令：袁世凯为内阁总理大臣。以后你说了算！

袁世凯马上满血复活，跑到前线，指挥战斗，旗开得胜，让革命军头疼不已。

事实上，当时清政府的兵力远在革命军之上，只是人心散了，队伍不好带了。但袁世凯有这个威望。他要是愿意，完全可以成为第二个曾国藩。

但袁世凯不会做第二个曾国藩，要做就做第一个袁世凯！

正当袁世凯的猛将冯国璋连战连捷，正要拿下武昌时，袁世凯一天发七个电报喊停。

兄弟，停一停，再打就没我们什么事了。

袁世凯派了使者跟革命军接触，表示大家坐下来谈一谈。

毕竟大家都是自己人嘛，有事好商量。

最后大家达成协议，革命军停火，老袁则负责回去劝皇帝退位。因为革命军前面败得太厉害，管印章的跑了，所以只好用萝卜刻一个章，这才把这个合同签好。

谈好之后，袁世凯有一个问题，怎么让皇帝退位呢？

这时，慈禧这位老佛爷已经去西天了。

现在的皇帝是五岁的溥仪，管事的是隆裕太后。

这个隆裕太后虽然不如慈禧太后精明，但也不傻。好好的让你去前线平叛，怎么你回来就劝老板下岗呢？

为了完成这个任务，袁世凯决定给隆裕太后举个例子。

什么例子呢？就是法国大革命的事情。袁世凯重点讲述了事件中法国国王的子孙被杀得一个不剩的事情。

隆裕太后顶多玩过宫斗，哪经得起这个吓啊？故事没讲两遍，隆裕太后就彻底投降了。

号啕大哭之后，隆裕太后下令颁布退位诏书。

宣布诏书时，溥仪皇帝完全不知道自己已经下岗了，看着大臣们紧张的样子，他还在一边哈哈大笑。

自清入关至今，共计历经二百六十八年的清朝，连同两千多年的帝制，这一天总算是寿终正寝。